# Minimalismo emocional

Anna Fargas

# Minimalismo emocional

## Elimina el sufrimiento de tu vida

Ediciones Luciérnaga

*A Chloe,*
*la alegría de mi vida*

Diseño de la cubierta: Planeta Arte & Diseño

Primera edición: marzo de 2024


Ediciones Luciérnaga
Av. Diagonal 662-664
08034 Barcelona
www.planetadelibros.com

ISBN: 978-84-19996-16-9
Depósito legal: B. 19.623-2023

Impreso en España – *Printed in Spain*

PEFC
PEFC/14-38-00305

Certificado PEFC

Este libro procede de bosques gestionados de forma sostenible y fuentes controladas

www.pefc.es

# SUMARIO

# ENTRE PIEDRAS Y SUSPIROS

En esta especie de laberinto al que a menudo llamamos vida, la memoria juega al escondite con las figuras del pasado.

No guardo recuerdo del lugar ni del día en que la figura de Anna se cruzó en mi camino. Tal vez fue un encuentro casual, de esos que brotan en los pasillos de una convención o en una cafetería abarrotada, donde la gente se presenta con una mano extendida y una sonrisa ensayada. Pero de lo que sí estoy seguro, como del norte en una brújula, es de la impronta que dejó Anna desde aquel primer momento, hablando de piedras emocionales con la pasión de un arqueólogo descubriendo un tesoro olvidado.

Las piedras, no las de un riachuelo pintoresco ni las de una ruina antigua, sino aquellas que llevamos dentro, escondidas en los pliegues del alma. Anna las llamaba piedras emocionales, y con cada palabra, me hacía ver que yo también cargaba con una cantera digna de una tragedia griega. Así me introdujo al concepto del minimalismo emocional, que en mi mente sonaba como una de esas dietas modernas: prometedor, pero con la duda permanente de si acabarías añorando un buen filete de vez en cuando.

Este libro, *Minimalismo emocional*, no es simplemente un manual para aligerar el alma, sino un mapa del tesoro para aquellos valientes que se atreven a navegar en las tumultuosas aguas de sus propias emociones.

Como un buen maestro de esgrima, Anna nos enseña a parar, ripostar y avanzar ante los embates de la vida. Cada página de este libro es una trinchera desde la que observar y comprender nuestras batallas internas. En sus líneas, encontrarás una mezcla de relatos personales, anécdotas con clientes y, por supuesto, ejercicios prácticos que son más entretenidos que una peli de Marvel en su primer visionado, te lo aseguro.

Anna nos guía por un camino donde las piedras emocionales se vuelven más livianas que un suspiro, donde cada paso es un acto de rebeldía contra el desorden emocional que reina en nuestros tiempos.

Prepárate, para embarcarte en una odisea introspectiva, en la que cada capítulo te llevará más cerca de una comprensión más profunda de ti mismo.

Este no es un libro que simplemente se lee; es un libro que se vive, que se siente en cada fibra del ser, desafiando nuestras creencias y abriendo nuevas puertas hacia la libertad emocional. Un viaje hacia la esencia misma de nuestra existencia, donde al ir soltando cada piedra emocional, descubrirás un sendero más ligero y luminoso hacia una vida plena y auténtica. Al final del día, enfrentar las complejidades de la vida con una piedra menos en el bolsillo es, quizá, el primer paso para caminar hacia un horizonte más claro. Y en esa andadura, con cada piedra que dejas atrás, no solo aligeras tu paso, sino que también encuentras más razones para apreciar el viaje, dejando espacio para aquello que realmente importa. Con este libro entre tus manos, tienes la oportunidad de transformar la teoría en práctica, las palabras en bienestar. Por eso, no me queda más que expresar mi más sincero agradecimiento a Anna, por la generosidad de compartir su conocimiento y por guiarnos hacia un minimalismo emocional que promete no solo alivio y claridad, sino también una mayor plenitud en nuestras vidas.

Ferran Cases

# TODO ES MÁS FÁCIL

Cuando fui madre por primera vez, hace ya doce años, en el hospital me dieron a mi preciosa bebé y una mochila llamada «culpa». Hiciera lo que hiciera, a partir de ese día, siempre me sentiría *Malamadre*. Menos mal que no estaba sola. La maternidad, en mi caso, supuso una gran crisis existencial. Y cuando digo crisis, no lo digo en negativo, porque también trajo cosas maravillosas. Me quedo con el significado de crisis, que le da el maestro Álex Rovira: «Crisis, crisálida, crisol...» dice, refiriéndose a lo que de transformación, cambio profundo de conciencia y, en definitiva, de oportunidad trae consigo una crisis.

Ser madre me puso delante de un espejo frente a mis luces y mis sombras. Me obligó a parar. A parar de verdad, a replantear mi vida, a renunciar a mi profesión, a impulsar un proyecto emocionante y una lucha intensa, demasiado intensa en muchas ocasiones. Porque esa primera piedra que cayó en mi mochila fue destapando otras piedras, que ya estaban y de las que yo ni siquiera era consciente.

Antes de ser madre, yo quería soñar, crecer, crear y conseguir. Y corría mucho y lo daba todo. Pero cuando fui madre, me di cuenta de que había muchas piedras que yo había interiorizado como propias, aceptando que nunca podría librarme de ellas. Era quejica, era insatisfecha por naturaleza, era perfeccionista patológica, me autoengañaba, no me quería suficiente, no escuchaba de verdad a las personas que me querían y era demasiado orgullosa. Es que yo era así, no había más o eso pensaba. Por el contra era también creativa, divertida, enérgica, cariñosa, generosa, muy activa y soñadora. Menos mal, que si no qué ibais a pensar de mí. Pero claro, llegó la maternidad y muchas de estas últimas cosas que yo era, mis luces, y que me llenaban y que me hacían especial y única, fueron desapareciendo porque yo solo tenía ojos para «mi niña sin nombre», que lo iluminaba todo (o eso creía). Y yo desaparecí, empecé a hacerme invisible y a sentirme triste, muy triste, procrastinaba, cosa que yo nunca había hecho y tuve que enfrentarme a muchos miedos, demasiados. Sin embargo, lo que no sabía era que ese tocar fondo sería el inicio de un renacer, de una toma de conciencia que me haría mejor persona.

Por eso siempre digo que ser madre me hizo mejor persona, pero no por la maternidad en sí, sino por el viaje que comencé y que aún estoy disfrutando. ¡Viajazo, diría yo! Pedí ayuda, hice terapia, empecé a autoconocerme de verdad y a identificar por qué esas piedras estaban ahí, por qué habían cogido tanto peso hasta hundirme y habían ganado terreno en mi personalidad. Yo no quería ser así, más bien me había acostumbrado a ser así. Era mucho más fácil, por aquel entonces, decir que «era insatisfecha por naturaleza» en vez de enfrentarme a mis miedos, inseguridades y a descubrir por qué todo me parecía poco, por qué siempre tenía que ser la mejor. ¿Para quién, si para mí, mucho menos era suficiente?

Cuando Anna me dijo de escribir este prólogo, primero pensé: ¿qué les cuento yo que aún estoy en el camino? Pero luego me di cuenta de que precisamente ese es el secreto: seguir caminando, intentando disfrutar, tomando conciencia y cada día sintiéndome un poquito más libre de estas piedras, que han pesado demasiado. 85 vais a descubrir en este libro, me encantaría saber cuáles son las tuyas y a cuántas vas a decirles «adiós» después de leer este libro transformador.

No he llegado a ningún lugar ni he visto ninguna luz, pero ahora soy consciente y me comprometo. Hay 4 ingredientes fundamentales que me han ayudado a ir liberando esta mochila, que quiero compartir contigo:

1. **Saber que puedo cambiar.** Si hay algo que no te gusta, puedes cambiarlo, de verdad que puedes, con esfuerzo, con trabajo, pero puedes. Y no es ser incoherente, porque mejorar parte de la humildad de reconocer los errores que cometemos.
2. **Cuidarme más y mejor.** Por dentro, escucharme, priorizarme, sentirme merecedora del tiempo propio. Cuando eres madre, esto es innegociable. Ahora trabajo, cada día, por hacerlo sin culpa.
3. **Ser consciente de que «todo es más fácil».** Tiendo a complicar las cosas, a dar demasiado, a producir sin parar porque tengo energía desbordante, y a veces no sé dosificarme, pero como dice Anna «menos es más», no

necesitamos tanto y «todo es más fácil de lo que creemos».

4. **Y por supuesto, disfrutar.** Como me dijo mi padre un día de crisis: «Si no disfrutas, no merecerá la pena». Así que identifica las piedras que te alejan de disfrutar de cada paso, míralas y empieza a despedirte de ellas.

Ahora solo tienes que liberarte de las creencias y de los prejuicios, ser sincera contigo misma, confiar en mi querida Anna y empezar este viaje de libro, que, seguro que llegarás a destino más aliviada porque siempre es mejor viajar ligera de equipaje, que ya la vida nos va poniendo obstáculos sin esperarlo.

Gracias Anna por este regalo y nos vemos en el camino, disfrutando siempre con tu sonrisa eterna.

LAURA BAENA FERNÁNDEZ

(FUNDADORA DEL CLUB DE MALASMADRES)

# 1

# DECLARACIÓN DE INTENCIONES

Hace años que me hago la misma pregunta: ¿es posible dejar de sufrir? Y con *sufrir* no me refiero a aquello que nos pasa ante un acontecimiento doloroso de la vida; con *sufrimiento* me refiero a esa sensación insoportable que se prolonga en el tiempo y te impide vivir en paz. Una sensación que, por un lado, me parece indestructible y, por otro, siento que es totalmente evitable.

Si lo has experimentado en tu vida, sabrás de lo que estoy hablando. Pienso en ese sentimiento inútil que te bloquea, te amarga y te impide sonreír. Me refiero a una nube espesa que condiciona tu alegría. Sí, sí, a eso. Hablo de ese sufrimiento que te machaca en silencio día tras día. Ese sufrimiento que hace que no puedas estar del todo contenta con tu vida. Ese sufrimiento que te recuerda cada día lo imperfecta que eres. Ese no sé qué imposible de explicar que se traduce en un vacío interior inmenso. Eso. Ese.

Entonces, llega Buda y te dice aquello de que «el dolor es inevitable, pero el sufrimiento es opcional», y dices: «Ah, pues, vale. O sea, que ¿todo esto que vivo a diario lo provoco yo y podría evitarlo?».

Y... ¡Booom!

Te diriges al Buda de tu mente en tono desafiante: «¿Me estás diciendo que sufro porque quiero?».

¡Booom! ¡Booom!

Es decir, ¿que vivir en paz y harmonía solamente depende de mí?

¡Booom! ¡Booom! ¡Booom!

Y, así, entre explosión y explosión, estoy aquí, escribiendo estas líneas. Porque sufrir, he sufrido mucho. Sufro yo, sufren mis clientas y veo sufrir a muchísima gente a mi alrededor. Pensaba que los hombres no sufrían, pero, mira, también sufren. Total, que aquí somos muchas las que sufrimos, y esto no puede ser.

Porque si realmente dejar de sufrir depende de ti, ¿no crees que deberías hacer todo lo posible para dejar de hacerlo? Y aquí es justo donde empieza la historia de este libro y mi interés por encontrar una manera de eliminar el sufrimiento.

Mira, tanto tú como yo llegamos a este mundo con una mochila. Una mochila que, al principio, es ligera, porque está vacía y lista para ser llenada de recuerdos bonitos, experiencias y aprendizajes. Llenas de ilusión, vemos esta mochila como un tesoro, un contenedor lleno de posibilidades y aventuras por venir. Pero a medida que vamos creciendo y avanzando en nuestro camino, algo curioso sucede. Esa mochila, poco a poco, empieza a cargarse y a pesar. Esa mochila que querías llenar de cosas bonitas, poco a poco se va llenando de unas..., digámosle, piedras. Unas piedras que, sin darte cuenta, van pesando y condicionando tu personalidad, en forma de creencias limitantes, pensamientos negativos, hábitos tóxicos, emociones aflictivas o conductas que, sin darte cuenta, se han colado en tu vida y te van alejando de tus objetivos, aumentando así tu sufrimiento.

Entonces, llega un día en el que te das cuenta. Te das cuenta de que la mochila que estás llevando, esta mochila que pesa tanto, esta carga que sientes en tu espalda es tuya. Y, aunque te empeñas en creer que la causa de tu sufrimiento está fuera, no es verdad. Porque esta mochila es tuya, y como es tuya, de ti depende seguir llenándola o vaciarla. De ti depende todo lo que entra y sale de ella. Sí, de ti.

Hace años que leo sobre el tema. Quizá no sobre el sufrimiento en concreto, pero sí sobre creencias limitantes, pensamientos negativos, sobre el poder que ejerce nuestra mente en nuestro cuerpo y, sobre todo, lo relacionado con nuestro mundo emocional y las posibles causas del sufrimiento. Y si tengo algo claro es que dejar de sufrir es posible, aunque yo no lo haya conseguido del todo, aún.

Entre lecturas, reflexiones eternas, preguntas sin respuesta y noches en vela, observé que ir por la vida pretendiendo eliminar el sufrimiento, así, a lo loco, era demasiado ambicioso. De repente, no puedes tirar la mochila que llevas arrastrando durante años a la basura. Pensar así sería muy naif, por lo que, quizá, en lugar de querer eliminarlo de una vez, podría abordarlo por separado, troceándolo en las partes más pequeñas posibles. Mmm, interesante.

Así estaba, pensando en fragmentar el sufrimiento. Y ¿cómo lo haría? Pues, muy sencillo, empezaría por identificar aquello que realmente pesaba en la mochila. Primero revisaría la mía, después las de mis clientas, mi entorno, y así sucesivamente, hasta hacer una recopilación de piedras que fuese lo suficientemente representativa para que todas las personas que leyesen mi libro pudiesen encontrar aquellas que pesaban en su mochila. Porque lo que me pesa a mí no tiene nada que ver con lo que te pesa a ti, o sí.

Yo lo tenía muy claro: quería vaciar mi mochila. Lo tenía y lo tengo muy claro. ¿Por qué? Porque entendí que dejar de sufrir era posible. Al contrario de lo que creía al inicio, descubrí que había mucha gente que no sufría. Entonces reflexioné: si ellos podían no sufrir, ¿por qué no iba a poder yo? Y lo repetí tantas veces como pude: si otros pueden, ¿por qué no voy a poder yo?

Siguiendo con esta metáfora, entendí que yo sufría porque iba por la vida con una mochila cargada de piedras que me estaban pesando cada vez más. Por si no lo sabes, soy una acumuladora nata, de cosas, de libros, de libretas, de bolis, de pensamientos, de papeles, de... ¿piedras?, también. Acumulaba y acumulaba hasta que encontré la solución que estaba buscando: aplicar los fundamentos del minimalismo en mi vida. Un camino de largo recorrido, dicho sea de paso.

¿Y si aplico los principios del minimalismo en mi mundo emocional? Si el minimalismo se centra en simplificar y reducir al mínimo el consumo de bienes materiales para poder enfocarse en lo esencial y encontrar la felicidad en las cosas más simples, podía extrapolarlo al mundo emocional con el que tanto me costaba lidiar.

Así se abrió un ventanal enorme, lleno de esperanza y aire fresco, el del minimalismo emocional. Un proceso que consiste, básicamente, en abrir la mochila, examinar su contenido y decidir conscientemente si quieres llevar a cuestas lo que hay dentro o no.

Pues ya lo tenía todo para empezar mi viaje. Un viaje que ahora te propongo a ti. Un viaje hacia tu interior. Un viaje liberador, transformador y emocionante. Un viaje sin excusas en el que todo es posible. Y con todo me refiero a todo.

Es verdad que la vida es frágil, que el ambiente está muy revolucionado y que nos faltan referentes. Y también es verdad que nada es como nos lo habían contado. Pero también es cierto que todo depende de dónde pongas el foco, que tu actitud depende de ti y que eres el resultado de lo que piensas.

Muchas clientas llegan a mí, profundamente agobiadas, diciéndome que sufren y no saben por qué. Vienen diciéndome que, aparentemente, lo tienen todo, pero que no son felices, que tienen un vacío interior enorme, una carga pesadísima que no saben identificar ni explicar y que sufren sin entender por qué. Después de una sesión exploratoria y algunos encuentros más, descubrimos que su mochila está llena de piedras que, sin querer, han ido acumulando a lo largo de los años y empiezan ya a pesar demasiado.

Tendemos a vivir desesperadas por cumplir grandes objetivos y esperando encontrar la felicidad, intentando conseguir aquello que nos falta o lo que nos han dicho que son los grandes objetivos de la vida: la familia, el trabajo, una bonita casa, un coche, una pareja o tener hijos. Cuando sufrimos, lo primero que hacemos es fijarnos en alguno de estos aspectos y, ¿qué pasa?, que hay muchas personas que tienen una familia bonita, un buen trabajo y una relación de pareja estable y, aun así, no se sienten felices.

Esto conlleva una carga de sufrimiento mucho más grande porque entra en contradicción con lo que les han dicho que se suponía que era la felicidad. Cuántas clientas llegan a mí diciéndome: «Si lo tengo todo, ¿por qué no soy feliz?».

Y suman, además, una carga de culpa y frustración a su no felicidad, es decir, sufrimiento.

De esta inquietud surge la necesidad de escribir este libro. Porque la vida está llena de pequeños momentos, detalles, comportamientos, hábitos o pensamientos que juegan un papel fundamental en tu camino hacia la felicidad. Aunque no te des cuenta, tu vida está llena de pequeñas cosas, a menudo invisibles o imperceptibles, que tienen el poder de afectarte profundamente. Son cosas que, a simple vista, tal vez no te parezcan dañinas, pero pueden convertirse en piedras si las sostienes demasiado o no las transformas a tiempo.

Imagina que tienes un trabajo de lujo, una familia ideal y una pareja que responde a todo lo que siempre has deseado, pero, aun así, te pasas el día pensando que todo esto se terminará, te comparas con quien crees que es más feliz que tú todo el tiempo y, además, vives en un continuo ciclo de autoexigencia y perfeccionismo. ¿Crees que una persona puede ser feliz y vivir libre de sufrimiento con un cuadro así? Te lo digo yo: es imposible.

Como *coach* y mujer sufridora, me gustaría ser tu guía en este viaje de autodescubrimiento y crecimiento personal para mostrarte que hay un camino hacia la liberación. Un camino en el que es posible soltar aquello que te pesa, bloquea y limita en la vida, si sabes identificarlo. Un camino en el que puedes aprender a vivir de una manera más libre y auténtica.

A lo largo de este libro, te presentaré ochenta y cinco piedras que podrían estar pesando en tu mochila. Ochenta y cinco piedras que he identificado en mi propia experiencia y con la observación de mis clientas, amigos, compañeros de trabajo y familiares. Ochenta y cinco piedras que sirven para facilitar tu trabajo de identificar aquello que puede estar causando tu sufrimiento.

Y puede que este sea consecuencia de una piedra, de la unión de muchas o de la unión de pocas, no lo sé, porque es algo que solamente podrás descubrir tú leyendo este libro y haciendo los ejercicios que te proponga. Quiero que entiendas que la vida que vives puede ser el resultado de las piedras que estás cargando. Por eso es necesario que veas cada una de ellas con autocompasión y espíritu crítico, porque comprender cómo interactúan es la clave para abordar las raíces de tu sufrimiento, aplicar el minimalismo y trabajar hacia tu bienestar emocional.

Mi objetivo con este libro es ayudarte a identificar todas las piedras que cargas, invisibles a tus ojos, para que puedas vaciar tu mochila y liberarte del sufrimiento. No obstante, quiero que sepas que el camino no será fácil, ya que algunas piedras serán más fáciles de identificar —y de eliminar— que otras. Para ello es necesario que pongas el foco en ti. Pero recuerda: yo estaré aquí contigo en cada paso del camino, guiándote, apoyándote y, sobre todo, creyendo en ti. Porque sé que tú puedes hacerlo. Sé que tienes la fuerza y el coraje para enfrentarte a tus miedos, salir de tu zona de confort y liberarte del sufrimiento.

Y, dicho esto, quiero que sepas que, si algo me caracteriza, es mi capacidad por hacer fácil lo difícil. Así que, manos a la obra, porque para emprender la transformación personal que te propongo, es crucial abordar el proceso con una mente abierta y comprometida. La identificación, autoconocimiento y reflexión son componentes esenciales para entender nuestras cargas emocionales y prepararnos para la acción.

Antes de entrar en materia, quiero que elijas una bolsa que represente la mochila de la que te he estado hablando. Una vez que la tengas, recoge ochenta y cinco piedras de diferentes tamaños. Bueno, mejor noventa. Tienen que ser piedras sobre las que puedas escribir. Además, vas a necesitar un rotulador permanente. La idea es que cada piedra represente una de las propuestas que te hago en los ochenta y cinco apartados, por lo que utilizarás el marcador para escribir en cada una de ellas el nombre que corresponda a esa carga, y elegirás el tamaño de la piedra que mejor refleje su peso en tu vida. Sé que esto puede provocarte pereza, pero piensa que dar una representación física a las causas de tu sufrimiento te permitirá tomar más conciencia de las fuentes específicas de este. Además, al manipular las piedras, puedes experimentar una liberación emocional que te ayude en el proceso de eliminarlas.

Ahora elige una libreta que te guste. Esta será tu compañera de viaje en el proceso de reflexión. A medida que identifiques y nombres las cargas representadas por las piedras, usa la libreta para anotar pensamientos, reflexiones y posibles estrategias para abordarlas. Si prefieres no recoger piedras físicas, dibújalas en la libreta al final de cada capítulo. Recogerlas físicamente, sin embargo, fomenta la conciencia y visualización de tus cargas, mientras la libreta se convierte en un refugio seguro para el análisis y planificación.

Quizá sientes que reclamo demasiado, quizá te gusta la idea que te propongo, quizá dejes este libro antes de empezar, pero, si quieres seguir, solamente te pido una cosa: confía en mí.

Realizar los ejercicios es muy importante porque implica una actividad física y mental más profunda. Al hacerlo, tu mente se involucrará más activamente y esto se traducirá en una mayor implicación de las áreas cerebrales relacionadas con la acción y la toma de decisiones. Además, al practicar el ejercicio, simularás mentalmente la experiencia de eliminar la piedra, con lo que tu cerebro empezará un proceso de acompañamiento que será crucial.

Te invito a emprender este viaje conmigo. Juntas, juntos o *juntes*[1] exploraremos las piedras que has estado cargando y descubrirás cómo liberarte de ellas, poco a poco, sin prisa y encontrando la receta que te funcione.

> El zapato que le queda bien a una persona le aprieta a otra; no existe una receta de vida que funcione para todos.
>
> CARL GUSTAV JUNG

> Trabaja para encontrar la tuya.
>
> ANNA FARGAS

¿Estás lista para abrir tu mochila y comenzar tu viaje hacia la liberación? ¡Empezamos!

1. El libro está escrito en femenino, dirigido a la *persona* que lo lea.

# 2

# ¿POR QUÉ SUFRES?

Ya has visto que si a estas alturas hay algo que tengo claro es que todas sufrimos. Quizá unas más, quizá otras menos, pero todas sufrimos, porque el sufrimiento es una parte natural de la vida. No entiende de tiempo, cultura o clase social. Es un lenguaje universal que todas entendemos, aunque, por suerte o por desgracia, no todas sufrimos del mismo modo. A primera vista, puede parecer que explorar este tema nos sumerge en terrenos oscuros y dolorosos, pero, en realidad, la razón por la que vale la pena adentrarnos en él es porque nos ayudará a comprender mejor quiénes somos y por qué sentimos lo que sentimos.

Al sumergirnos en el sufrimiento, nos encontramos en un estado de vulnerabilidad que a menudo no nos gusta porque nos sentimos indefensas y, quizá, sin recursos suficientes para afrontarlo, pero también podemos verlo como un desafío que nos motive a buscar respuestas, a aprender, a crecer y a evolucionar. Sufrir nos obliga a mirarnos en el espejo, a explorar nuestras creencias, nuestras relaciones y nuestros propios límites.

Y es en estos momentos de sufrimiento en los que tenemos que encontrar la motivación para el cambio, la búsqueda de la serenidad y la autocomprensión. Detrás del sufrimiento podemos encontrar verdades profundas que nos ayuden a transformarnos.

A pesar de que el sufrimiento es una parte inherente de

la experiencia humana y puede tener un impacto significativo en la vida de una persona, la forma en que las personas lo experimentamos y manejamos puede variar ampliamente. Hay personas más resilientes y otras que se sienten superadas con facilidad, pero tanto unas como otras pueden sentirse sobrepasadas en algún momento de esta vida.

En realidad, este libro es para todas, principalmente para aquellas que sufren en exceso y creen que no pueden hacer nada para evitarlo. Sin embargo, también es para aquellas que quizá no se han dado cuenta de cuánto están sufriendo, porque han normalizado el dolor y creen que es simplemente parte de la vida. Incluso es para aquellas que no sufren, porque siempre hay algo que mejorar, reflexionar o tener en cuenta. Estés en el grupo en el que estés, te animo a seguir adelante con la lectura porque en cualquier momento puedes tropezar con alguna piedra que se te resista.

## Qué es el sufrimiento

El sufrimiento es una experiencia humana caracterizada por una sensación subjetiva de malestar, dolor o angustia, ya sea de naturaleza física o emocional, como resultado de una circunstancia o la suma de varias.

Desde mi visión como *coach,* basándome en la experiencia de mis clientas y en la mía propia, he observado que el sufrimiento puede tener muchas caras. Puede aparecer por la muerte de un ser querido, cuando una relación se termina o cuando no conseguimos lo que deseamos. Hay diferentes tipos de sufrimiento, que varían según la persona y que pueden manifestarse en diferentes formas y grados de intensidad. Dentro del sufrimiento emocional se encuentra el sufrimiento mental: el estrés, la ansiedad, la depresión o cualquier forma de malestar psicológico, que puede ser fruto de un diálogo interno tóxico.

Yo lo defino como el estado de desgaste emocional y mental que experimentamos cuando la carga de las piedras acumuladas en nuestra mochila se vuelve insostenible.

## La influencia de la sociedad en el sufrimiento

Algo que me parece de vital importancia es entender cómo la sociedad influye en tu sufrimiento. Vivimos en un mundo plagado de expectativas que no se cumplen, normas sociales absurdas y presiones constantes que nos superan. Queremos cosas que no tenemos, que quizá estén por encima de nuestras posibilidades y, encima, las queremos ya. Nos marcamos objetivos que no cumplimos y nos pasamos media vida en las redes sociales o WhatsApp. Nuestro mundo está sobresaturado, tanto interna como externamente.

Y, mientras todo esto sucede, ¿qué hay de tu mundo interior? Tanto para bien como para mal, tus pensamientos y creencias tienen el poder de transformar o limitar tu realidad. Habrás observado que, cuando te sumerges en un diálogo interno negativo, lo haces con tal intensidad que tus creencias se vuelven absolutas. Y estas afectan a la percepción que tienes de ti misma y del mundo.

Justo aquí es donde los estoicos entran en escena. Ellos defendían que, aunque no podemos controlar lo que sucede en nuestro mundo exterior, sí está en nuestras manos cómo respondemos a ello. Incluso tenemos el poder de elegir cómo interpretar y responder a las circunstancias y, en consecuencia, reducir nuestros niveles de sufrimiento. ¿Por qué digo esto? Porque el foco no hay que ponerlo en la sociedad ni en el exterior, hay que ponerlo dentro. León Tolstói una vez dijo: «Todos piensan en cambiar el mundo, pero nadie piensa en cambiarse a sí mismo». Y Jiddu Krishnamurti, que consideraba la sociedad como un obstáculo para la verdadera felicidad, decía que solo mediante la comprensión profunda y la transformación personal podríamos cambiar el mundo. Es decir, cambiándonos a nosotras mismas.

## Factores que afectan a tu sufrimiento

Los factores que contribuyen al sufrimiento son diversos y pueden provenir de fuentes tanto internas como externas. Como ya he mencionado, puede ser fruto de una pérdida o una ruptura, por ejemplo, situaciones en las que es normal sufrir. El problema lo tenemos cuando nuestro sufrimiento proviene de nuestra fuente interna; entonces es cuando nos sentimos sin recursos y nos quedamos bloqueadas.

Escuchaba precisamente en el momento de escribir estas líneas, en el *podcast* de Enric Sánchez *Vidas Contadas,* a Inma Nogués, autora del libro *El pasajero interior,*[1] hablando sobre la influencia de los pensamientos en nuestro

1. Barcelona, Diana, 2021.

estado. Inma decía que, puesto que los pensamientos forman parte de nuestro mundo interior, pueden curar o hacernos enfermar, por lo que todo aquello que piensas influye en ti. Igual que cuando tenemos pensamientos negativos o catastróficos es probable que experimentemos emociones negativas como la tristeza, la ansiedad o la ira, cuando pensamos en positivo, podemos generar emociones más placenteras.

Pero no se trata solamente de pensamientos; los hábitos, los comportamientos tóxicos, las creencias limitantes o la falta de recursos para afrontar ciertas situaciones están profundamente conectados con el grado de sufrimiento. Por ejemplo, alguien con una baja autoestima puede desarrollar el hábito de autocriticarse constantemente, lo que alimenta los pensamientos negativos y disminuye la energía. O puede ser al revés: el hábito de autocriticarse continuamente seguro que afecta a la autoestima. A medida que estos patrones se repiten, pueden ir solidificándose y convirtiéndose en piedras que formarán parte de un ciclo de sufrimiento que se va alimentando solo.

## El sufrimiento como resultado de la acumulación de piedras

En un principio, una sola piedra puede no pesar mucho y es posible que ni siquiera notes su presencia. Sin embargo, a medida que vamos añadiendo más piedras a la mochila, el peso comienza a incrementarse. A menudo nos acostumbramos a llevar estas piedras sin darnos cuenta de cuánto nos están afectando, y no es hasta que la bolsa se vuelve demasiado pesada que empezamos a hacernos preguntas y decidimos pedir ayuda. Gracias a la autoobservación, mucha terapia y sesiones de *coaching* con mis clientas, he verificado que el peso de las piedras, ya sean pocas o muchas, se manifiesta en forma de sufrimiento.

Por eso es tan importante que nos acostumbremos a prestar atención a esos detalles que suelen pasar inadvertidos en nuestro día a día, porque cualquier emoción mal gestionada, hábito tóxico o comportamiento no adecuado puede convertirse en una piedra pesada. Como decía June en *El cuento de la criada,* te acostumbras a cómo son las cosas y eso hace que normalices el sufrimiento como parte de tu vida. La mejor manera de evitarlo será buscar maneras de aligerar la carga mediante la reflexión, el autoconocimiento y la acción para liberarnos de los pesos que no necesitamos llevar.

Antes de seguir avanzando quiero que hagas un pequeño ejercicio para que compruebes en tu propia piel cómo afecta lo que sucede en tu mundo emocional a tu cuerpo. Primero, busca en tus recuerdos un momento en el que hayas sido muy feliz. Una vez que lo tengas localizado, cierra los ojos y visualízalo. Tómate un tiempo para vivirlo. Con los ojos cerrados, fíjate en tu entorno como si realmente lo estuvieras viviendo de nuevo y observa cómo reacciona tu cuerpo.

Bien. Ahora quiero que hagas lo contrario. Identifica un momento de sufrimiento y visualízalo igual que has hecho con el anterior, viviéndolo como si fuera real de nuevo. ¿Cuáles son las sensaciones que ha experimentado tu cuerpo? Puedes estrenar tu libreta ahora y reflexionar sobre esto.

## ¿Por qué sufrimos en exceso?

Si sufres en exceso, seguro que vives con una sensación enorme de impotencia, como si estuvieras atrapada en una jaula con una llave fuera de tu alcance. Por suerte, no es así. Las piedras en tu mochila, aunque pesadas, no forman parte de ti. Llevas tanto tiempo cargándolas que las confundes contigo, pero no es así. Tienes la capacidad de identificarlas, examinarlas, entenderlas y eliminarlas.

A la pregunta ¿por qué no hacemos nada para aliviar nuestro sufrimiento?, voy a responderte con un cuento filosófico muy conocido que descubrí en la web de Borja Vilaseca.

### El perro y el clavo

Una mañana soleada, una niña se encontró con un perro que estaba sentado en medio de un camino y no paraba de gruñir y de quejarse. «¿Qué te pasa? ¿Estás enfermo?», le preguntó dulcemente. El animal negó con la cabeza, y al hacerlo, la chica se dio cuenta de que sus ojos estaban bañados en lágrimas. Su mirada reflejaba cierta angustia y tristeza. De ahí que la niña, movida por sus buenas intenciones, insistiera: «¿Quieres que te lleve al veterinario?».

Haciendo caso omiso a su generosa invitación, el perro no dijo nada. Tan solo emitió un débil gemido. Era evidente que aquel perro estaba sufriendo. Tras unos segundos en silencio, la niña empezó a inquietarse, juzgando en su fuero interno la postura indolente adoptada por aquel animal. Y poco después, descubrió que el animal estaba sentado sobre un clavo oxidado.

«¿Acaso no te has dado cuenta de que estás sentado sobre un clavo? —exclamó sorprendida. Y añadió—: ¡Cuanto más tiempo tardes en sacártelo, más te dolerá la herida!» Por más que la niña tratara de ayudarlo, no hubo manera. Aquel perro seguía sentado sobre el clavo, emitiendo de forma intermitente un llanto cargado de dolor y resignación. Y lo cierto es que su actitud impacientó tanto a la niña que llegó incluso a intentar levantarlo del suelo.

Al no conseguir moverlo, la niña le preguntó enfadada: «¡Maldita sea! ¿Por qué diablos sigues sentado sobre un clavo oxidado?». En el caso de que aquel animal le hubiera podido responder, seguramente le hubiera dicho lo siguiente: «Si no me levanto es, simplemente, porque no me duele tanto como para hacer el esfuerzo de levantarme».

Ahora, detente y reflexiona: ¿duele el clavo lo suficiente como para que te levantes? ¿Pesan las piedras de tu mochila lo suficiente? ¿Cuánto sufrimiento acumulas en tu vida? La mayoría de las personas acaban pidiendo ayuda cuando están en el fondo del pozo: acabamos cambiando por desesperación más que por inspiración.

Si te apetece ahora, escribe en tu libreta tus pensamientos, si no, también puedes hacerlo más tarde. Ahora o después, pero hazlo. Ve integrando, poco a poco, todo lo que te voy diciendo y vas leyendo. No tomes todas mis ideas como ciertas, reflexiona sobre ellas.

## Dejar de sufrir es posible

Entonces ¿es posible dejar de sufrir? La respuesta es un rotundo sí. Al reconocer que el sufrimiento no es solo una consecuencia de fuerzas externas, sino también de nuestro diálogo interno, nuestros comportamientos, hábitos tóxicos, emociones que no sabemos gestionar y falta de capacidades en algunos aspectos, podemos tomar medidas para aligerar la carga.

Para ello es necesario que te responsabilices de tus emociones y acciones, e inviertas en tu crecimiento personal, porque cada una de nosotras puede ser la escultora de su propio cerebro. Esto significa que tú y yo tenemos la capacidad de moldear y reconfigurar la arquitectura de nuestra mente. Las neurociencias nos confirman que, al adoptar nuevos hábitos y patrones de pensamiento, podemos literalmente cambiar la estructura de nuestro cerebro, por muy pequeños que sean los cambios.

De lo que no hay ninguna duda es, de que, independientemente de cuál sea la fuente de tu sufrimiento, este es real. Y también es real pensar que es imposible eliminarlo. Pero real no es lo mismo que realista, ya que tu sufrimiento puede ser el resultado de cargar muchísimas piedras y, aunque creas que no, tienes más control sobre él de lo que sientes. Puede que te preguntes lo mismo que yo me he preguntado durante años: «Si puedo dejar de sufrir, ¿por qué no dejo de hacerlo?». Muy sencillo: no dejas de sufrir porque no sabes por dónde empezar.

## El poder de actuar

Que quede clara una cosa: no estoy diciendo que tú seas la culpable de tu sufrimiento. Lo que estoy diciendo es que puedes hacer más de lo que crees porque está en tus manos aligerar la carga que te lo provoca.

Todas tenemos hábitos de pensamiento, algunos de los cuales son muy negativos, que no vivimos como ideas, sino como creencias y certezas absolutas. Estas creencias disfuncionales sobre nosotras y el mundo alteran por completo la percepción de las cosas. Acabamos viendo según pensamos. Imagina que te has puesto unas gafas oscuras, te has olvidado de que las llevas y observas el mundo así. En ocasiones, emociones como la ira, el resentimiento y la frustración nos envuelven tan intensamente que parecen insuperables, dejándonos sentir sin salida. Es como si fuéramos meras espectadoras de un drama, para luego encontrarnos inesperadamente en el papel principal, donde estas emociones nos ocultan y nos transforman en la encarnación de nuestro propio sufrimiento.

No esperes a estar al límite, toma las riendas y aligera tu carga. Asume un papel activo en tu vida, no solo comprometiéndote con aligerar el peso de las piedras, sino también enriqueciéndote con la perspectiva y el autoconocimiento que este proceso te brinda.

Decía Tony Robbins que el propósito del dolor es ponernos en acción, no hacernos sufrir. Sufrimos porque nos encallamos y no actuamos. Pero hay una forma de transformar esta ecuación. El antídoto que necesitas es un proceso que consiste en identificar, aligerar, enfocar y elegir conscientemente. Sigue adelante; la aventura no ha hecho más que comenzar. Prepárate para soltar lo que te sobra y descubrir cómo la simplicidad tiene el poder de renovar tu vida.

# 3

# EL MINIMALISMO EMOCIONAL

## Hablemos de minimalismo

Lo dijo Mies van der Rohe: menos, es más. El minimalismo, tal como Joshua Fields y Ryan Nicodemus —autores de TheMinimalists.com— lo definen, es una herramienta para liberar espacio en tu vida y enfocarte en lo que realmente importa. Es un enfoque de vida que se centra en simplificar y reducir aquello que sobra con el objetivo de priorizar lo esencial y eliminar lo superfluo.

Sus pilares fundamentales incluyen la búsqueda de la simplicidad, la intencionalidad en la toma de decisiones y la liberación de la necesidad de acumular posesiones innecesarias. Se centra en la búsqueda de una vida más significativa, centrada en lo esencial y en el momento presente.

Es decir, consiste en eliminar lo innecesario para vivir una vida plena y con sentido. Seguro que es fácil de entender si lo aplicas en el mundo material, pero ¿qué sucede cuando lo aplicamos a nuestro mundo emocional? Así surge el minimalismo emocional, un camino revolucionario hacia la eliminación del sufrimiento.

## Minimalismo emocional

El minimalismo emocional es una filosofía de vida que se centra en aplicar las bases del minimalismo a tu mundo interior con el objetivo de eliminar al máximo cargas mentales innecesarias, patrones tóxicos o hábitos que no aportan nada para reducir el sufrimiento en tu vida.

Al aplicar las bases del minimalismo podemos identificar y eliminar todo aquello que no aporta ningún beneficio a nuestro mundo emocional, pudiendo así simplificar nuestra vida al dejar de lado el exceso de pensamientos, emociones o hábitos negativos. Gracias a este proceso podemos conseguir reducir el sufrimiento, ganar claridad mental y tomar mejores decisiones.

El minimalismo emocional es una herramienta muy poderosa que te ayudará a entender la importancia de identificar y eliminar aquello que está provocando tu sufrimiento.

## Tu jardín emocional

La jardinería emocional de Raúl Ravelo me viene como anillo al dedo para que entiendas lo que quiero explicarte. Imagina que tu vida es un jardín en el que deseas que florezcan hermosas flores que simbolizan tus aspiraciones y metas. Con todo el entusiasmo del mundo, compras semillas de diversas variedades y las esparces en tu jardín. Sigues las indicaciones de un experto jardinero, riegas las semillas con esperanza y esperas con ansia el florecimiento de tus sueños.

Sin embargo, con el tiempo descubres que las cosas no van como habías planeado. Algunas semillas ni siquiera han germinado, otras han sido víctimas de los pájaros que rondan tu jardín, y algunas plantas están marchitas y medio muertas. Te sientes desanimada, confundida y triste al no entender por qué tus esfuerzos no han dado frutos como esperabas.

Al cabo de unos días, decides compartir tus preocupaciones con tu vecina, una apasionada jardinera. Al observar tu jardín lleno de malas hierbas, ella entiende al instante lo que ha sucedido. Te explica que, al igual que en la vida, antes de plantar nuevas semillas y esperar a que florezcan, es esencial ver en qué estado está la tierra y eliminar las malas hierbas.

Las malas hierbas son las piedras que cargas en tu mochila, esos pensamientos negativos, emociones complicadas, hábitos poco saludables o patrones que se repiten y que impiden que consigas la serenidad que deseas.

## La importancia de eliminar las piedras

Todas estas piedras limitan tu vida. Ya hemos visto que la suma de todas, o simplemente de algunas, está alimentando tu sufrimiento. Entonces, ¿por qué no aligerar la carga? La clave está en aplicar el minimalismo emocional y eliminar aquello que te sobra. Hazlo simple, vive en el presente, y recuerda: lo que no suma, resta.

Sin detallar y antes de entrar en materia, ¿qué piedras sientes que cargas en tu mochila? ¿Cuáles son aquellas cosas que están limitando tu vida? La mayoría de las veces, las piedras que contribuyen a que tu sufrimiento sea más grande pueden pasar fácilmente desapercibidas porque parecen pequeñas o insignificantes a primera vista. Por ejemplo, la pereza. En primera instancia, podría parecer inofensiva o incluso justificada como una manera de descansar. Sin embargo, al no comprender la naturaleza acumulativa y las consecuencias de la pereza, podemos permitir que genere un impacto negativo en nuestras vidas.

Cuando caemos en patrones de pereza, tendemos a postergar tareas y responsabilidades. Esto no solo genera retrasos y una acumulación de tareas pendientes, sino que también puede afectar a nuestra autoimagen y confianza. Al ir posponiendo las cosas, es probable que comencemos a vernos a nosotras mismas como menos capaces o menos dignas de éxito, lo que a su vez puede llevar a una espiral de procrastinación y baja autoestima. Con ello se produce un efecto parecido a la bipartición: de una piedra acaban saliendo dos.

Eliminar el sufrimiento de tu vida es un proceso sencillo pero complejo. Es decir, es fácil de entender pero difícil de implementar. Al liberarte de tus piedras, experimentarás claridad mental y paz interior. Verás como tus pensamientos, emociones y acciones se alinean con tu nuevo camino. Los viejos hábitos desaparecen, y te abres a oportunidades que antes no imaginabas.

Al ir aligerando la carga de tus piedras, verás como tu sufrimiento va desapareciendo y sentirás que alcanzas un nuevo estado de libertad emocional en el que podrás enfocarte en lo que realmente importa y tomar mejores decisiones que te acerquen a la acción mientras te alejan del estancamiento. Piensa en despertar cada día con energía y vitalidad, emocionándote al darte cuenta de que el sufrimiento ha desaparecido de tu vida. ¿Te imaginas?

Lo bonito de este proceso es que es continuo y evolutivo. A medida que avanzas, descubrirás que la toma de conciencia y la comprensión de aquello que causa tu sufrimiento te permitirá tomar decisiones más conscientes sobre lo que deseas conservar y lo que quieres eliminar de tu mochila. Verás que incluso puede ser un proceso divertido.

## El proceso de liberación

Es verdad que, a menudo, nos sentimos abrumadas cuando se trata de hacer cambios. A nuestro cerebro no le gusta salir de la zona de confort y prefiere malo conocido que bueno por conocer. Creemos que cambiar es muy difícil y eso acaba limitando nuestra capacidad de transformación. Es normal sentirlo así, pero si vas paso a paso, verás como todo es mucho más sencillo de lo que te parece al principio. No es necesario que te enredes buscando el plan perfecto. Simplemente, ve siguiendo la lectura del libro y trabajando en los ejercicios que te propongo. Comienza por identificar lo que sobra, y te sorprenderá cómo la claridad de lo que quieres hacer surge naturalmente.

Es fundamental que entiendas que en el enfoque que propongo, no solo las emociones están involucradas, sino también conductas, hábitos, patrones de comportamiento y creencias, entre otros. Todos estos elementos interactúan y afectan a tu bienestar emocional. Tener la lupa del minimalismo emocional hará que te vuelvas una observadora cuidadosa, no solo de cómo te sientes, sino también de cómo actúas y qué creencias sostienes.

Entonces ¿cómo puedes comenzar este camino hacia la liberación del sufrimiento? En primer lugar, reconoce y acepta que eres la única responsable de tu vida. No importa si tu mochila está muy cargada o poco, porque tienes la capacidad de vaciarla y ganar espacio para cultivar lo que desees. En segundo lugar, comprométete a ser honesta contigo misma. Este camino necesita que mires en los rincones oscuros de tu mente y de tu corazón, y para eso hace falta valor y autoempatía. Y, por último, da pequeños pasos. Cada piedra que examines y decidas aligerar o eliminar es un paso hacia un jardín más claro y vibrante en el que podrás plantar todo lo que quieras. Pero, igual que en un jardín o un huerto no te plantearías plantar nada sin limpiar antes las malas hierbas, haz lo mismo en tu vida.

## Beneficios del minimalismo emocional

El minimalismo emocional no solo transforma tu mundo interior, sino que también mejora tus relaciones. Al ser más consciente y estar emocionalmente equilibrada, emites una energía positiva que atrae relaciones más saludables y profundas. Te conviertes en un faro de claridad y propósito, inspirando a los que te rodean a explorar sus propios jardines emocionales.

¿Te imaginas cómo sería el mundo si todos llevásemos una mochila cargada de cosas bonitas? Imagina que tu interior es como un globo aerostático que aspira a elevarse hacia el cielo. Una vez que estás en el globo te das cuenta de que la cesta está llena de piedras, impidiendo que el globo despegue y alcance la altura necesaria. Por otro lado, las cosas positivas son como el aire caliente que se inyecta dentro del globo, permitiendo que se eleve con gracia y ligereza.

Las cosas negativas, tales como pensamientos tóxicos, emociones negativas, hábitos poco saludables y relaciones dañinas, tienen un peso considerable en nuestro bienestar emocional. Estas piedras pueden simbolizar el miedo, la envidia, la ira, la procrastinación, el resentimiento o el sentimiento de culpa. Cada una de estas piedras añade un peso adicional que frena tu avance y te mantiene anclada en un lugar de insatisfacción y estancamiento.

En contraste, las cosas positivas, como la gratitud, la alegría, las relaciones enriquecedoras, el autodescubrimiento y el propósito actúan como el aire caliente que da impulso al globo. Estos elementos positivos nos ayudan a sentirnos más livianas y liberadas. Nos permiten abordar desafíos con una perspectiva más abierta y optimista, y nos proporcionan la energía necesaria para perseguir nuestros sueños y aspiraciones.

## Menos negativo, más positivo

Es esencial reconocer la importancia de aligerar la carga, de soltar las piedras que nos impiden elevarnos. Esto implica un proceso de reflexión y autenticidad en el que seamos honestas con nosotras mismas sobre qué cosas nos están pesando, y luego tomar acciones deliberadas para liberarnos de ellas.

Al mismo tiempo, es igualmente importante que nos enfoquemos en inflar nuestro globo con aire positivo. Esto puede implicar nutrir relaciones saludables, embarcarse en un camino de crecimiento personal, practicar la gratitud y buscar aquellas cosas que nos brinden verdadera alegría y satisfacción. También lo veremos más adelante.

En el minimalismo emocional, este equilibrio entre eliminar lo negativo y fomentar lo positivo es fundamental. Al hacerlo, no solo aligeramos la carga, sino que también infundimos a nuestra vida la energía y la pasión necesarias para elevarnos hacia nuestro potencial más alto.

Sufrir puede ser una cuestión de actitud ante la vida, pero también puede ser algo que podamos evitar si eliminamos aquello que sobra. El minimalismo emocional es más que una filosofía; es un estilo de vida que tiene el poder de transformarte no solo a ti, sino también al mundo que te rodea.

## Pasar a la acción

Ten muy claro que este libro no es una varita mágica que eliminará instantáneamente todo sufrimiento. Es una guía, un mapa que te ayudará a navegar por los mares tormentosos de tus emociones y pensamientos. Quiero que tomes cada piedra y la examines detenidamente. Te preguntarás cómo llegó a tu mochila, qué función ha tenido y si todavía necesitas llevarla contigo. Algunas piedras podrás dejarlas atrás, otras tal vez quieras transformarlas en piedras más ligeras y manejables. Lo irás viendo a medida que vayas avanzando y reflexionando.

Estás a punto de empezar tu viaje, y como en cualquier viaje, habrá momentos de claridad y momentos de confusión, momentos en que te sientas animada y momentos en que te sientas cansada. Pero cada paso que des, por pequeño que sea, te acercará a una vida con menos sufrimiento y más libertad.

Recuerda: lo que no suma, resta. ¿Estás lista para liberarte del sufrimiento?

# 4

# IDENTIFICA LAS PIEDRAS DE TU MOCHILA

Bien. Ha llegado el momento de empezar. Recuerda que has recorrido un largo camino en el que, sin darte cuenta, has ido acumulando piedras. Cada decisión que has tomado, cada experiencia que has vivido, cada interpretación, pensamiento o hábito que has adquirido ha podido convertirse en una piedra que se ha instalado en tu mochila.

Al abrirla, puede que haya muchas o pocas, algunas más pesadas y otras más ligeras..., todo está bien. El primer paso será observar cada una de las piedras que vas a encontrar en este libro y valorar de qué manera puede estar afectando a tu vida: si está pesando mucho o no. Te apoyarás en las bases del minimalismo emocional para eliminar todo aquello que alimenta tu sufrimiento, consume tu tiempo y tu energía mental. Quieres suelo fértil en el que puedan crecer emociones positivas.

No olvides que este camino te lleva a explorar tu interior para encontrar aquello que produce tu sufrimiento, porque realmente debes confiar en mí cuando te digo que todo aquello que te causa malestar está en tu interior.

Ahora sugiero que te detengas un momento y comiences la lectura de cada una de las piedras que he recopilado para ti. Tómatelo con calma y sin ninguna prisa, sabiendo que estás a punto de ponerte a trabajar en algo que puede transformar tu vida.

A continuación, te presento las ochenta y cinco piedras.

Usa mis reflexiones como punto de partida, como guía para iniciar tu propio proceso de minimalismo emocional.

Pero, antes de que empieces, quiero decirte algo. Es crucial que entiendas que está bien ocasionalmente, ser exigente, quejarse o enfadarse; todas somos humanas y eso es natural. El verdadero problema surge cuando estas actitudes se vuelven diarias, obsesivas o recurrentes. ¿Queda claro? No seas dura contigo misma y deja la exigencia a un lado. Si piensas que puedes tomar el control de tu vida en un solo día, te equivocas. Vamos a tomárnoslo con calma y a disfrutar del camino.

> Elimina de tu vida todo aquello que te cause estrés y te quite la sonrisa.
>
> PAULO COELHO

# 1
# QUEJARTE

> La queja es el refugio de los que no quieren enfrentarse a sus problemas.
>
> SÉNECA

Si por cada vez que nos quejamos, el banco nos ingresase un euro, nadie habría en la cola del paro. Sí, la queja, ese ruido de fondo más molesto que el zumbido de un mosquito en la habitación cuando intentas dormir. Sin duda, uno de los grandes males de la sociedad enferma en la que vivimos.

¿Por qué nos empeñamos en convertir la queja, una herramienta que debería ser una alarma para el cambio, en algo tóxico? Deja que te cuente el caso de Raquel. Acudió a mí buscando ayuda, agotada por el constante ruido de sus propias quejas, de las que, por cierto, no era consciente. Al empezar a indagar en qué era lo que le sucedía, rápidamente se dio cuenta de que su problema era, precisamente, que se quejaba de todo. Nada parecía satisfacerla, y, sin embargo, al preguntarle qué estaba haciendo ella para cambiar su realidad, simplemente se encogió de hombros.

Como siempre digo: no hay nada más transformador que darse cuenta.

En serio, hay que tenerlo claro. Quejarse puede convertirse en un hábito tóxico que no solamente te perjudica a ti, porque te quita energía, te desgasta y, encima, evita que te enfrentes a la realidad y emprendas acciones para cambiarla. También perjudica a tu entorno, que de lo último que tiene ganas es de escuchar tus quejas.

Y, ojo, que sé de lo que hablo. La queja también me acompañó durante una época de mi vida. Trabajé en una empresa en la que tenía una jefa bastante complicada, por decirlo *light*. No quiero entrar en detalles, pero era una persona realmente tóxica. Te hablaba mal, criticaba a las compañeras, la liaba continuamente; en fin, un cuadro.

Tener una jefa así fue algo, en parte, bueno. Gracias a ello, conseguimos tener un equipo muy unido, que nos permitía, algunas veces, reírnos de la situación. Aunque la realidad era que la mayoría del tiempo nos lo pasábamos quejándonos, criticándola y repitiendo lo difícil que era tratar con ella. Nos retroalimentábamos las unas a las otras sin ser conscientes de ello y, cuando alguna lograba salir de ese «agujero negro», las que se quedaban con la esperanza de que el aire nuevo cambiaría la situación, no conseguían salir de esa inercia.

La pregunta clave que te animo a que te hagas es: ¿cuál es el coste de quejarte continuamente por todo? La queja constante puede generar un bucle de negatividad en tu mente que te impida ver todo el abanico de posibilidades y oportunidades disponibles a tu alcance para mejorar tu situación. Por no hablar de que puede alejar a las personas a las que quieres de tu lado, por lo que no hay duda de que puede ser la raíz de gran parte del sufrimiento humano.

La queja te deja agotada. Si te pasas el día quejándote, difícilmente tendrás energía para ocuparte de aquello importante en tu vida. Rafael Vidac dice que con la mitad de la energía necesaria para expresar una queja se empieza a construir una solución. Poner el foco en la queja no te aporta absolutamente nada. Quejarse es de pobres. Ya lo decía Frank Gane, es el lenguaje de la derrota.

¡Ojo! Que no digo que no existan motivos para quejarse, ¿eh? Yo te aseguro que los tenía (y tengo). Pero date cuenta que no es sostenible vivir en un estado permanente de queja, ya que por más que una se queje, si no hay cambio personal, nada cambia. Y vivir esperando que el otro cambie es extremadamente naif.

La queja desvía tu atención sobre lo que sucede y, de un modo inconsciente, hace que desees obtener la atención de los demás. Pero la realidad es que la queja nos convierte en incapaces y en personas que nuestro entorno va a querer evitar. La queja te debilita, consume energía y te hace pequeña.

¿Te has dado cuenta de que para quejarte necesitas tener a una persona que te escuche? Dejé de quejarme cuando empecé a vivir sola. Algún día llegaba a casa y sentía el impulso de hacerlo. Si hubiese encontrado a alguien, seguramente me habría animado a quejarme, pero el hecho de tener que coger el teléfono para llamar a una amiga con el objetivo de quejarme hacía que me diese cuenta de lo absurdo de la situación. Al tomar conciencia, dejaba de hacerlo. Y, realmente, las épocas en las que he vivido sola han sido aquellas en las que he sentido más paz en ese aspecto. Porque nos quejamos por inercia y muchas veces no somos conscientes de que lo hacemos. Conclusión: rodéate de gente que no te escuche, o dile a la gente de tu entorno que te haga ser consciente cada vez que te quejes.

Entonces ¿qué puedes hacer para romper el ciclo de las quejas cuando aparezcan? Te invito a que reflexiones. ¿Cuánto tiempo pasas quejándote cada día? ¿Cómo te hace sentir? ¿Cómo te sientes cuando alguien se queja? ¿Qué cambios podrías hacer para reducir tus quejas y enfocarte en soluciones?

¿Es la queja una piedra que pesa en tu mochila? Si es así, coge una de las que recopilaste, ponle el nombre, colócala dentro y escribe en tu libreta tus reflexiones sobre ella. ¿Qué preguntas podrías hacerte que puedan ayudarte a descubrir si la queja está en tu mochila?

# 2
# CULPAR A LOS DEMÁS DE LO QUE TE PASA

Tu vida es el fruto de lo que haces. No tienes a nadie que culpar más que a ti mismo.

JOSEPH CAMPBELL

¿Alguna vez has culpado a alguien por algo que te pasó? No respondas sin pensar. Me gustaría pedirte que te detengas un momento para reflexionar en la respuesta. A veces, es más fácil proyectar tu insatisfacción culpando a otra persona, aunque sea inconscientemente, que asumir tu propia responsabilidad, ¿verdad?

Todas podemos caer en esto alguna vez, no te culpes por ello.

Si bien muchas veces culpar a los demás por lo que te sucede puede parecer la forma más fácil de actuar, no lo es. Puede que te libere temporalmente de toda responsabilidad, pero eso es todo, porque nadie es responsable de lo que pase.

Desafortunadamente, esta es una actitud mucho más común de lo que podrías creer, porque es algo que hacemos sin darnos cuenta. En *Déjame que te cuente,*[1] Bucay dice que muchas veces preferimos señalar con el dedo a los demás antes que mirarnos a nosotros mismos. Tiene razón,

1. Barcelona, Punto de Lectura, 2020.

yo también he tenido momentos gloriosos en los que me he hartado de culpar a los demás, y ya te avanzo que hacerlo no me ha servido absolutamente de nada.

Bucay habla del concepto de *autodependencia,* es decir, la capacidad de decidir por uno mismo. Según el autor, es el primer paso para una salud emocional y para conseguir la libertad personal que tanto anhelas. Además, dice que culpamos a los demás cuando nos sentimos incapaces de afrontar nuestros propios problemas. Y, aunque puede ser un mecanismo de defensa para evitar el miedo a algo que está por venir, esta actitud no nos sirve de nada porque lo único que hace es mantenernos atadas a un ciclo de victimización y dependencia emocional.

El camino siempre será el mismo y es una idea que voy a repetir a lo largo de este libro hasta la saciedad: es necesario aceptar la responsabilidad de tu vida. Si lo haces, verás como te liberas de la necesidad de culpar a los demás de lo que te pasa y te das la oportunidad de crecer y aprender de tus experiencias.

Un aspecto clave de la autodependencia es aprender a ser honesta contigo. Eso implica reconocer tus errores, que a veces cuesta, y fracasos, así como tus fortalezas y éxitos. Si asumes la responsabilidad de tus acciones, podrás tomar decisiones más efectivas en el futuro. Mientras que, si no lo haces, será muy difícil que se dé una transformación.

En resumen, la visión de Bucay sobre la responsabilidad personal y la autodependencia ofrece una perspectiva muy valiosa sobre cómo podemos romper el patrón de culpar a los demás. Al hacerlo, nos liberamos del sufrimiento inútil y nos abrimos a nuevas oportunidades para crear y mejorar en todos los aspectos de nuestras vidas.

Ahora cierra los ojos por un momento, si puedes, o simplemente permítete relajarte y enfocar tu mente hacia tu interior. Quiero que te imagines en un lugar tranquilo y seguro, un lugar que te guste, un lugar que sea especial para ti, en el que puedas contemplar tu vida con una perspectiva diferente. Imagina una versión de tu mundo en la que ya no culpas a los demás por lo que te ocurre. ¿Cómo ves esta visión?

Observa cómo, en este escenario nuevo que te estás imaginando, tú estás al mando del barco de tu vida, navegando con confianza y seguridad. Sientes una gran liberación, una ligereza, como si te hubieras quitado un peso de responsabilidad ajena que te agobiaba. Y, en este nuevo escenario, en lugar de buscar culpables, buscas soluciones. En lugar de sentirte atrapada en un sufrimiento constante, empiezas a experimentar un alivio, una sensación auténtica de libertad.

Este es un paso importante, un cambio de paradigma, porque te das cuenta de que realmente puedes hacer las cosas de otra manera y tomar el control asumiendo la responsabilidad de tu vida. Y, al hacerlo, te liberas del sufrimiento.

Al asumir la responsabilidad de tu vida, te encuentras en una posición de poder, un lugar desde el que puedes tomar decisiones conscientes sin esperar que nadie venga a resolver tus problemas.

Puedo asegurarte que, a medida que empieces a dejar de culpar a los demás, tendrás un mayor control de tu vida, tus relaciones mejorarán y experimentarás un gran crecimiento, tanto personal como profesional.

Para finalizar, me gustaría proponerte que identifiques si alguna vez has culpado a los demás de lo que te ocurre.

Una vez que reconozcas el momento, que no es fácil, te propongo que intentes dejar de identificarte con la situación y que veas qué puedes hacer para cambiarla, centrándote, sobre todo, en aquello que depende de ti. Al responsabilizarte de tus acciones y dejar de culpar a los demás, no solo estarás eliminando una piedra de tu camino, sino que también abrirás nuevas oportunidades para crecer y mejorar en todos los aspectos de tu vida.

¿Es culpar a los demás de lo que te pasa una piedra que pesa en tu mochila? Si es así, coge una de las piedras que recopilaste, ponle el nombre, colócala dentro y escribe en tu libreta tus reflexiones sobre ella. ¿Alguna vez alguien te ha dicho que le estás culpando de algo que no es responsabilidad suya?

## 3
## CRITICAR

> Lo que criticas en los otros está en ti. Lo que no está en ti, no lo ves.
>
> ALEJANDRO JODOROWSKY

La crítica, en su forma más básica, es una evaluación o juicio sobre algo o alguien y está tan arraigada en nuestra cultura que bien podría ser un deporte olímpico. Y no me refiero precisamente a la crítica constructiva, me refiero a la crítica innecesaria, aquella que resta y no aporta nada.

Aunque parece un concepto muy básico, la crítica puede llegar a ser muy compleja, y entender su dinámica puede ser una herramienta muy potente para el desarrollo personal. A raíz de escribir este libro la he observado desde muchas perspectivas, llegando a reconocer su poder, tanto para bien como para mal, ya que puede ser un arma de doble filo.

Existen dos tipos de crítica: la constructiva y la destructiva. La primera suele venir con buenas intenciones y te ayuda a identificar áreas de mejora para que te superes, mientras que la segunda, la destructiva, es negativa, puede dañar la autoestima y no suele aportar nada positivo. Por lo tanto, la crítica puede ser un motor para cambiar las cosas y hacernos ver en qué necesitamos mejorar o puede ser profundamente dañina.

Y de la crítica dañina sale el chisme, cuyo objetivo principal puede ser entretenimiento o perjudicar la reputación de una persona. Ambos, tanto la crítica destructiva como el chisme, pueden llegar a hacer mucho daño, ya que nunca tienen un efecto beneficioso.

No te voy a engañar, en algunas ocasiones soy crítica y chismosa. Y, aunque parece que el chismorreo lo llevo bastante a raya, reconozco que tengo que mantenerme en guardia con la crítica, dado que, cuando me despisto, se me escapa alguna opinión no solicitada. Pero tengo claro que es un vicio que quiero eliminar del todo en mi vida, y en eso estoy. Como dice Abigail Van Buren, es casi imposible ensuciar al prójimo sin ensuciarse a uno mismo. ¿Quién soy yo para opinar de la vida de los demás?

Si es verdad que en la medida de lo posible siempre intento aplicar aquello de «no hagas al otro lo que no te gustaría que te hiciesen a ti», no siempre lo consigo. Soy consciente de lo que hago e intento pararlo cuando no he podido evitarlo desde el inicio.

Pero, ojo, hasta aquí he hablado de la crítica que emites, pero ¿qué hay de la crítica que recibes? Porque sí que puedes evitar criticar a alguien, pero, que yo sepa, nunca podrás evitar que alguien te critique a ti.

Sigamos entrando en materia. ¿Te has preguntado alguna vez por qué criticamos tanto? Después de mucha observación, me he dado cuenta de que criticar une. Hablar bien de alguien no, pero los chismes unen. Es así. Nos guste o no. Seguro que, si te pones a pensar, se te ocurren muchas ocasiones en las que has sido testigo de un aluvión de críticas. ¿Recuerdas lo que te he contado sobre que tenía una jefa un poco tóxica? Pues, imagínate lo que nos unió criticarla.

Es cierto que criticar puede crear una sensación temporal de unión, como me pasó a mí, pero, en palabras de Brené Brown, criticar también puede ser una forma disfrazada de autoprotección o de sentirnos superiores. Porque, si estamos ocupadas juzgando a los demás, no tenemos que enfrentarnos a nuestras propias inseguridades y miedos.

Lo que la hace más destructiva es que, a menudo, no se centra en una acción, sino en la persona en sí. Por ejemplo, en lugar de decir «creo que cometiste un error», una crítica destructiva diría «eres tonto, siempre lo haces todo mal», atacando la identidad y la autoestima de la persona. Y puede ser abierta y directa, con insultos y comentarios ofensivos, o sutil y encubierta, emitido como indirecta o insinuación.

La crítica es mucho más que una simple acción, también es una manifestación de lo que ocurre en el interior de la persona que critica. De hecho, a menudo dice más sobre el crítico que sobre el criticado. Las destructivas suelen ser reflejos de inseguridades, insatisfacciones y temores internos. Las personas que recurren a este tipo de crítica, a menudo, se sienten superiores o poderosas, aunque esconden una profunda inseguridad o sentimiento de inferioridad.

En *El arte de no amargarse la vida,*[1] Rafael Santandreu explica cómo la crítica constante puede convertirse en una fuente de amargura y frustración. Aunque puede parecer una manera fácil de sentirse superior, a largo plazo solo genera resentimiento y distancia.

Además, puede convertirse en una distracción, ya que al enfocar tu energía en encontrar defectos en los demás, evitas mirarte a ti misma y poner el foco en las áreas que puedes mejorar.

Ahora imagina un mundo en el que cada paso es una oportunidad para aprender y crecer y en el que la crítica no tiene cabida. En el que cada comentario no es un ataque, sino una oportunidad para mejorar. Cada vez que escuchas una crítica, te sientes agradecida en vez de amenazada. Te sientes empoderada por la posibilidad de crecer.

Pero ¿es realmente posible eliminar la crítica de tu vida y vivir en un mundo así?

Si eres tú la que critica, puedes aprender a ver a las personas de una manera más objetiva y compasiva, sin dejarte

1. Barcelona, Paidós, 2014.

llevar por tus inseguridades y prejuicios. Antes de hablar puedes pasar tus pensamientos por estos tres filtros:

- ¿Lo que voy a decir es verdad?
- ¿Lo que voy a decir es amable?
- ¿Lo que voy a decir es necesario?

Acuérdate de esto: «Si no tienes nada bueno que decir, mejor no digas nada».

Aunque eliminar la crítica de tu vida pueda parecer una tarea titánica, es tan sencillo como dejar de hacerlo. En lugar de invertir tiempo hablando de los otros, habla de ti. Si estás en un grupo en el que se empieza a criticar, cambia de tema y, si no funciona, vete. Cada vez que abras la boca para criticar a alguien, piensa cómo te sentaría si alguien dijese eso mismo de ti. De verdad, deja de criticar. Deja de practicar el *critiqueo*. Ya.

Para llevarlo a cabo, puedes seguir estos pasos:

1. Toma conciencia. Para eso estás leyendo este libro. Bravo. Reconoce que lo estás haciendo e identifica en qué situaciones sucede.
2. Entiende por qué criticas. A menudo puede ser una defensa o fruto de algo que esperas de alguien. Comprender por qué lo haces te dará información sobre ti misma y te ayudará a cambiar tu comportamiento.
3. Practica la empatía. Antes de criticar, intenta ponerte en la piel de la otra persona.

El cambio lleva tiempo, pero si te comprometes con tu objetivo, verás que es fácil reducir tu tendencia a criticar y crear una actitud más positiva. Y, recuerda, no hablar mal de nadie es la mejor forma de hablar bien de ti.

¿Qué opinas sobre lo que has leído? ¿Estás de acuerdo? Escribe en tu libreta. Acostúmbrate a reflexionar al mismo tiempo que vas leyendo para conseguir un doble impacto de tu trabajo. Y no olvides colocar la piedra en la mochila si es el caso.

> ¿Es la crítica una piedra que pesa en tu mochila? Si es así, coge una de las piedras que recopilaste, ponle el nombre, colócala dentro y escribe en tu libreta tus reflexiones sobre ella. ¿Qué podría ayudarte a tomar conciencia de si la crítica está presente en tu vida?

## 4
## REPROCHAR

> El reproche es un veneno que te bebes esperando que otro se muera.
>
> Anónimo

Reprochar consiste, básicamente, en echar en cara a otra persona que no es tan buena como nosotras en algo. Es una forma de decirle que somos mejores y de proyectar nuestras propias insatisfacciones o inseguridades. Cuando reprochamos, estamos enviando el mensaje de que somos superiores o de que tenemos la razón, y de que la otra persona es inferior o está equivocada.

En muchas ocasiones, somos nuestras propias carceleras, encerradas en un calabozo de acusaciones. El reproche, sin ninguna duda, es un hábito destructivo que alimenta un ciclo de sufrimiento y frustración. Te ancla al pasado, impide tu crecimiento y te daña a ti y a tus relaciones.

Vivimos en una sociedad que, sin duda, puede ser muy dada a reprochar. Y lo admito, al igual que muchas de nosotras, he caído en la trampa de los reproches más veces de lo que me gustaría reconocer. Al fin y al cabo, nadie merece recibir un reproche, y yo tenía claro que no quería ser ese tipo de persona. ¿No te parece un comportamiento desagradable y totalmente innecesario en tu vida?

Déjame que te hable de Marta. Marta solía caer en la trampa del reproche. Normalmente, a raíz de una discusión. Cuando la tensión subía y se sentía ofendida, empezaba a soltar reproches que tenía guardados desde hacía tiempo. Cada reproche que salía por su boca alimentaba un fuego más grande, hasta que decía cosas que ni pensaba realmente.

Aunque al principio no se daba cuenta de ello, su chico le dio un ultimátum. Fue entonces cuando recurrió a mí. Juntas identificamos los momentos en los que sucedía y nos dimos cuenta de que detrás de ese comportamiento había un hábito adquirido a lo largo de su vida. Hay personas como Marta que lo tienen tan interiorizado que lo hacen sin darse cuenta, por lo que si nadie te hace consciente de cuánto daño puede provocar tu manera de actuar, es posible que pases buena parte de tu vida sin dejar de hacerlo.

Los patrones de comportamiento como el reproche, a menudo, se originan en el entorno familiar, por lo que, si has crecido en un entorno reprochador, probablemente hayas adquirido el hábito. Por ejemplo, si un niño crece en un entorno donde sus padres constantemente se reprochan el uno al otro, puede interiorizar este comportamiento como normal y utilizarlo sin darse cuenta.

Pero es importante recordar que, si has crecido en un ambiente en el que el reproche era la norma, puedes cambiar tu comportamiento. Tanto el *coaching*, la PNL o la hipnosis pueden ser herramientas útiles para identificar y cambiar estos comportamientos.

Marta se dio cuenta de que no quería seguir hiriendo a los demás con sus palabras, por lo que decidió cambiar. Para ello, aprendió a pedir las cosas en el momento en el que las necesitaba, en lugar de acumular frustraciones y expectativas. Durante el proceso de *coaching* que hicimos, descubrió que expresar sus necesidades de manera tranquila era la clave para que fueran bien recibidas. Además, trabajó en identificar cuándo y con quién solía hacer reproches, y elaboró una lista de todos. Cada semana los revisaba para ver qué necesidad no satisfecha se escondía detrás de cada reproche.

En general, creo que vivimos en una sociedad bastante reprochona. Como en el caso de Marta, normalmente, los reproches surgen fruto de una discusión como resultado a una insatisfacción. Empieza a subir el tono y sacas toda la artillería que tienes allí guardada durante no sé cuánto tiempo. Lo que empieza con una chispa acaba convirtiéndose en una hoguera digna de las fallas valencianas.

Marshall Rosenberg, autor de *Comunicación no violenta: un lenguaje de vida,*[1] aborda el reproche como una forma de

1. Buenos Aires, Gran Aldea, 2006.

comunicación violenta, que tiende a crear distancia y conflicto, en lugar de comprensión y conexión. Según dice, los reproches suelen ser expresiones de nuestras propias necesidades insatisfechas, pero expresadas de una manera que es probable que provoquen resistencia en lugar de empatía.

En resumen, las consecuencias de los reproches pueden ser muy negativas, tanto para la persona que los emite como para quien los recibe. Pueden hacer que la comunicación sea menos efectiva y que dé lugar a más discusiones, además de causar tensión y estrés en una relación, ya sea de amistad, familiar, profesional o de pareja, llevando al resentimiento y al descontento y dañando la relación a largo plazo.

Dejar de reprochar no es fácil porque muchas veces pasa inadvertido. Para pasar a la acción te propongo un ejercicio posreproche:

- **Identifica el reproche**. Piensa en una situación en la que hiciste un reproche. ¿Qué dijiste exactamente? ¿A quién se lo dijiste?
- **Analiza tus sentimientos**. ¿Qué sentías antes, durante y después del reproche? Intenta ser lo más específica posible.
- **Reflexiona sobre tus necesidades**. ¿Qué necesidad estaba tratando de satisfacer el reproche? ¿Sentías que no se te estaba escuchando, que no se te estaba valorando o algo más?
- **Explora opciones**. ¿Qué otras formas podrías haber utilizado para expresar esa necesidad? ¿Podrías haberla expresado directamente, sin el reproche?
- **Piensa en el impacto**. ¿Cómo crees que se sintió la otra

persona cuando le hiciste el reproche? ¿Cómo afectó el reproche a la relación?

- **Planifica el futuro**. ¿Cómo puedes actuar en el futuro en situaciones similares? ¿De qué manera podrías expresar tus necesidades de forma menos dañina?

Te animo a que realices este ejercicio en tu libreta. Puedes hacerlo basándote en algún reproche del pasado, así vas practicando. Escribe sobre tus pensamientos en este momento: ¿cómo estás viviendo la lectura de este libro? Utiliza la libreta como si fuese un diario personal. Carl Jung dice que: «Lo que reprochamos a los demás es la sombra de lo que no aceptamos de nosotros mismos».

¿Es el reproche una piedra que pesa en tu mochila? Si es así, coge una de las piedras que recopilaste, ponle el nombre, colócala dentro y escribe en tu libreta tus reflexiones sobre ella. ¿Con frecuencia encuentras razones para culpar a otras personas de tus problemas o insatisfacciones? ¿Sientes que revives o echas en cara errores o acciones del pasado a las personas cuando te sientes molesta o frustrada? ¿Tiendes a expresar críticas o quejas en lugar de comunicar de manera constructiva tus necesidades o expectativas a los demás?

# 5
# ESPERAR QUE LAS COSAS PASEN

La inspiración existe, pero tiene que encontrarte trabajando.

PABLO PICASSO

Actuar esperando que las cosas simplemente *ocurran* es como sembrar semillas y no regarlas esperando que la lluvia haga todo el trabajo. Vivimos en una sociedad que, a menudo, favorece la espera pasiva. Desde pequeña te han dicho que, si haces los deberes, recogerás los frutos. En su momento los *deberes* eran estudiar una carrera y esperar que las cosas sucedieran. Pero esto no es verdad. Te dijeron que tuvieses paciencia, que ya llegaría tu turno, que las cosas mejorarían con el tiempo, y te sentaste a esperar. Hasta que al cabo de un tiempo te diste cuenta de que las cosas no mejoran solas. Hay que currárselo. Y, mientras esperabas, dejaste pasar oportunidades, momentos y experiencias que podrían haber marcado la diferencia en tu vida.

Voy a contarte la historia de Raquel, una de mis clientas favoritas. Raquel, una mujer encantadora de cuarenta años, vivía atrapada en un bucle de espera constante. Ella creía que sus sueños se materializarían si esperaba pacientemente a que aquello ocurriera. Raquel llegó a mi consulta con unos niveles de ansiedad muy elevados. El hecho de esperar tanto tiempo sin conseguir resultados fue creciendo el cortisol, y el bucle de pensamientos negativos no hacía más que ir en aumento.

Conozco muchos casos así. El riesgo de sentarse a esperar es demasiado grande. Si es verdad que hay que ser paciente, la paciencia no tiene nada que ver con no hacer nada para conseguir lo que deseas. La vida no va de eso, de esperar que las cosas pasen. Nada más lejos de la realidad. Por algo será que Tony Robbins no para de repetirlo: no hay éxito sin acción.

Esperar puede parecer una virtud, un signo de templanza y de que confías en que las cosas mejorarán. Pero, en realidad, la experiencia me dice que la mayoría de las veces es una trampa, una forma de ocultar nuestros miedos y evadir la responsabilidad de tomar las riendas de tu vida.

Por lo tanto, el esperar que las cosas pasen como sinónimo de inacción es un hábito que debemos erradicar. Leer a Mario Alonso Puig ha sido una de las claves para mejorar mi mentalidad. Él sostiene que la inacción es un escudo frente al miedo. Nos mantiene estancadas y justifica nuestra pasividad. Pero la realidad es que, al final, este es un camino que solo conduce a la insatisfacción y, como consecuencia, al sufrimiento.

Por eso, te invito a que dejes de ser espectadora de tu vida y huyas de la parálisis. La transformación ocurre cuanto te levantas y te pones en acción, por poco que sea.

Estos son los riesgos del síndrome de Claudia Schiffer, que consiste en pensar que, si eres buena haciendo lo que haces, tarde o temprano te van a descubrir. Es lo que le pasó a la conocida modelo, descubierta en una noche de discoteca de manera casual e inesperada. Michel Levaton, director de la agencia de modelos Metropolitan, se le acercó y le ofreció un contrato. Enseguida fue elegida como la nueva cara de Chanel y triunfó internacionalmente.

Obviamente, la historia de Schiffer es fascinante y no te negaré que yo también querría que algún día me ocurriese algo así, pero esto es una excepción. No podemos vivir esperando que nos pase algo que le pasa a una de cada cien mil personas. La realidad es que la mayoría de los seres humanos tenemos que currárnoslo mucho para conseguir vivir como queremos.

Por ello te invito a reflexionar: ¿hay algún área en tu vida en la que estás esperando que las cosas simplemente sucedan? ¿Cómo podrías tener una actitud más proactiva? Puedes empezar por pequeños objetivos diarios, sin grandes ambiciones, pero que te hagan salir de donde estás. Aprovecha al terminar el apartado para escribir en tu libreta y reflexionar sobre la inercia en general y el efecto que tiene en tu vida.

La única persona que puede cambiar realmente tu vida y tu situación eres tú, pasando a la acción. Leer este libro no cambiará nada si no actúas luego. Por eso es tan efectivo el *coaching* en estos casos, porque se centra en acompañar a las personas para que tomen un papel activo y asuman la responsabilidad de su vida. A través de un proceso de autoconocimiento, definición de objetivos y planificación, el *coaching* te proporciona las herramientas para que dejes de esperar y te pongas a actuar.

¿Es esperar que las cosas pasen una piedra que pesa en tu mochila? Si es así, coge una de las piedras que recopilaste, ponle el nombre, colócala dentro y escribe en tu libreta tus reflexiones sobre ella. ¿Prefieres esperar a que las circunstancias cambien por sí solas en lugar de tomar medidas para influir en ellas? ¿Manifiestas o actúas? ¿Te sientes cómoda en la zona de confort y evitas enfrentar nuevos desafíos?

# 6
# LA INERCIA

No es el error, sino la inacción, la inercia, lo que hace fracasar al hombre.

José Antonio Marina

Si en el apartado anterior hablábamos de la inacción por esperar que las cosas pasen, ahora es el turno de la inacción por la resistencia al cambio, por dejarse llevar, vista como un obstáculo para alcanzar el máximo potencial y aprovechar las fortalezas individuales.

Te cuento una historia personal. Por mi cuarenta cumpleaños mis padres me organizaron una fiesta sorpresa, una fiesta que no me esperaba para nada. En la fiesta, me hicieron varios regalos; uno de ellos fue un retiro (a elegir según fechas y disponibilidad). Pasados unos días decidí ver qué opciones tenía que cuadrasen con mi agenda. Y descubrí que solo disponía de un fin de semana libre y que justo ese tocaba retiro de silencio. No me apetecía mucho, la verdad, pero, convencida de que algo bueno me traería y de que las cosas pasan como tienen que pasar, hice las maletas y me fui.

Había hecho diferentes tipos de retiro, pero nunca uno de silencio, y la verdad es que, en contra de todo pronóstico, me encantó. Me sentí realmente bien. Poner el teléfono en modo avión todo un fin de semana y no hablar absolutamente con nadie es una experiencia muy gratificante que recomiendo hacer a todo el mundo.

En una de las sesiones en grupo, en las que sí se permitía preguntar, el guía nos estuvo hablando de la inercia. Nos preguntó si sabíamos cómo matar un sapo. La verdad es que yo no entendía a dónde quería ir a parar, por lo que permanecía atenta a cada palabra que decía.

Nos contó que para matar un sapo hay que ponerlo en una olla con agua en el fuego e ir subiendo la temperatura, poco a poco, para que vaya acostumbrándose al calor y se vaya acomodando cada vez más, hasta que, sin darse cuenta, muere achicharrado cuando el agua empieza a hervir. Si pretendiésemos poner el sapo con el agua hirviendo, lo más probable es que diera un salto en el instante de tomar contacto con ella, pero de este modo se va acostumbrando despacio a la temperatura y no se da cuenta del peligro que corre.

Lo mismo pasa en la vida. Si no estás alerta, la inercia puede terminar contigo. Tenemos una facilidad tremenda para acomodarnos a todo, tanto al sufrimiento como a la rutina o a la infelicidad. Dejamos nuestra vida en manos de la inercia.

El tema es que es realmente fácil y arriesgado perder la noción de aquello que puede destruir tu vida. El no ser consciente de que vas en piloto automático hace que no tengas la posibilidad de trazar un plan de acción para evitar la catástrofe. Y quizá, cuando te des cuenta, el sapo esté muerto.

En este aspecto me siento muy tranquila porque soy una mujer muy ambiciosa y poco conformista. Es muy difícil que se me coma la inercia porque siempre estoy haciendo cambios en mi vida, y más bien padezco de todo lo contrario, pero si lo he incluido en este libro es porque lo veo continuamente a mi alrededor, entre mi entorno y mis clientas.

Los años pasan y la gente sigue quejándose de las mismas cosas, sin hacer nada para cambiar absolutamente nada, esperando que se produzca el milagro. Y, después, cuando se dan cuenta de que el sapo ha muerto, no lo entienden. «Si no he hecho nada», dicen. Pues, precisamente, este es el problema, que no has hecho nada.

En un mundo imaginario podría cambiarte la vida por arte de magia, pero esto no es Disney y nunca vas a mejorar si no atiendes tu vida. Las cosas *nunca* mejoran solas. Y si piensas así es que eres muy ingenua. Decía Miguel Ángel que la mayor desgracia de un ser humano es apuntar bajo y que le vaya bien.

Espero de corazón que esta reflexión te haya puesto las pilas. Ahora quiero que valores todas las áreas de tu vida que son importantes para ti: hogar, trabajo, dinero, amor, familia, tiempo libre, etcétera. Define las que tú quieras y puntúalas del 1 al 5. ¿Cuáles son aquellas áreas en las que deseas mejorar? Ponte manos a la obra si no quieres quedarte tiesa como el sapo.

Una vez que la tengas, elige tres acciones, no importa que sean pequeñas, para mejorar, aunque sea un poquito en las áreas en las que hayas obtenido una puntuación más baja, y ponte manos a la obra. Anótalo en tu libreta para poder hacer un seguimiento. La idea es que, cada vez que completes una acción, pienses en otra que pueda seguir mejorando ese ámbito.

¿Es la inercia una piedra que pesa en tu mochila? Si es así, coge una de las piedras que recopilaste, ponle el nombre, colócala dentro y escribe en tu libreta tus reflexiones sobre ella. ¿Sientes que estás siguiendo una rutina o camino en tu vida simplemente porque es lo que has estado haciendo, en lugar de elegir conscientemente esa dirección?

# 7
# JUZGAR

Si nosotros somos tan dados a juzgar a los demás, es debido a que temblamos por nosotros mismos.

Oscar Wilde

¿Por qué nos importa tanto la vida de la gente? ¿Qué nos hace pensar que nosotras podríamos hacerlo mejor? Está claro que es mucho más difícil juzgarse a una misma que juzgar a los demás, pero ¿es que hay algún beneficio en hacerlo?

Si te fijas, la conclusión a la que vamos llegando a raíz de las piedras que hemos visto hasta ahora siempre es la misma: ocúpate de tus asuntos. Vive y deja vivir. Perdemos el tiempo hablando de la vida de los otros y nos quedamos mudas cuando nos toca el turno. En este sentido, juzgar es muy parecido a criticar, requiere que te creas superior a la persona que estás juzgando. Y no hace falta que te recuerde que no eres superior a nadie porque eso ya lo sabes o tendrías que saberlo. Juzgar es un acto tan humano como respirar, un hábito peligroso que puede generar muchos problemas y sufrimiento si no lo controlamos.

La historia de Mónica, es un claro ejemplo de esto. Ella era una persona llena de prejuicios. Juzgaba a las personas por su apariencia, por su manera de hablar, por lo que hacían con su tiempo libre e incluso por sus gustos musicales. Tenía una visión del mundo muy distorsionada y una opinión negativa de todas las personas.

A lo largo del tiempo su hábito fue adquiriendo consistencia, hasta que generó un nivel de estrés y ansiedad tan elevado que no le permitía sentirse en paz. Todo su entorno se vio afectado: sus amigos se sentían juzgados continuamente, su pareja estaba harta y su familia cada vez quería verla menos. Ella no se daba cuenta de nada y acudió a mí movida por la desesperación de no saber qué hacer.

Durante las sesiones nos dimos cuenta de que se juzgaba a sí misma con muchísima dureza y, así, fuimos descubriendo de dónde venía aquello. Con este tipo de hábitos o comportamientos siempre tendrás el mismo problema: igual que criticas, juzgas o analizas a tu vecino, lo haces contigo, y esto puede llevarte a una baja autoestima o al perfeccionismo infinito.

Cuando juzgas a una persona, creas, sin darte cuenta, un ambiente de desconfianza y desconexión en el que los demás pueden sentirse injustamente tratados y, por lo tanto, menos propensos a compartir sus pensamientos o emociones contigo. El juicio responde siempre a un trato injusto basado en estereotipos y prejuicios. Como ya te he contado, la tendencia a juzgar no se limita a los demás, ya que las personas que juzgan pueden terminar siendo muy críticas consigo mismas.

Nunca he sido muy juzgona, aunque sí me he sentido juzgada muchísimas veces. Lo he vivido siempre mal y desde la rabia, porque no puedo con las injusticias y este es un tema que me pone tensa, aunque, si lo pienso, entiendo que detrás de una persona que juzga, a menudo, hay un conjunto de miedos, inseguridades, baja autoestima y creencias que despiertan mi compasión. Brené Brown dice que el juicio, a menudo, surge de nuestra propia vergüenza e inseguridad. Tiene bastante sentido, ¿verdad?

Identificar cuándo estás juzgando puede ser un desafío, pero hay señales que pueden ayudarte. Fíjate en el lenguaje que utilizas, si hablas en términos absolutos como «bueno» o «malo» o, por ejemplo, haces suposiciones, críticas o menosprecias.

A menudo, es un proceso rápido y automático, por lo que practicar la atención plena, prestando atención a tus pensamientos y emociones sin juicio, puede ser una herramienta valiosa. Dicen que cada juicio es una confesión. Si es así, presta atención a aquello que juzgas, lo que, por lo menos, te dará información sobre tus carencias.

¿Y si en lugar de juzgar exploras un poco? Activa la curiosidad y observa de dónde proviene ese juicio. Sé que la teoría siempre parece más fácil que la práctica, pero, aun así, tengo la osadía de proponerte que pienses antes de abrir la boca: ¿aquello que vas a decir va a aportar realmente algo positivo? Si no es así, haz un favor al mundo y cállate.

Aprende a escuchar e interésate por quién tienes delante. Practica la escucha activa y conecta con la emoción de las personas. Por favor, evita al máximo juzgar y relacionarte con gente que lo haga. Los juicios siempre te impedirán ver lo bueno que hay más allá de las apariencias.

Dicen que cuando juzgas a alguien, ese juicio dice más de ti que de la persona a la que lo diriges. Hoy quiero invitarte a la reflexión. ¿En qué te estás juzgando? Escribe en tu libreta todo el tiempo que necesites y, al terminar, lee el texto de nuevo. ¿Has descubierto algo importante?

> ¿Es el acto de juzgar una piedra que pesa en tu mochila? Si es así, coge una de las piedras que recopilaste, ponle el nombre, colócala dentro y escribe en tu libreta tus reflexiones sobre ella. ¿Te encuentras a menudo pensando críticamente sobre las decisiones y acciones de los demás? ¿Eres de las personas que suelen opinar de todo? ¿Qué te aporta hacerlo? ¿Cómo te sientes cuando alguien te juzga a ti?

# 8
# VICTIMISMO

Si actúas como una víctima, es probable que seas tratado como tal.

PAULO COELHO

Lo que está claro es que todas, en algún momento de nuestra vida, podemos haber caído en la trampa del victimismo. En *Aprendiz de sabio,*[1] Bernabé Tierno lo define como la necesidad imperiosa de buscar compasión para ser el centro de atención y obtener beneficios. De este modo, el victimismo responde a un patrón de comportamiento en el que adoptas un rol continuado de víctima y, como consecuencia, no asumes la responsabilidad de tu vida.

Antes de seguir quiero remarcar que, como en todos los casos de los que hablo, me refiero a un victimismo tóxico, no a víctimas reales que sufren de verdad por haber recibido algún maltrato de cualquier tipo. Me refiero a las personas que *van de* víctimas.

Imagina a una persona que, independientemente del esfuerzo que haga, siente que las circunstancias siempre están en su contra. En el trabajo se siente agobiada, sus amigas nunca la apoyan, en el ámbito familiar constantemente se siente juzgada, a tal punto que las pequeñas contrariedades del día a día le parecen montañas insuperables. Y es

1. Barcelona, Grijalbo, 2005.

precisamente aquí donde recae el verdadero peligro del victimismo, un viaje hacia la frustración y el sufrimiento.

También puedo hablar de esta piedra en primera persona. Pasé una mala época que se hizo eterna. Ninguno de los pilares que eran importantes para mí sostenían mi vida. Me sentía perdida, desanimada y triste. Había abandonado la ilusión y no tenía fuerzas para nada. Nunca en mi vida me había sentido así, ya que una de mis fortalezas es precisamente esta: crecerme ante las adversidades.

Un día, en una sesión de terapia a la que acudí contando el mismo discurso de siempre, esta persona se armó de valor y me hizo un regalo enorme. Se puso muy seria y, en lugar de darme una palmadita en la espalda, me dijo que no le daba ninguna pena nada de lo que le estaba contando, que estaba instalada en el victimismo y que mi discurso, independientemente de si era cierto o no, me impedía avanzar.

Me costó digerirlo. Mucho. Pero me cargué de humildad y entendí que había caído en mi propia trampa y que salir de ahí solamente dependía de mí. Seguir lamentándome de lo que me sucedía no cambiaría absolutamente nada en mi vida.

Lo que más me preocupó fue no haberme dado cuenta de la situación en la que estaba. Tenía mil señales a mi alrededor que me hacían de espejo, pero yo no me enteraba de nada. Soy una persona que vive con un compromiso enorme con el crecimiento personal y la mejora continua, y el hecho de no haber sido consciente de algo tan evidente me dejó un tanto confusa. Pero, por suerte, salí de ello.

Mi sufrimiento era tan grande que supongo que lo que buscaba era dar pena para sentir la compasión de alguien. No lo sé. Cuando estás con el ánimo bajo, todo se desdibuja un poco. Al final, lo que me sacó de allí fue hacerme la pregunta siguiente: ¿qué parte de responsabilidad tengo en mi sufrimiento? Y, desde ahí, pude cambiar las cosas. Poco a poco. Sin prisa y con mucha autocompasión.

Quizá empieces a preguntarte si a ti te pasa o te ha pasado en algún momento lo mismo. A menudo, hay señales que lo indican, como el resentimiento, la falta de confianza en una misma, la evitación de responsabilidades, la necesidad constante de atención, la tendencia a culpar a los demás y la resistencia a escuchar soluciones. Es un patrón de comportamiento que se caracteriza por la negatividad, la falta de empatía y la tendencia a exagerar los problemas.

Si todo esto te resulta familiar, te animo a que tomes medidas. No hay nada vergonzoso en pedir ayuda, ya sea a alguien de confianza en tu entorno o a un profesional. Recuerda que, como siempre digo, el primer paso es reconocerlo y el segundo, escribir sobre ello.

Te propongo un ejercicio: piensa en alguien que conozcas que te parezca que está atrapada en el victimismo. Escribe sobre esa persona, detallando al máximo los comportamientos y las actitudes que veas parecidos a los que has leído. A continuación, léelo de nuevo e identifica si hay algo en lo que te veas reflejada. Este puede ser un muy buen primer paso hacia el cambio.

¿Es el victimismo una piedra que pesa en tu mochila? Si es así, coge una de las piedras que recopilaste, ponle el nombre, colócala dentro y escribe en tu libreta tus reflexiones sobre ella. ¿Tienes la sensación de que siempre estás en el extremo perdedor de las situaciones o que las cosas están en tu contra constantemente?

# 9
# FALTA DE AUTOCUIDADO

Casi todo volverá a funcionar si lo desconectas durante unos minutos, incluyéndote a ti.

ANNE LAMOTT

Decía el maravilloso Oscar Wilde que amarse a sí mismo es el comienzo de un romance para toda la vida. Bonito, ¿verdad?

El primer paso hacia el amor propio es practicar el autocuidado. Esto implica cuidar tu cuerpo y prestar atención a tus necesidades, pensamientos y emociones con el objetivo de lograr un estado de bienestar tanto físico como mental.

El autocuidado es la base de tu bienestar, tanto físico como mental, por lo que su falta puede tener un impacto significativo en tu vida. Puede traducirse en problemas de salud física, como el agotamiento o el estrés, o afectar a tu salud mental. Es esencial para mantener un equilibrio saludable en tu vida.

Carmen era una madre trabajadora, con tres hijos y una carrera exigente. Constantemente estaba cuidando a los demás y nunca tenía tiempo para ella misma. De hecho, ella no existía en su mundo. Cuando le sugería que hiciese algo por ella, me miraba con cara de póker. Carmen no vino a mí porque quería aprender a cuidarse, vino porque no era capaz de llegar a todo y quería aprender a organizarse mejor para poder ocuparse más y mejor del resto. ¿Te lo puedes creer? Con casos como el suyo se me encoge la tripa.

El caso es que, poco a poco, fuimos explorando su vida a través de preguntas poderosas, trabajamos en los valores e hicimos un profundo trabajo de autoconocimiento del que surgió su necesidad de autocuidado.

En un mundo tan ajetreado como el que vivimos es muy fácil descuidar el autocuidado. No nos priorizamos porque sentimos que cuidarnos no es necesario y hay cosas más importantes. No somos conscientes de lo básico que es hasta que enfermamos. Ahora, por suerte, hay un movimiento social en el que está de moda cuidarse. Pero, lejos de ser una moda pasajera, es algo realmente serio.

Lo realmente importante es preguntarse: ¿qué hay detrás de una falta de autocuidado? Queda totalmente prohibido responder que no tienes tiempo o los famosos «ya me gustaría a mí», ya que te trasladan al victimismo y, desde allí, poca cosa puedes hacer.

Basándome en mi experiencia como *coach,* detrás de una falta de autocuidado hay un profundo sentimiento de no merecerlo. Muchas personas, como Carmen, sienten que dedicar tiempo y energía a cuidarse a sí mismas es egoísta. Quizá hubo un tiempo en el que estaba mal visto, pero, como ya he dicho, estamos en un momento en el que se está poniendo de manifiesto esta necesidad vital como algo básico en la vida de cualquier persona, y hay que aprovecharlo al máximo.

Ojalá estés leyendo estas líneas alucinando por lo que estoy diciendo y seas una persona con estas bases muy integradas en tu cerebro. Ojalá. Pero, si no es así, no te preocupes, estás como muchos o como muchas, porque en este caso me atrevería a decir que es un mal que sufrimos más las mujeres, o las madres, concretamente.

Cuando realicé el programa Mindfulness Based Stress Reduction (MBSR), me di cuenta de lo poco que valoraba mi autocuidado. Estaba tan centrada en las necesidades de mi pareja y de mi hija que no me prestaba ninguna atención. Durante el curso, nos ponían deberes. Uno de los ejercicios consistía en realizar una práctica de cuarenta y cinco minutos al día en los que solamente teníamos que tumbarnos y escuchar un audio que nos habían facilitado. Después de semanas de formación, la instructora me preguntó por qué no había hecho ni una sola práctica. Yo, avergonzada, le dije que me parecía una pérdida de tiempo dedicar cuarenta y cinco minutos a estar sin hacer nada, con la de cosas que tenía que hacer. A lo que ella, muy hábil, respondió preguntándome: «¿Cuidarte es perder el tiempo?». ¡Zas! En toda la cara.

Entre las muchas recomendaciones que leemos a diario, me quedo con las de Silvia Congost: dedicarse tiempo de calidad, cuidarse por dentro y por fuera, cuidar el diálogo interno, rodearse de personas que sumen y agradecer.

Y es que, en el fondo, no tengo que convencerte de nada porque sabes de sobra que no hay nada malo en cuidar de ti misma. Es más, es un acto necesario de amor propio. Por ello, quiero proponerte una actividad, simple, pero poderosa: cada día, durante la próxima semana, dedica al menos treinta minutos a hacer algo que ames, sin excusas. Algo que te haga sentir bien. Puede ser cualquier cosa: leer un libro, pasear, meditar, tomar un baño, comerte un trocito de chocolate, preparar una infusión, pedir hora al masajista. Solamente hay una norma: que sea para ti. Pruébalo y observa cómo mejora tu energía.

¿Es la falta de autocuidado una piedra que pesa en tu mochila? Si es así, coge una de las piedras que recopilaste, ponle el nombre, colócala dentro y escribe en tu libreta tus reflexiones sobre ella. ¿Priorizas regularmente tu bienestar físico, emocional y mental en tu rutina diaria? ¿Te permites tener tiempo para el descanso y la relajación, sin sentirte culpable por hacerlo?

# 10
# VIVIR ANCLADA AL PASADO

> No puedes comenzar el nuevo capítulo de tu vida si sigues leyendo el último.
>
> Anónimo

Es fácil reconocer a aquellas personas que viven ancladas al pasado. Vivir con la mente en el pasado te impide vivir el presente y poder disfrutar o planificar tu futuro. Para evitar la situación actual, se refugian en recuerdos del pasado, felices o tristes, viviendo aisladas en su propia vida.

Las causas que pueden empujarnos a aferrarnos al pasado son diversas: la incapacidad de superar una muerte o enfermedad de un ser querido, el fracaso de un negocio que no ha funcionado, una ruptura amorosa o cualquier situación que haya podido resultar traumática emocionalmente.

Aunque es fácil de decir, pero difícil de aplicar, es importante entender que recordar constantemente el pasado te aleja de conseguir un equilibrio mental y, de manera indirecta, acaba produciendo sufrimiento en tu vida. Incluso cuando se trata de un elemento positivo, vivir en el recuerdo es indicativo de que no estás en el presente.

En *Tus zonas erróneas,*[1] Wayne W. Dyer enfatiza la importancia de vivir en el presente y no permitir que nuestro pasado controle nuestro futuro. Las experiencias pasadas pueden influir significativamente en tus creencias y comportamientos actuales, pero no tienen por qué definirnos. Sugiere que podemos aprender de las experiencias pasadas, pero que no deberíamos quedarnos atrapadas en ellas, ya que esto nos impide crecer y cambiar. Sin embargo, deberíamos esforzarnos por liberarnos de las «zonas erróneas» para vivir de una manera auténtica y significativa.

Por «zonas erróneas» se refiere a aquellos patrones de pensamiento negativos y autodestructivos que nos limitan, y afirma que, si conseguimos identificarlos y transformarlos, podremos liberarnos, en gran parte, del sufrimiento. A lo largo de este libro veremos algunos de los que Dyer menciona.

A pesar de que el *coaching* es una disciplina en la que se trabaja más bien encarando el futuro y con pocas sesiones, se puede resolver un conflicto; con Marina estuvimos trabajando durante meses para superar una antigua ruptura amorosa. Y es que no todo funciona igual con todo el mundo.

1. Barcelona, Debolsillo, 2010.

Por eso me he formado en diferentes disciplinas, para poder acompañar a personas con todo tipo de necesidades.

Cada vez que Marina intentaba avanzar, sentía que un fuerte peso la arrastraba hacia atrás. Vivía atrapada en los recuerdos de su ex, comparaba a cualquier hombre que conocía con él. Ninguno le parecía suficiente. Era víctima de su pasado y eso no le permitía avanzar.

El riesgo de apegarnos demasiado a nuestros recuerdos es muy peligroso porque puede llegar a convertirse en cadenas que nos impiden avanzar, nublando nuestra visión del presente y desdibujando la línea entre lo que fue y lo que es. En exceso puede llevar serios problemas psicológicos como la depresión o la ansiedad. El pasado es pasado. No puedes cambiarlo.

Pasar página implica un proceso de autoconciencia y decisión consciente. Puede que sea algo de lo que ni te hayas dado cuenta o puede que sí. Seguro que tienes alguien en tu entorno que siempre se está refiriendo a su pasado, con lo que quizá te preguntes: ¿hasta qué punto es tóxico? Pues, como todo, depende. Si lo haces de vez en cuando, no hay ningún problema. Es más, incluso hay estudios que dicen que, si dedicas un tiempo a diario a recordar algo bonito que has vivido, aumentará tu nivel de serotonina.

Por lo tanto, lo consideraremos tóxico si interfiere con tu capacidad para disfrutar el presente. Presta atención a si te encuentras pensando frecuentemente en cosas negativas de tu pasado, si sueles comparar presente y pasado, si te sientes atrapada en sentimientos de culpabilidad o arrepentimiento, si sientes un descontento crónico o si te sientes atascada.

Para identificarlo te propongo un ejercicio simple: cada vez que te descubras pensando en el pasado, detente y presta atención a la emoción que surja sin entrar en ella. A continuación, dirige tu atención al presente: respiración, sonidos o sensaciones en el cuerpo, y verás como, poco a poco, vas acabando con este hábito. Recuerda, el pasado sirve como una lección, no como una sentencia.

¿Es vivir anclada al pasado una piedra que pesa en tu mochila? Si es así, coge una de las piedras que recopilaste, ponle el nombre, colócala dentro y escribe en tu libreta tus reflexiones sobre ella. ¿Te encuentras constantemente comparando el presente con situaciones pasadas, idealizándolas o lamentándote por ellas? ¿Tienes dificultades para pasar página?

## 11
## QUERER TENER SIEMPRE LA RAZÓN

No hay nada que engendre más errores que el afán de querer tener siempre razón.

JEAN-JACQUES ROUSSEAU

En palabras de Bernabé Tierno, querer tener razón siempre, responde a un deseo obsesivo y persistente de que las demás se muestren siempre de acuerdo con lo que pensamos, sentimos y decimos. Sabrás si es tu caso si eres de las que discuten por todo de manera apasionada, como si les fuera la vida en ello.

Pedro solía pelearse con su pareja bastante a menudo. Su necesidad de tener siempre la razón creaba un ambiente tenso en casa que, poco a poco, iba desgastando la relación. A pesar de que él decía que era su pareja la que siempre quería tener razón, finalmente se dio cuenta de que no era así. Fue un día en el que, al inicio de una discusión, su pareja, agotada por su insaciable sed de tener siempre la razón, se la dio. Y él siguió insistiendo e insistiendo mientras la otra permanecía callada.

Por suerte, una vez calmado, tomó consciencia de lo que había sucedido y reconoció que tenía un problema con eso. Empezó a leer sobre el tema y descubrió una serie de perspectivas que le sirvieron muchísimo para la transformación que pretendía hacer. Lo de Pedro fue, prácticamente, de un día para otro. Hay veces en las que sucede así; uno se da cuenta y el cambio se produce casi inmediatamente. Parece magia.

Pero sigamos con el tema: ¿qué hay detrás de querer tener siempre razón? Luchas por tenerla porque te proporciona una estabilidad y seguridad que, en el fondo, buscas. Detrás de una persona que quiere tener siempre la razón hay un niño inseguro y asustado que, probablemente, creció en una familia en la que equivocarse era peligroso o doloroso. Como consecuencia de ello, en la edad adulta, estar equivocado le produce ansiedad, inseguridad, miedo o vulnerabilidad. Por eso lucha por tener la razón como si le fuera la vida en ello.

Las personas que quieren tener siempre la razón son cerradas de mente, no saben aplicar la escucha activa y carecen de empatía. Quieren tenerlo todo controlado y su autoestima está vinculada a la sensación de que lo que dicen es verdad.

Como en el caso de Pedro, querer tener siempre la razón en una relación de pareja puede generar conflictos y tensiones constantes. El hecho de insistir continuamente en ello puede conducir a la otra persona a sentirse desvalorizada e incomprendida. En lugar de establecer una relación sana de igual a igual, se genera una competencia constante para demostrar quién es el «mejor», el «más listo» o, simplemente, el que tiene razón.

Además, esta necesidad extrema de tener siempre la razón acaba dificultando una comunicación abierta y honesta, y puede encarrilar la relación hacia una toxicidad que requiera terapia. Es un tipo de dinámica en la que es fácil entrar y difícil salir. Por ese motivo es necesario que prestes mucha atención a tu propio comportamiento, que seas responsable de aquello que depende de ti y asumas el compromiso de mejorar.

Imagina por un momento que cada conversación se convierte en un campo de batalla en que el único objetivo es la victoria. ¿Dónde queda el espacio para el crecimiento, el aprendizaje y la empatía? Cada vez que insistes en tener razón, construyes una barrera invisible que te separa de los demás. Los vínculos se tensan, igual que tu capacidad por conectar con la gente de tu alrededor. Además, corres el riesgo de convertirte en prisionera de tus propias convicciones, lo que es muy poco enriquecedor y limitante, ya que todas, absolutamente todas las personas pueden enseñarnos algo.

Hay una frase que intento recordar siempre que entro en este tipo de bucles: «¿Prefieres ser feliz o tener razón?».

Desde aquí te invito a abrirte a la posibilidad de no querer tener la razón porque, aunque aquí me estoy centrando en extremos que pueden llegar a ser tóxicos, siempre habrá en tu día a día alguna discusión inofensiva en la que puedas tomar partido de una forma compasiva.

Para pasar a la acción, te propongo un ejercicio muy sencillo basado en la autorreflexión y la escucha activa. Durante un día entero, enfócate en tu escucha. Lo único que tienes que hacer es seguir estas directrices:

- Escucha atentamente en lugar de concentrarte en lo que dirás a continuación.
- Repite y valida lo que crees que ha dicho la otra persona en tus propias palabras.
- Responde sin juzgar expresando tu punto de vista como una opinión personal.
- Trata de ponerte en el lugar de la persona que habla para intentar ver las cosas desde su punto de vista.

Al final del día, reflexiona sobre cómo han cambiado tus conversaciones. ¿Has notado alguna mejora? Practica este ejercicio a diario si sufres de *querertenerrazonismo*.

¿Es querer tener la razón siempre una piedra que pesa en tu mochila? Si es así, coge una de las piedras que recopilaste, ponle el nombre, colócala dentro y escribe en tu libreta tus reflexiones sobre ella. ¿Te resulta difícil aceptar opiniones o puntos de vista diferentes a los tuyos en una discusión? ¿Sientes la necesidad de argumentar incluso cuando no es necesario o relevante? ¿Prefieres ganar una discusión a aprender algo nuevo o considerar otras perspectivas?

## 12
# ENFADARTE A MENUDO

Cualquiera puede enfadarse, eso es algo muy sencillo. Pero enfadarse con la persona adecuada, en el grado exacto, en el momento oportuno, con el propósito justo y del modo correcto, eso, ciertamente, no resulta sencillo.

ARISTÓTELES

Enfadarse es una reacción que responde a una ofensa o injusticia. Es una de las emociones humanas más básicas que existen y puede manifestarse en varios grados de intensidad. De hecho, aquí estaría la clave, en la intensidad y en la frecuencia.

Son muchos los motivos por los que puede producirse un enfado: por conflictos, frustraciones personales, injusticias que no entendemos, por las propias preocupaciones, por interpretar mal la realidad, por expectativas no cumplidas. Eso ya depende de cada uno, porque hay gente que se enfada por todo y hay gente que no se enfada por nada; para gustos, los colores.

Aunque el enfado bien podría ser un poderoso catalizador para el cambio, cuando lo hacemos con frecuencia y de manera intensa, puede volverse tóxico y provocar un grado alto de sufrimiento, tanto en tu vida como en la de las personas que te rodean. El enfado persistente puede generar un entorno hostil, deteriorar las relaciones y limitar nuestro positivismo.

Además, si los enfados se convierten en crónicos, pueden tener consecuencias perjudiciales para tu salud física, incluyendo el insomnio y problemas de salud mental como la ansiedad y la depresión. Enfadarse a menudo puede dejarte sin energía.

Voy a contarte la historia de Mercè. Mercè era una mujer totalmente comprometida con su trabajo. Era perfeccionista y meticulosa, orgullosa de ser una gran profesional. Pero tenía un problema que se convirtió en algo que se le fue de las manos: se enfadaba continuamente, por todo y con todos. Tener que esperar más de la cuenta, un error en el trabajo, un atasco o una mala noticia, cualquier cosa podía ser el detonante.

Su enfado, dependiendo del día o del momento, se manifestaba de varias formas. En algunas ocasiones, por ejemplo, alzaba la voz; en otras, se mostraba irritable; en otras, se convertía en la mujer más cínica, y había otras en las que se encerraba en ella misma sin decir nada. Como puedes imaginar, su comportamiento trajo consecuencias. Sus compañeros de trabajo empezaron a evitarla e ignorarla, con lo que ella comenzó a ser menos eficiente y dejó de estar tan centrada en sus tareas. En su vida personal, más de lo mismo, hasta que un día todo explotó.

El enfado constante se convirtió en una fuente de estrés y negatividad que se hizo tan grande, que ella sola no la pudo manejar. Había creado un círculo vicioso en el que, cuanto más se enfadaba, más se enfadaba. Encima se castigaba por no ser capaz de no enfadarse y la cosa cada vez se complicaba más.

En *Ética a Nicómaco,*[1] Aristóteles considera que el enfado puede ser tanto excesivo como deficiente, y sostiene que el equilibrio se encuentra en el medio entre estos extremos. Señala que el enfado excesivo es propio de personas coléricas y de mal carácter, que se enojan con facilidad y por razones triviales. Además, destaca la importancia del autocontrol, evitando al máximo las reacciones impulsivas y destructivas. Puedes enfadarte expresando tus sentimientos o hacerlo como si estallase una bomba atómica. Concluye diciendo que la persona virtuosa tiene la capacidad de enfadarse adecuadamente, actuando de manera justa y proporcionada en respuesta a la situación vivida.

Según un artículo que leí en <lamenteesmaravillosa.com>, hay cinco tipos de enfado:

- **El enfado justificable.** Es el que surge como una respuesta natural ante una injusticia o una acción que se considera ofensiva.
- **El enfado secundario.** Es uno de los más comunes. Es aquel que esconde una emoción más profunda detrás, a menudo tristeza o decepción.
- **Enfado no saludable.** Enfados crónicos tras los cuales se esconde un trastorno psicológico, como puede ser ansiedad o depresión.
- **Enfado instrumental.** Lo utilizan tipos de personas manipuladoras con el objetivo de conseguir algo a cambio.
- **Enfado pasivo y silencioso.** La persona calla y disimula.

1. Madrid, Gredos, 2014.

El equilibro sano del enfado lo encontraremos en ser capaces de expresar lo que sentimos, con respeto y autocontrol, pero ¿cómo lo hacemos?

En conclusión, para dejar de enfadarse y conseguir un mayor autocontrol de tus emociones y pensamientos, te sugiero que empieces a practicar la atención plena. Te propongo un ejercicio muy sencillo que consiste en dedicar unos minutos al día a sentarse en un lugar tranquilo, cerrar los ojos y enfocarse en la respiración. Es una práctica que, si eres constante, verás como, poco a poco, podrás responder de manera más consciente ante los enfados que vayan surgiendo en tu día a día.

> ¿Es el enfadarse a menudo una piedra que pesa en tu mochila? Si es así, coge una de las piedras que recopilaste, ponle el nombre, colócala dentro y escribe en tu libreta tus reflexiones sobre ella. ¿Sientes que te enojas con facilidad en situaciones cotidianas? ¿Notas que las personas a tu alrededor a menudo hacen referencia a tu mal genio?

## 13
## PROCRASTINAR

Procrastinar algo importante es elegir retrasar un futuro mejor.

JAMES CLEAR

Sabes de sobra que vivimos en un mundo hiperconectado en el que la procrastinación está a la orden del día. La sobrecarga de información, las redes sociales, WhatsApp y el acceso a entretenimiento continuo e instantáneo han creado el escenario idóneo para dejar para mañana lo que podrías hacer hoy.

Además, la cultura de la gratificación instantánea alimenta la búsqueda de placeres inmediatos que nos saquen de donde estamos, en lugar de que afrontemos las responsabilidades. Tampoco ayuda la presión por la perfección ni la falta de límites claros en los entornos flexibles que han surgido últimamente. Pero de nada sirve buscar excusas, así que vayamos al grano.

Por si alguien anda un poco perdida, perdido, *perdide,* la procrastinación es retrasar tareas o actividades que debes realizar, generalmente optando por hacer algo más placentero. Surge por varios motivos, ya sea por falta de motivación, indecisión, perfeccionismo, miedo al fracaso o falta de habilidades necesarias. También por aburrimiento, pasotismo o lo que sea.

El caso es que la procrastinación puede llevar a sentimientos de culpa, a estrés y a una disminución en la productividad y el cumplimiento de objetivos. Por eso es importante abordar este problema mediante estrategias de gestión del tiempo, estableciendo metas realistas y desarrollando hábitos atómicos de trabajo efectivos a lo James Clear. Procrastinar está considerado por la psicología como un trastorno del comportamiento. Así que ojito con esto.

Cuando era pequeña, mis padres solían hacerme copiar una frase que les parecía relevante, cincuenta o cien veces, a modo de castigo. Lo utilizaban en el colegio y ellos lo aplicaban también en casa. No recuerdo la de veces que llegué a copiar en mi cuaderno el famoso: «No dejes para mañana lo que puedas hacer hoy. No dejes para mañana lo que puedas hacer hoy. No dejes para mañana lo que puedas hacer hoy. No dejes para mañana lo que puedas hacer hoy».

Esta estrategia no sirvió de mucho, ya que, precisamente, dejar las cosas para mañana es una piedra que me acompaña en el tiempo, pues soy una procrastinadora de alto rango. Tengo una gran habilidad para el despiste y para ponerme a hacer lo que no toca, y el asunto ha llegado a tal nivel que me ha parecido incluso alarmante en algunos momentos de mi vida. Ni te imaginas la de trampas que he tenido que ponerme para mantenerlo a raya. Y, aun así, la tendencia natural es dejar lo que hago para hacer otra cosa que, en el momento, me parece más atractiva. Soy de las que lo dejan todo para el último momento, como la revisión de este libro cuando ya tendría que haberlo entregado.

Es un tema que he investigado muchísimo y tengo que confesarte que algo clave en mi cambio de chip vino de la mano de Nir Eyal. Lo descubrí en una *masterclass* de Mindvalley y quedé maravillada con todo lo que decía. El desafío de Nir consistía en convertirse en «indistraíble», un concepto que él mismo creó, basándose en que la distracción es el preludio de la procrastinación. Te lo cuento por si te ayuda. A mí me funciona el 80 por ciento de las veces.

Está claro que, en el fondo, todas sabemos lo que tenemos que hacer, pero la realidad es que no siempre lo hacemos. Como te indicaba al principio, la cantidad de información que recibimos a diario a través de los medios de comunicación y redes sociales resulta abrumadora y nos distrae continuamente. La tecnología es cada vez más persuasiva y hace que vivamos en una tentación descontrolada. Además de que el aprendizaje continuo parece algo imperativo en la sociedad actual.

Al grano. Pero ¿qué tiene de especial una persona «indistraíble»? Una persona «indistraíble» entiende por qué se distrae, hace algo al respecto y busca la manera de evitarlo la siguiente vez. En este contexto es imprescindible entender que la distracción no es algo que nos suceda, sino una acción que elegimos. No es lo mismo la distracción que la tracción. Por distracción entendemos las acciones que nos alejan de lo que realmente queremos, y por tracción, las que nos acercan a lo que realmente queremos.

Por lo tanto, cualquier acción puede ser tracción o distracción. Así que, para evitar la distracción instantánea, Eyal aconseja que reserves un tiempo para realizarla. Lo que significa que, cuando te entren ganas de mirar tus redes sociales, le adjudiques un tiempo en vez de hacerlo inmediatamente. No se trata de no hacerlo, sino de hacerlo más tarde, en otro momento.

Otro elemento importante es aquello que te motiva a distraerte. Hay dos tipos de detonantes: internos o externos. Los internos responden a una necesidad interior, mientras que los externos son resultado de un estímulo externo. Un 90 por ciento de las distracciones nacen como fruto de un detonante interno, es decir, de un estado emocional incómodo del que buscas escapar: aburrimiento, estrés, tristeza, soledad, incertidumbre, ansiedad. Queremos huir de la incomodidad. Esta es mi especialidad.

Por consiguiente, la solución está en saber surfear los detonantes internos, ya que es imposible hacerlos desaparecer. O sea, que para administrar el tiempo es necesario administrar el dolor y dedicar un tiempo a ello.

Deja de mentirte diciéndote que vas a hacer las cosas y busca soluciones efectivas a tus problemas. En este caso, enfrentar el problema se convierte en la solución. Si lo analizas, te darás cuenta de que te atrapas en la distracción porque no quieres hacer lo que tienes que hacer. Si no lo haces, lo tendrás pendiente y será aún peor, mientras que, si lo haces, tu «yo» del futuro te va a agradecer eternamente que no te hayas dado por vencida, te sentirás empoderada y tu estado de ánimo mejorará.

Voy a proponerte un ejercicio divertido. Cuando surja en ti la necesidad de distraerte, para un momento y pon un temporizador durante diez minutos. La idea es que intentes surfear el impulso: acepta que la sensación incómoda es transitoria y observa como desaparece. Una vez pasado este tiempo, vas a ser capaz de volver a la tarea. No se trata de decir que no a la distracción, se trata de decirle *aún no*.

Lo único que diferencia a las personas que son capaces de cumplir sus objetivos de las que no es la capacidad de enfocarse en aquello que es realmente importante. Y, aunque yo ahora me esté demorando con la revisión de este libro, siguiendo estas pautas pude cumplir los tiempos en la escritura, algo que pensé que no lograría nunca. Lo conseguí porque organicé bien el trabajo y cumplí todos los días. Ahora no lo estoy haciendo, y aquí están los resultados. Todas tenemos la capacidad de hacer las cosas cuando toca, igual que tenemos la capacidad de procrastinar. Tú decides la que quieres honrar. Yo, a partir de este momento, cambio el chip de nuevo.

Para pasar a la acción, quiero que crees un calendario semanal que incluya espacios de tiempo para tus distracciones y que lo respetes sin excusas. Yo me organizo muy bien con Google Calendar, pero usa tu herramienta habitual.

Hay algo que quiero confesarte: este fue el capítulo que más me costó escribir porque recuerdo que no paré de procrastinar. Me doy cuenta ahora haciendo la revisión, con lo que esto me ha enseñado que nunca hay que bajar la guardia. También he aprendido que es más fácil reprimir el primer capricho que satisfacer todos los que siguen. Posponer la gratificación instantánea mediante la disciplina y el autocontrol por voluntad propia siempre será mejor que perder la libertad a causa de las malas decisiones.

La procrastinación puede afectarte en todos los aspectos de tu vida porque no apostamos por la recompensa a largo plazo. Hay una frase de Tony Robbins que dice algo así como: «La mayoría de las personas sobreestiman lo que pueden conseguir en un mes y subestiman lo que pueden lograr en un año».

¿Es la procrastinación una piedra que pesa en tu mochila? Si es así, coge una de las piedras que recopilaste, ponle el nombre, colócala dentro y escribe en tu libreta tus reflexiones sobre ella. ¿Cómo está afectando la procrastinación a tu vida? ¿Qué gratificación inmediata te ofrece la procrastinación y cómo puedes reemplazarla con alguna recompensa a largo plazo?

## 14
## AISLAMIENTO SOCIAL

El aislamiento social es la plaga de nuestra época, y está dejando cicatrices profundas en nuestras relaciones y comunidades.

BRENÉ BROWN

Supongo que te habrás dado cuenta de que algunas de las piedras que te he propuesto para que revises pueden ser vistas desde el punto de vista del emisor o del receptor. En el caso de la crítica, por ejemplo, aunque podemos encontrarnos con ambas situaciones, es decir, puedes emitirla o recibirla, decidí poner el foco en la situación en la que eres tú quien critica, puesto que mi intención, en todo momento, es que te centres en aquello que está en tus manos cambiar. Digo esto ahora porque ha llegado el momento de referirme al aislamiento social y no quiero que malinterpretes nada de lo que puedas leer a continuación.

Formamos parte de una sociedad hiperconectada, en la que podemos hablar con personas de todo el mundo en cuestión de segundos. Sin embargo, paradójicamente, también es una época en la que podemos experimentar una sensación de aislamiento y desconexión que puede llegar a ser muy agobiante. Y, aunque quizá ahora la estás eligiendo tú, vienes de una situación en la que, debido a una pandemia, estuvo impuesta mundialmente. Siguiendo en esta línea, podemos distinguir entre dos tipos de aislamiento, el voluntario y el involuntario, este último por una pandemia o por una situación no deseada, sea la que sea.

Puede que en algún momento de tu vida hayas elegido aislarte voluntariamente o, incluso, puede que estés viviendo esta situación justamente ahora. Aislarse no es nada raro. Yo suelo hacerlo cuando paso una mala época, no quiero agobiar a mis amigos y me encierro para no hacerme pesada. Pero la realidad es que cada vez que me encierro en mí misma me doy cuenta de que no me va bien. Aunque son momentos en los que no me apetece ver a nadie y me siento más a gusto encerrándome, eso hace que me sienta sola y que mi percepción del *problema* crezca. Aunque estoy aprendiendo, lo que me sale de manera natural es aislarme.

Puede que a ti te pase lo mismo y te alejes buscando un tiempo para reflexionar, para enfocarte en tu trabajo o, simplemente, porque no te apetece ver a nadie. Una pausa o retiro, algo que puede ser muy necesario e incluso terapéutico, si se prolonga en el tiempo o se convierte en una estrategia habitual para lidiar con el estrés, emociones difíciles o evitar la vulnerabilidad, puede convertirse en una piedra que acabe pesando en la mochila porque puede llevarnos al otro extremo.

Por lo tanto, voy a centrarme en el aislamiento social voluntario porque, si bien es cierto que las circunstancias externas juegan un papel importante en tu vida, tu capacidad para cambiar y soltar los pedruscos que acumulas depende de tu voluntad y decisiones.

Cuando hablo de aislamiento social, me refiero a una condición en la que una persona, por cualquier razón, carece de interacción social o contacto con las personas. El contacto puede ser físico, emocional o ambos.

Hago un pequeño paréntesis para distinguir el aislamiento social de la soledad, de la que hablaré también más adelante, porque no son lo mismo, aunque sí estén relacionados. El aislamiento social es algo que se puede medir objetivamente, mientras que la soledad puede ser una percepción subjetiva de aislamiento de una persona. Es posible sentirse solo incluso cuando uno está rodeado de personas, y también es posible estar socialmente aislado, pero no sentirse necesariamente solo.

Te cuento el caso de Rocío. Se había mudado hacía poco a Barcelona, no tenía amigos y tenía claro que no quería socializar con sus compañeros, ni dentro ni fuera del trabajo. Cuando había un pequeño descanso, ella se quedaba sola en su mesa o salía a dar una vuelta. El poco tiempo que le quedaba fuera del trabajo, le gustaba estar en soledad. Y, entre que sus jornadas laborales eran cada vez más largas y que le encantaba estar sola, no invirtió tiempo en crear un buen círculo de apoyo. Como no quería tener una relación personal con compañeros de trabajo, a pesar de que ellos siempre la invitaban, ella nunca asistía a los planes que montaban. Como es normal, al final dejaron de avisarla.

Entonces notó que lo que antes eran simples preocupaciones se estaban convirtiendo en bucles mentales, alimentando un diálogo interno que crecía sin parar. Cada vez tenía más pensamientos negativos, por lo que le resultaba más y más difícil manejar el estrés con el que tenía que lidiar a diario.

En nuestras sesiones, trabajamos juntas que abordara su aislamiento. La animé a buscar formas de interacción social que fueran cómodas para ella, como unirse a algún Meetup de su interés y empezar a practicar yoga en grupo. Con el tiempo, Rocío comenzó a notar los beneficios y sus pensamientos negativos empezaron a disminuir. Incluso llegó a hacer grandes amigos que ahora forman parte de su vida.

Aunque su viaje no fue del todo fácil, fue mucho menos complicado de lo que ella podía pensar. A veces creemos que salir de la situación en la que estamos es mucho más difícil de lo que en realidad es. Eso pasa porque nos sentimos tan atrapadas y bloqueadas por nuestros propios pensamientos que no somos capaces de pensar con claridad.

Si esta es una de las piedras que pesan en tu mochila, me gustaría proponerte un desafío: durante la próxima semana, conéctate con alguien con quien hace tiempo que no hablas. Invítale a tomar un café, dar un paseo, una cervecita o simplemente tener una conversación sincera. Al hacerlo, presta atención a cómo te sientes antes, durante y después, y toma nota de ello. Recuerda que cada pequeño paso te acerca a un cambio mucho más profundo.

¿Es el aislamiento social una piedra que pesa en tu mochila? Si es así, coge una de las piedras que recopilaste, ponle el nombre, colócala dentro y escribe en tu libreta tus reflexiones sobre ella. ¿Cómo te sientes cuando estás sola o aislada socialmente? ¿Te sientes triste, ansiosa? ¿Qué impacto tiene en tus relaciones?

# 15
# RUMIACIÓN

La rumiación es como un eco en nuestra mente, repitiendo una y otra vez los mismos pensamientos dolorosos, impidiéndonos avanzar y encontrar la serenidad que tanto anhelamos.

ANÓNIMO

¿Alguna vez te has sentido presa de tus propios pensamientos y emociones? El mundo se mueve a una velocidad tan rápida que la presión para adaptarnos o encajar puede resultar abrumadora. A veces siento que me falta espacio para la reflexión, la calma o la conexión conmigo misma. En un entorno extremadamente hostil es fácil quedar atrapada en un laberinto de pensamientos negativos y emociones que causan sufrimiento.

Al *arte* de crear problemas donde no los hay lo llamo rumiación. Dicho más correctamente, es la tendencia de una persona a quedarse atrapada en un ciclo de pensamientos repetitivos, normalmente sobre situaciones del pasado o preocupaciones del futuro. En este ámbito, también he sido una verdadera experta.

Llevo un rato dándole vueltas, mirando a la pantalla, buscando algún ejemplo personal, y no hay manera de que se me ocurra ninguna anécdota en concreto. Y eso que la rumiación ha formado parte de mi vida durante muchísimos años y ser capaz de parar el bucle mental ha sido lo más difícil que he hecho nunca. De hecho, sigo en ello.

Según Freud, la mente es como un iceberg, flota con una séptima parte de su materia bajo el agua. Yo pensaba: «Madre mía, si alguien llegase a ver todo el caos mental que llevo dentro, se asustaría». Pasé muchos años viviendo en mi mente, dándole vueltas a cosas que nunca llegaron a ocurrir. Y, como yo, muchas clientas y amigas. Es un mal que, desgraciadamente, padecemos o hemos padecido muchas.

Lo peor de todo es que es un síndrome que te aleja de la realidad. Tu cuerpo está aquí, pero tu mente está en otro planeta, estás como ida, con los ojos en otro lugar. Todo pasa en tu mente; allí inviertes tus mejores recursos y tu máxima creatividad, en un mundo paralelo lleno de monstruos que nunca cobrarán vida.

Rumiar consiste en un proceso en el cual se entra en un bucle de pensamiento que te impide tomar decisiones. Acumulas pensamientos obsesivos durante el día que van alimentando tu propia insatisfacción. Y lo peor de todo es que tu mente no distingue lo real de lo imaginario, con lo que puedes liarla muchísimo si te crees aquello que piensas.

De hecho, la rumiación es uno de los precursores del estrés y la ansiedad. El que estés continuamente viviendo en el peor de los escenarios o en cosas que podrían suceder hace que aumenten tus niveles de cortisol, convirtiéndote en una persona con más riesgo de sufrir ansiedad, insomnio y estrés, con lo que tiene un impacto significativo en tu salud emocional y bienestar general. La rumiación prolonga y amplifica tu sufrimiento emocional.

Pues bien, vamos a ello. Como en la mayoría de los casos que hemos visto, el primer paso sería identificarlo. ¿Cuáles son aquellos pensamientos obsesivos que no te dejan vivir? Si llevas tiempo instaurada en la rumiación, tienes que enseñar de nuevo a tu cerebro. Para ello, cuando llegue un pensamiento que pueda convertirse en rumiación, míralo, acéptalo e imagina que lo pones en un globo y le dices adiós mientras desaparece. Así con cada uno de ellos.

Parece una chorrada, pero no lo es. Lo fácil sería decirte que simplemente dejes de pensar en ello, ¿no? Pero a estas alturas todas sabemos ya qué pasa cuando alguien nos dice que no pensemos en un elefante rosa. Pues eso, que vemos elefantes rosas por todos lados. No se trata de eliminar el pensamiento porque sí, se trata de observarlo y decirle adiós.

También puede servirte centrarte en los sentidos o en la respiración. Conecta con el momento presente y siente el tacto, el ruido de tu alrededor, cuenta tus respiraciones, etcétera. En definitiva, practica la atención plena.

Hay una cosa que quiero que tengas muy clara: tus pensamientos no te definen. Aquello que está en tu mente no es la realidad. Creerte tus pensamientos puede ponerte en una situación muy complicada. No te creas nada de lo que piensas y ni se te ocurra identificarte con tus pensamientos.

Para terminar, quiero proponerte una estrategia simple que puede servirte en momentos en los que identifiques tu bucle mental. Se llama «para y cambia» y consta de dos sencillos pasos. Cuando te des cuenta de que estás rumiando, simplemente para, reconócelo y di en voz alta: «Estoy rumiando». Luego, cambia, redirige tu atención a algo diferente. Puede ser algo que te guste o algo físico, porque la clave está en romper el ciclo de pensamientos negativos. En este camino no estás sola, y estoy aquí para guiarte y celebrar contigo cada victoria hacia una vida libre de sufrimiento. ¿Seguimos?

¿Es la rumiación una piedra que pesa en tu mochila? Si es así, coge una de las piedras que recopilaste, ponle el nombre, colócala dentro y escribe en tu libreta tus reflexiones sobre ella. ¿Con qué frecuencia te descubres inventando y analizando cosas que han sucedido en tu mente? ¿Cuánto tiempo dedicas a pensar en posibles situaciones que pueden suceder? ¿En qué momentos entras en bucle?

## 16
## CATASTROFIZACIÓN

> A menudo sufrimos más por nuestra imaginación que por la realidad.
>
> SÉNECA

Vamos a explorar la piedra que simboliza la catastrofización, una piedra que puede pesar muchísimo en tu mochila. Es una distorsión cognitiva muy común que todas podemos experimentar. Nuestra mente es muy juguetona y tiene una debilidad especial por exagerar las posibles consecuencias negativas de algo que estamos viviendo, y le encanta imaginar futuras catástrofes.

A pesar de que nadie se libra de caer en las garras del pensamiento catastrófico, no todas caemos con la misma frecuencia ni con la misma intensidad, por lo que es aquí donde se encuentra el desequilibrio que puede ponerte en alerta.

Aprovecho para recordarte que, si te sientes identificado con la mayoría de las piedras que vas viendo, es normal. De hecho, lo más probable es que todas las personas, incluyéndome a mí, las hayamos experimentado en algún momento de nuestra vida. Es importante tener en mente que todas somos humanas, todas tenemos cosas a mejorar y todas nos enfrentamos a desafíos continuamente. Puedo asegurarte que he vivido, sentido y experimentado casi todas las piedras que hay en este libro y, lo más importante, he aprendido de ellas. Lo que sí es fundamental es que, con los ejemplos que voy poniendo, puedas identificar si se trata de un patrón constante y desmedido en tu vida o de algo puntual. Si son piedras que te impiden avanzar y te limitan o son simplemente situaciones con las que te identificas.

Dicho esto, sigamos indagando. El problema de la catastrofización es que todas las especulaciones que haces te parecen reales, por lo que, al creerlas, tu preocupación no para de aumentar. A la mente catastrófica le parece tan real aquello que está imaginando que va a suceder que la preocupación obsesiva o la ansiedad parece la mejor respuesta. ¿Cómo no voy a preocuparme si voy a quedarme sin trabajo? Así es.

Jorge Benito cuenta que cuando aparece la catastrofización lo hace de forma natural al surgir un contratiempo desafortunado. En un intento de evaluar las diferentes posibilidades que tenemos como opciones, nuestra mente puede conducirnos a exagerar sin control hasta llegar a la conclusión de que lo peor va a suceder, y estamos convencidas de que no nos vamos a librar. Creemos totalmente lo que pensamos y lo damos por válido. Nos identificamos con el pensamiento y empieza el *show*.

El pensamiento catastrófico es una invitación a que esos problemas que tan desesperadamente queremos evitar se manifiesten con más fuerza. Es un proceso complicado en el que, por un lado, la persona que catastrofiza se enroca en su posición y acusa a los demás de estar en su contra y, por otro lado, tiene atisbos de claridad en los que puede ver que tal vez es ella misma quien provoca todo esto con sus ataques de ira y su actitud defensiva. En resumen, se trata de una mezcla de no confiar en una misma ni en los demás.

Lo peor de todo es que esta forma de pensamiento desordenado puede llevarte a actuar de tal modo que se acabe cumpliendo tu mayor miedo. Imagina que piensas que tu pareja te va a dejar y empiezas a enfadarte más a menudo, a preguntarle continuamente y a dar por válido tu pensamiento. Puede que, al final, tu pareja te acabe dejando por la situación que se ha creado fruto de creerte la catastrofización que ha inventado tu mente.

La primera vez que leí sobre este término fue con alguno de los libros de Rafael Santandreu, en el que contaba lo miserable que puede hacerte sentir catastrofizar a menudo. Los riesgos son muy grandes, ya que puede llegar a paralizarte, a crear problemas reales donde no existían y a entrar en un bucle muy tóxico del que puede ser difícil salir sin ningún acompañamiento.

Por suerte, puedes cambiarlo si lo identificas a tiempo. Para ello, tienes que aprender a despegarte de tus pensamientos y a percibirlos como eventos mentales que aparecen y desaparecen, pero que, en muchas ocasiones, no son verdad. Se trata de observar tu mente desde la distancia y cuestionar los pensamientos que vayan apareciendo. Si es necesario, puedes hablarles. A mí me funciona bastante bien.

En otros casos, escribir también puede ser de gran ayuda. Escribir lo que sucede en tu cabeza es extremadamente útil y permite poner orden para tomar distancia del pensamiento. De este modo podrás desafiar los pensamientos catastróficos y reemplazarlos con una perspectiva más realista y equilibrada de las situaciones que vives.

Hoy te animo a que escribas una carta a tu «yo» catastrofista. En ella, quiero que hagas varias cosas. Primero, reconoce tus pensamientos de catastrofización y expresa cómo te hacen sentir. Luego, intenta ofrecer palabras de apoyo a ese «yo» con una actitud compasiva, y termina con una promesa de ser más paciente y flexible contigo misma, evitando creerte todo aquello que piensas.

¿Es la catastrofización una piedra que pesa en tu mochila? Si es así, coge una de las piedras que recopilaste, ponle el nombre, colócala dentro y escribe en tu libreta tus reflexiones sobre ella. ¿Cómo sueles reaccionar cuando te enfrentas a situaciones difíciles o desafiantes?

## 17
# ANTICIPACIÓN NEGATIVA

La anticipación negativa es una proyección de nuestros miedos, no una predicción de nuestro futuro.

SUSAN JEFFERS

La anticipación negativa, junto a la catastrofización, es una forma de autoboicot que consiste en «predecir» el futuro negativamente, algo que hacemos a menudo, y sin ser muy conscientes de ello, las personas. Los dos están relacionados en el sentido de que implican una visión negativa del futuro, siendo la catastrofización mucho más extrema que la anticipación negativa.

Tras más de diez años acompañando a personas a liberarse de sus propios fantasmas o cadenas internas, he descubierto que la mayoría de nosotras llevamos una gran mochila emocional cargada de piedras que, a menudo, pasamos por alto, y que, sin darnos cuenta, nos perjudican enormemente en nuestra vida. Buscamos las causas de nuestro malestar en el exterior, pensando que es culpa de nuestro trabajo, del dinero o de nuestra pareja, cuando la realidad es que todo pasa dentro de nosotros.

Date cuenta que en este viaje que estamos haciendo juntas, irás descubriendo cuáles son las piedras que están obstaculizando tu camino para que, poco a poco, puedas ir liberándote de ellas.

La anticipación negativa es uno de los hábitos mentales más desgastantes que existen, llevándonos a predecir un resultado negativo antes de que la situación se desarrolle. Me refiero a pensar que vas a suspender con toda seguridad después de un examen, o que tu cita no te llamará porque no le has gustado, o que le ha pasado algo a tu hija porque se ha retrasado un poco y no tiene batería en el móvil. Es un patrón de pensamiento anticipatorio que te encadena y te sumerge en un mar de miedo y ansiedad que te impide disfrutar de la vida.

Recuerdo el caso de Fran, una mujer que, a ojos de todo el mundo, triunfaba en la vida. Tenía un trabajo que mucha gente envidiaba, una familia idílica y una casa preciosa en las afueras. Básicamente, todo lo que *la sociedad nos dice* que debemos tener para ser felices. Pero ella no era feliz. Tenía mucho miedo de que todo lo que había construido se viniera abajo.

Cada vez que pasaba algo fuera de lo habitual, tipo recibir una llamada de su jefe, o notaba a su marido más distante, empezaba a pensar que pasarían cosas malas. Fran estaba agotada física y mentalmente, le pesaba tanto que no era capaz de ver que todo estaba en su imaginación. Por suerte, poco a poco fuimos enfrentando sus pensamientos y trabajamos en nuevos hábitos que le permitieran vivir más en el presente.

La historia de Fran es solo un ejemplo de cómo esta piedra puede llegar a pesar. La anticipación negativa puede estar relacionada con diversos aspectos de la vida, como el trabajo, las relaciones personales, la salud o cualquier situación que pueda causarte malestar. Es un vicio que puede aplicarse fácilmente en todos los ámbitos de la vida, y no siempre refleja una realidad concreta. Sin embargo, quienes la viven la sufren como si fuese cierta, pues realmente creen que el acontecimiento que anticipan va a suceder exactamente de aquella manera.

El principal problema que he observado con la anticipación negativa es que puede ser un constante foco de estrés y ansiedad. El hecho de que todo el tiempo estés anticipando, en cualquier situación, un desenlace negativo hace que vivas en un estado crónico de tensión que puede ser dañino para tu salud.

Si constantemente anticipas resultados adversos, puedes empezar a interiorizar la idea de que no eres capaz de conseguir resultados positivos, y eso afectará a tu autoestima. Por lo tanto, te invito a cambiar el chip y empezar a pensar de un modo diferente. Imagina cómo sería tu vida si, en lugar de pensar que todo va a salir mal, tu mente se llenara de posibilidades infinitas y todo aquello que antes era una fuente de miedo se convirtiera en una emocionante aventura llena de oportunidades y aprendizajes.

Céntrate en tus metas y sueños. ¿Cómo sería tu vida sin el miedo a que las cosas salgan mal? ¿Cómo será tu vida sin este pensamiento que te limita? ¿Qué serías capaz de hacer si creyeras que es posible? ¿Te das cuenta de que lo que te espera es un mundo lleno de posibilidades?

Ahora quiero que dediques unos momentos a la reflexión: ¿qué posibilidades se abrirán si sueltas esta piedra de tu mochila? ¿Cómo cambiará tu vida sin esta carga emocional?

Es posible que te des cuenta de que podrías ser más feliz, tener más energía o hacer más cosas. Así que te dejo con esta pregunta: ¿qué estás dispuesta a hacer hoy para cambiar tu comportamiento? Tú eliges. Tu vida depende de ti.

¿Es la anticipación negativa una piedra que pesa en tu mochila? Si es así, coge una de las piedras que recopilaste, ponle el nombre, colócala dentro y escribe en tu libreta tus reflexiones sobre ella.

# 18
# INTERPRETACIÓN DE LA REALIDAD

No existe la verdad, solo la interpretación.

NIETZSCHE

Leer *Amar lo que es,*[1] de Byron Katie, significó un antes y un después en mi vida. Dicen que hay libros que te transforman; pues para mí, este es uno de ellos. Lo leí en su momento, he recurrido a él en varias ocasiones y nunca me cansaré de recomendarlo. No es ninguna sorpresa que soy una persona que ha sufrido mucho, igual que no es casual que precisamente yo me haya planteado escribir un libro sobre cómo eliminar el sufrimiento de tu vida.

Confieso que me ha costado mucho ir cambiando la manera en que enfoco y digiero las cosas. Hay veces en las que siento que he avanzado mucho y hay veces en las que siento que vuelvo a la casilla de salida. La vida es así y todo

1. Madrid, Books4Pocket, 2009.

forma parte del camino. Aceptar que es más lento de lo que quiero es algo en lo que estoy trabajando actualmente.

Dicho esto, habrá a quien el título de este apartado le parecerá un poco ambiguo, habrá quien pensará que la identificación de esta piedra es muy acertada y habrá quien no entenderá de qué manera puede hacernos sufrir la interpretación que hacemos de la realidad. Vamos a suponer que tienes una amiga muy cercana con la que has compartido los momentos más importantes de tu vida. Un día, esta amiga deja de responder tus mensajes y puede parecer que está evitándote. ¿Cómo interpretas la relación? ¿Lo ves como algo que está mal en la relación? ¿O crees que quizá está pasando por un momento difícil y necesita espacio?

Lo valioso de esto es que cada interpretación puede proyectar acciones muy diferentes. Si interpretas su comportamiento como un rechazo, puede ser que optes por alejarte y cortar la amistad, pero si lo interpretas como que puede estar atravesando una situación difícil, quizá optes por darle espacio y esperar a que esté lista para hablar. Como ves, en ambos casos la acción viene determinada por la interpretación que haces de un hecho; es por ello por lo que es necesario que nos cuestionemos, para asegurarnos de que las interpretaciones que hacemos nos sirven, en lugar de causarnos un sufrimiento innecesario.

El caso es que, aunque hoy en día aún no he conseguido implementar todo lo que leí de Byron Katie el cien por cien de mi tiempo, siempre tengo en mente todo lo que aprendí. La autora decidió escribir este libro después de luchar durante años contra la depresión severa y el odio a sí misma. Fruto de este sufrimiento, desarrolló «The Work», un método para cuestionar aquello que pensamos.

Cada una de nosotras percibe el mundo a través de un filtro único, que se ha ido creando con las experiencias, creencias y valores que hemos vivido. Pero ¿has pensado qué pasaría si ese filtro estuviese distorsionando la realidad? En ese caso, se convertiría en una piedra que entorpecería tu camino, causando un sufrimiento innecesario.

Vivimos en un bombardeo constante de información, expectativas y estándares que, si no somos capaces de manejarlos correctamente, pueden terminar afectando al modo en el que interpretamos la realidad y llegar a convencernos de que nuestras interpretaciones son la única verdad, haciéndonos perder de vista que son simplemente nuestra versión de la realidad.

El objetivo de «The Work» no es eliminar los pensamientos, es que entendamos que nuestra interpretación de la vida puede estar distorsionada y que esa distorsión puede ser la responsable de nuestro sufrimiento. Katie dice que no es lo que nos sucede en la vida lo que nos causa sufrimiento, sino cómo interpretamos y pensamos sobre lo que vivimos. El proceso que propone se basa en cuatro preguntas:

1. ¿Es eso verdad?
2. ¿Tienes la absoluta certeza de que eso es verdad?
3. ¿Cómo reaccionas cuando tienes ese pensamiento?
4. ¿Quién serías sin ese pensamiento?

Si el proceso te parece demasiado largo, puedes preguntarte directamente si tienes la certeza de que aquello que interpretas es real. En mi día a día, hacerme simplemente esta pregunta me resuelve bastante la papeleta.

Ahora te invito a que reflexiones sobre las consecuencias que puede tener una interpretación errónea de la realidad. Cuando tus interpretaciones están condicionadas por creencias, miedos, expectativas o juicios, sin darte cuenta entrarás en un ciclo de sufrimiento autoimpuesto, del que pueden surgir la ansiedad, la depresión, la confusión y las emociones aflictivas, que pueden alejarte de la paz que deseas.

Es importante no perder de vista que la interpretación que haces de las cosas no es algo pasivo. Tanto tú como yo somos autoras de nuestras interpretaciones y, por lo tanto, está en nuestras manos poder cambiarlas. Si te has identificado con esta piedra que simboliza la interpretación que haces de la realidad, y sientes que es algo que te causa sufrimiento, coge el toro por los cuernos, porque la capacidad de cuestionarlo todo está en tus manos. Como siempre, insisto en que lo más difícil es darte cuenta de ello, por lo que te recomiendo que seas crítica contigo misma y asumas que eres la única responsable sobre cómo estás lidiando con tu vida. ¿Estás lista para desafiar las interpretaciones que haces de la realidad y buscar una visión más liberadora?

¿Es la invención de la realidad una piedra que pesa en tu mochila? Si es así, coge una de las piedras que recopilaste, ponle el nombre, colócala dentro y escribe en tu libreta tus reflexiones sobre ella. ¿En qué medida crees que tu perspectiva y tus creencias personales influyen en tu vida? ¿Has vivido alguna situación en la que dos personas vean la misma situación de manera muy diferente?

# 19
# BÚSQUEDA DE LA GRATIFICACIÓN INMEDIATA

La habilidad de aplazar la gratificación es la clave para una vida exitosa y satisfactoria.

DANIEL GOLEMAN

No es ninguna novedad decir que vivimos en una época de inmediatez y velocidad vertiginosa. Sin ir más lejos, ¿cuántas veces has mirado el teléfono hoy? ¿Cuánto rato pasas en las redes sociales? ¿Cuánto tiempo pasas navegando por internet? Y, la mejor de todas, ¿cuántas veces has caído en la tentación de comprar algo totalmente innecesario, porque has visto un anuncio, para dejarlo olvidado en un rincón después? Vivimos expuestas a promesas de *felicidad exprés*, pretendemos emprender en dos días y deseamos amor al instante.

Pero, realmente, ¿qué nos aporta esta cultura de inmediatez? ¿Es el camino para una vida sin sufrimiento, plena y satisfactoria, o somos víctimas de una trampa invisible? Somos humanas y, por naturaleza, anhelamos la satisfacción. Eso está bien. El problema es que, debido al contexto social en el que vivimos, la gratificación inmediata se ha convertido en una necesidad ineludible. Lo queremos todo ya, no sabemos esperar y esto, lejos de ser saludable, puede ser un pedrusco en tu mochila.

Me resulta imposible hablar de este tema sin mencionar a Walter Mischel y su famoso test de la golosina. Este test, también conocido como el «test del retraso de la gratificación», es un experimento psicológico realizado en los años sesenta que consistía en reunir a un grupo de niños, ofrecerles una golosina y explicarles que pueden comerla de inmediato, pero que si esperan un poco más recibirán una recompensa extra. Los niños, una vez que están solos en la habitación, tienen que decidir si se comen inmediatamente la golosina o esperan para obtener la recompensa.

Los resultados de este experimento han demostrado que los niños que pueden esperar más tiempo antes de comer la golosina tienden a tener un mejor rendimiento académico, mayor bienestar psicológico y mayor capacidad para lidiar con el estrés en el futuro.

Por lo tanto, aunque Mischel no se enfocó explícitamente en la «gratificación inmediata», sus investigaciones sí se centraron en la capacidad de aplazar la gratificación, sugiriendo que esta habilidad es fundamental para el éxito a largo plazo en varios aspectos de la vida.

La lucha contra la gratificación inmediata se ha vuelto compleja con el tiempo. Quizá no era algo que representara un gran reto años atrás, pero en la sociedad actual, en la que estamos expuestas a miles de impulsos diarios, puede llegar a significar un gran desafío.

Mischel concluyó que la capacidad de retrasar la gratificación no es necesariamente innata, sino que puede ser aprendida con el tiempo. También destacó la importancia del control cognitivo en la regulación de la conducta, mostrando que los niños que resistieron o redirigieron sus pensamientos fueron capaces de resistir la tentación mejor.

Seguro que, en algún momento, has caído en la trampa de la gratificación inmediata, persiguiendo un placer instantáneo y olvidándote de tus objetivos a largo plazo. Pero acuérdate de lo que dice Mischel: es algo que se puede entrenar, y como ser humano estás programada para buscar la recompensa rápida. Es un mecanismo de supervivencia, así que esto, tanto tú como yo, lo traemos de serie.

Por suerte, tienes la capacidad de cuestionarte, reflexionar y cambiar. Y ¿quién mejor que James Clear para hablar de hábitos? En su libro *Hábitos atómicos,*[1] que aprovecho para recomendarte, habla sobre cómo los pequeños cambios de comportamiento pueden llevar a grandes resultados a largo plazo.

Según el autor, los hábitos son las acciones que nos llevan a nuestros resultados finales, y establecer buenos hábitos puede llegar a ser un gran desafío. Gracias a la «curva del hábito», entendemos que recogemos los beneficios de un hábito a largo plazo, mientras que el coste es inmediato. Sabemos que, si cada día hacemos deporte, en unos meses notaremos el resultado en nuestro cuerpo, tanto por dentro como por fuera, pero tendremos que esperar. Mientras que el esfuerzo de ir al gimnasio tenemos que hacerlo ahora. Por este motivo, la gratificación inmediata puede suponer una barrera para establecer nuevos hábitos.

Como solución, Clear propone algunas estrategias. Una de ellas consiste en hacer atractivo el proceso de incorporación de un nuevo hábito o crear un entorno idóneo para que puedas cumplir con tus objetivos. Por ejemplo, si quieres dejar de comer dulces, no tengas dulces en casa. Así de simple.

1. Barcelona, Diana, 2020.

En conclusión, la gratificación inmediata puede ser un gran obstáculo en tu camino. En el extremo, puede convertirse en una adicción o un mecanismo de defensa para huir de la realidad, creando un gran vacío en tu vida a largo plazo. Piensa que, en este caso, por muy sutil que sea este comportamiento, siempre te alejará de tus objetivos, en mayor o menor medida. Prometiéndote satisfacción rápida y fácil, siempre te desviará de tu camino.

Por tanto, quiero invitarte a que cojas tu libreta y reflexiones sobre este tema. ¿En qué formas sientes que la gratificación inmediata está obstaculizando tu camino?

Recuerda, cada pequeña decisión que tomes en tu día a día es un paso hacia tu futuro. ¿Vas a dejar que la gratificación inmediata dirija tus pasos, o vas a tomar el control y comenzar a construir el futuro que realmente deseas? La elección está en tus manos.

¿Es la búsqueda de la gratificación inmediata una piedra que pesa en tu mochila? Si es así, coge una de las piedras que recopilaste, ponle el nombre, colócala dentro y escribe en tu libreta tus reflexiones sobre ella. ¿Con qué frecuencia sacrificas metas a largo plazo por recompensas inmediatas?

# 20
# NECESIDAD DE APROBACIÓN

No, tu peor enemigo no eres tú. Es ese que los demás esperan que seas.

ROY GALÁN

«Tú no necesitas la aprobación de los demás.» Así de contundente empieza Dyer en el tercer capítulo de *Tus zonas erróneas,* del que ya te he hablado. ¿Cuántas veces buscas el reconocimiento y la validación de los demás? «Ningún hombre que se preocupe de la aprobación de los demás es libre en su propio sentido», dijo Epicteto.

Es verdad que estamos en un momento en el que socialmente se valora la aprobación y aceptación de los demás y que, sin darnos cuenta, podemos terminar buscando la validación externa continuamente. Pero esta constante necesidad de aprobación o deseo extremo de complacer a los demás puede alejarte peligrosamente de quién eres y de la vida que deseas.

Sara era una mujer con mucho talento, extremadamente creativa y muy inteligente, pero tenía un problema: siempre estaba buscando la aprobación de los demás. Ella sentía que siempre tenía que demostrar lo mucho que valía. Y, aunque sus logros eran impresionantes, la aprobación y reconocimiento que recibía nunca le parecían suficiente.

Tenía una sed insaciable que no terminaba nunca. A pesar de su éxito, nunca estaba satisfecha.

Tuve la suerte de acompañarla en un proceso muy bonito de autodescubrimiento en el que verifiqué, una vez más, que todo está en nuestra mente. Porque te aseguro que la realidad objetiva que vivía Sara nada tenía que ver con lo que ella experimentaba. Esta piedra estaba impidiendo a Sara disfrutar de sus éxitos y vivir feliz. Poco a poco fue aprendiendo a reconocerse a sí misma en su vida, a quererse, a aceptarse y a valorar tanto el esfuerzo como los éxitos.

Vivir con una necesidad constante de aprobación conlleva muchos riesgos que pueden afectar seriamente a tu vida. En primer lugar, puede provocar una pérdida de identidad personal, ya que, si te conformas con las expectativas de los demás, seguramente puedes alejarte de tus intereses. Además, puede provocarte una baja autoestima; si mides tu valor en función de la validación externa, no vas a poder desarrollar un sentido interno de autoaceptación.

Asimismo, este estado de alerta continua puede llegar a ser realmente agotador, generando ansiedad y estrés a tu día a día y llevándote a vivir con un miedo constante al rechazo. Otro riesgo puede ser la dependencia emocional, ya que te puedes volver mucho más vulnerable y llegar a pensar que eres insuficiente.

En palabras de Dyer, cuando la búsqueda de aprobación se convierte en una necesidad, tú entregas un trozo de ti mismo a la «persona exterior» cuyo apoyo es imprescindible para ti. Si ese tercero te desaprueba, te inmoviliza. El riesgo de ello es que te sientes bien en tu interior solamente si tu exterior te aprueba. Las posibilidades de encontrar la verdad desaparecen casi por completo. Sacrificas tu verdadera personalidad, tu «yo», por las opiniones y las predilecciones de los demás.

Wayne Dyer dice que hay muchos factores que pueden haber impulsado tu necesidad de aprobación actual, si es que la tienes. Desde muy pequeñas, buscamos la aprobación de nuestros padres, maestros o amigos, un patrón que puede continuar en la edad adulta y que responde al aprendizaje social. También influye la autopercepción negativa sobre nosotras mismas, el miedo al rechazo y la falta de autoafirmación. Todos ellos pueden conducir a una necesidad de aprobación. Estoy de acuerdo con el autor en que el primer paso para superar la necesidad de aprobación es reconocer los factores que la han podido impulsar.

A lo largo de este capítulo he querido explorar cómo puede influir en ti vivir con una necesidad de aprobación constante en la vida. Como *coach*, he trabajado con muchas personas, especialmente mujeres, que se han enfrentado a este desafío con éxito, y he sido testigo del poder transformador que ha ejercido en sus vidas superarlo. A veces, nos acostumbramos a vivir con una piedra en el zapato pensando que simplemente esto es lo que toca. Por suerte, no es así.

La necesidad de aprobación puede parecer una carga, pero también es una oportunidad. Cada vez que identifiques que asoma la patita, tendrás dos opciones: ceder a ella o desafiarla. Buscar fuera o buscar dentro. Por eso, siempre insisto en que lo más importante de todo es darse cuenta. Y desde el momento en que te des cuenta, podrás elegir.

La próxima vez que te descubras buscando la aprobación de alguien más, párate a reflexionar. Pregúntate: «¿Por qué estoy buscando esta aprobación? ¿Qué información me está dando esto? Y, lo más importante, ¿cómo puedo empezar a darme yo mismo esta aprobación que estoy buscando fuera?».

No olvides que no es tóxico que te guste que te adulen de vez en cuando; de hecho, es muy sano que te agraden los cumplidos. El problema es cuando el deseo se convierte en necesidad.

¿Es la necesidad de aprobación una piedra que pesa en tu mochila? Si es así, coge una de las piedras que recopilaste, ponle el nombre, colócala dentro y escribe en tu libreta tus reflexiones sobre ella. ¿Con qué frecuencia tomas decisiones basadas en lo que crees que los demás esperan de ti? ¿Has notado si alguna vez sacrificas tus propias necesidades para complacer a los demás?

## 21
## QUERER TENERLO TODO CONTROLADO

El control excesivo no solo limita la libertad de los demás, sino que también nos aprisiona a nosotros mismos.

Eleanor Roosevelt

¿Te has parado alguna vez a observar el vuelo de un pájaro? El pájaro no intenta controlar el viento, sino que se mueve con él, adaptándose a sus cambios. Y a pesar de la incertidumbre de la ruta y sin tener Google Maps, llega a su destino.

El control es uno de aquellos valores que nos inculcan de pequeñas. A medida que vamos creciendo, entendemos que ser responsable responde a tener controlado un horario, unas metas, una situación, una vida, etcétera. Y podemos llegar al punto de querer controlar lo incontrolable, porque, cuando este deseo de control se expande en todas las áreas de tu vida, puede convertirse en una piedra que pese porque es imposible controlarlo todo.

Pero ¿por qué nos aferramos tanto a este control? ¿Puede que sea una estrategia para evitar el dolor, la decepción o la vulnerabilidad de la que tanto se habla en estos momentos?

Imagina la cara que se me quedó cuando descubrí que los problemas que tenía de insomnio eran, en gran medida, porque era una persona que quiere tenerlo todo bajo control. Sí, también confieso esto. Me gusta tenerlo todo controlado. Yo pensaba que era algo bueno, hasta que leí en el libro *Hola, miedos,*[1] de Michelle Poler, que el control representa el miedo que no nos permite disfrutar el presente. Entonces, reflexioné sobre cómo afectaba a mi vida y me di cuenta de que, al margen del insomnio, vivía con mucha angustia al querer tenerlo siempre todo controlado, porque, básicamente, nunca lo conseguía totalmente.

1. Barcelona, Diana, 2022.

Y, si te fijas, cuadra bastante. Porque el control excesivo, dejando de lado que se nos puede ir de las manos muy fácilmente, es un hecho ilusorio. Es imposible controlarlo todo y, además, querer hacerlo solo logra limitarnos. Y eso no es de jefas, en palabras de charuca. Decía Anthony de Mello que el control excesivo es el intento de agarrar el agua con las manos, siempre se escurre entre los dedos.

Recuerdo a Gema. Una *crack*. Tenía un currículum impresionante y era una de mis referentes en lo que a organización se refiere. Tenía una habilidad para coordinar la agenda más caótica con una precisión envidiable. Sin embargo, a Gema le pasaba como a mí; en el fondo estaba agotada y vivía su vida con mucha ansiedad. Empaticé con ella desde el primer momento. A nuestra primera sesión, que a menudo sirve para explorar los objetivos de la persona, que a veces llega un poco perdida, ella vino con una lista de diez puntos que quería cambiar en su vida. Cada punto tenía, además, estrategias, objetivos y plazos. Esto no es que esté ni bien ni mal, pero mientras me hablaba de ello, observé que tenía un boli en la mano que apretaba con gran fuerza, su voz era muy tensa y en su cara vi agotamiento.

Enseguida me di cuenta de que, aunque su capacidad de control y organización era admirable, se le había ido de las manos. Lo que pasó con Gema pasa a menudo en las sesiones. De hecho, uno de los desafíos de ser *coach* es la capacidad de adentrarse en lo profundo y mirar más allá de la superficie. Gema vino diciendo que lo tenía todo, pero, al rascar un poco, fue evidente que su aparente control le estaba jugando una mala pasada. Aunque vino con una lista de objetivos que quería cumplir, terminamos trabajando en su necesidad excesiva de control. A veces pasa esto.

Y es que el *coaching* trata de explorar lo que realmente está sucediendo bajo la superficie. A lo largo de las sesiones, Gema descubrió una nueva forma de vivir. Y ¿sabes cuál es la grandeza de estos procesos? Que yo pude experimentar su transformación en mi propia vida y superar, poco a poco, mi tendencia al control excesivo u obsesivo. Su historia es un recordatorio de que, a veces, la clave para avanzar no es apretar más fuerte, sino aprender a soltar.

El intento constante de controlar todos los aspectos de tu vida puede ser agotador al tiempo que limita tus oportunidades de crecimiento al encerrarte en rutinas demasiado rígidas.

En *La liberación del alma*,[1] Michael A. Singer argumenta que intentamos controlar nuestras experiencias para evitar el dolor y el malestar, pero en el proceso acabamos limitando nuestra capacidad para vivir la vida de una manera auténtica. Entre las herramientas que el autor sugiere para liberarse del control excesivo está la observación consciente, con el objetivo de prestar atención a emociones y pensamientos sin juzgarlos ni querer controlarlos para detectar aquellos momentos en los que quizá nos estamos pasando de control.

También propone permanecer en el presente, fácil de decir y difícil de cumplir, pero tan útil y necesario en el mundo hiperconectado en el que vivimos. Ser capaz de mantener la atención en el momento presente te ayudará a

1. Móstoles, Gaia, 2014.

liberarte de la necesidad de controlarlo todo y despertará la capacidad de experimentar la vida tal como es. Y, por supuesto, la meditación. Aunque es cierto que todas estas prácticas requieren un compromiso continuo, ten por seguro que son el camino hacia una mayor libertad. No es necesario que te marques grandes objetivos; puedes empezar simplemente meditando cinco minutos al día.

Singer propone que, en lugar de tratar de controlar nuestras experiencias, permitamos que ocurran para observarlas con conciencia y aceptación. Al hacerlo, podremos liberarnos de los comportamientos que nos limitan y, por lo tanto, alejarnos del sufrimiento.

Si una cosa tengo clara es que querer tener todo controlado te descontrola. ¿Qué opinas tú? Coge tu libreta y reflexiona sobre ello. ¿Crees que estás controlando tu vida en exceso?

¿Es el querer tenerlo todo controlado una piedra que pesa en tu mochila? Si es así, coge una de las piedras que recopilaste, ponle el nombre, colócala dentro y escribe en tu libreta tus reflexiones sobre ella. ¿Con qué frecuencia sientes la necesidad de planificar o anticipar cada detalle de tu vida cotidiana? ¿Podrías pensar en ejemplos concretos en los que se haya vuelto especialmente importante? ¿Cómo te sientes cuando las cosas no salen según lo planeado o cuando pierdes el control sobre una situación?

# 22
# RIGIDEZ MENTAL

> El que nunca cambia su opinión es como el agua estancada, y engendra reptiles en su mente.
>
> WILLIAM BLAKE

La rigidez mental es un patrón de pensamiento inflexible que puede manifestarse de varias formas: dificultad para adaptarse a nuevas situaciones, resistencia a nuevas ideas o incapacidad para cambiar de opinión. Sabrás si eres una persona con rigidez mental si te aferras a rutinas y patrones de comportamiento establecidos y te sientes ansiosa con la simple idea de empezar a hacer las cosas de un modo diferente.

Lejos de ser un refugio seguro, la incapacidad de adaptarte a nuevas situaciones y cerrarte a nuevas ideas puede convertirte en una persona más vulnerable, limitar tu creatividad y frenar tu capacidad de crecimiento personal. Pero, si hay algún aspecto en el que creo que puede ser muy perjudicial, es en el impacto que puede tener en tus relaciones personales.

Según mi propia experiencia, la rigidez puede crecer con la maternidad. Hablo de maternidad y no de paternidad porque mis clientas son mayoritariamente mujeres. No es que crea que los hombres no se vuelvan más rígidos, es que, según mi experiencia, es algo que, les ha pasado a la mayoría de las madres con las que he trabajado.

Es el caso de Montse, por ejemplo. Ella tenía un conjunto rígido de reglas y expectativas para ella y su familia. Creía que había una forma correcta de hacer las cosas, y se mostraba inflexible cuando se enfrentaba a comportamientos o ideas que no estaban alineados con su visión. Por ejemplo, tenía ideas muy claras sobre cómo deberían ser los cumpleaños de sus hijos, hasta que un día su hijo mayor le pidió una fiesta en el parque para poder jugar a fútbol, a lo que ella le costó ceder. Su hijo se quejó de que nunca podía satisfacer sus deseos, a lo que se sumó también su pareja, que también se sentía frustrada.

No fue fácil que Montse se diese cuenta de ello, pero, poco a poco, observó que esta manera de ser y hacer la estaba limitando y quiso trabajar en su proceso de cambio. Fue un proceso difícil y a veces doloroso, pero, con el tiempo, Montse aprendió a soltarse y a ser más flexible. También se dio cuenta de que estaba siendo muy rígida con ella misma, lo que la animó a seguir adelante, y, a medida que se volvía más flexible, notó un cambio en sus relaciones. Aprendió a fluir y a vivir de otra manera.

Según Steven C. Hayes, autor de *Sal de tu mente, entra en tu vida,*[1] la rigidez mental se produce cuando te aferras rígidamente a tus pensamientos, emociones y comportamientos antiguos, incluso cuando no son útiles o perjudican tu vida, mientras que su opuesta, la flexibilidad psicológica, nos permite vivir de una manera más abierta, saludable y efectiva.

La rigidez mental, además, puede manifestarse en muchos aspectos en tu vida. Ya sea en la resistencia a adoptar nuevas

1. Bilbao, Desclée de Brouwer, 2013.

tecnologías, en la creencia de que hay una forma correcta de hacer las cosas, como le pasaba a Montse, o en la renuncia a probar diferentes enfoques ante un problema. En el trabajo, por ejemplo, puede limitar tu posibilidad de evolución y, en tus relaciones, llevarte a conflictos difíciles de sostener. Por lo tanto, puede limitar tu capacidad de aprender, crecer y experimentar la vida en todo su potencial, manteniéndote encerrada en una caja de preconceptos y rutinas inflexibles que, además, puede que se hayan quedado totalmente obsoletos.

Es hora de mirar hacia dentro. ¿Cómo la rigidez mental está limitando tu potencial? A veces, aferrarnos a lo que sabemos puede parecer la opción más segura, pero es, precisamente, en este punto en el que puede originarse nuestro sufrimiento. ¿Hay algún aspecto en tu vida en el que podrías permitirte un poco más de flexibilidad?

Durante los próximos días quiero proponerte que observes un aspecto de tu vida en el que sientas que estás atrapada por tu rigidez. Puede que sea una rutina que has seguido durante años, o una creencia sobre ti misma o sobre los demás. Una vez que lo hayas identificado, permítete cuestionarla. ¿Es posible que haya otra forma de hacer las cosas? ¿Cómo lo haría otra persona que no seas tú? ¿Puede que haya diferentes maneras de hacer una misma cosa?

El problema de algunos patrones o creencias que tenemos es que los implementamos sin cuestionárnoslos ni un momento. Simplemente, hacemos las cosas porque nos las han enseñado así y siempre han sido así, por lo que muchas veces podemos desactivar algunas de ellas simplemente desafiándolas.

Si eres una persona con una extrema rigidez mental, seguramente estés un poco cansada de ello. Acaba siendo un proceso agotador. Mientras que la flexible fluye, disfruta y se deja llevar, la rígida vive un poco amargada, limitada y sin capacidad de crecimiento. La flexibilidad mental permite adaptarse mejor a nuevas situaciones, fomenta una mente abierta a nuevas ideas y mejora la calidad de las relaciones. En general, la flexibilidad mental promueve un mayor bienestar emocional y satisfacción en la vida, y permite una mayor adaptación a los desafíos inevitables. Visto así, ¿quién no quiere ser un poco más flexible?

No olvides que el primer paso para superar la rigidez mental es reconocerla, y el segundo es cuestionarla. Este puede ser un buen momento para ello, sin perder de vista que el cambio es un proceso y no algo que sucede en un instante, por lo que, cuanto antes empieces, mejor.

¿Es la rigidez mental una piedra que pesa en tu mochila? Si es así, coge una de las piedras que recopilaste, ponle el nombre, colócala dentro y escribe en tu libreta tus reflexiones sobre ella. ¿Eres una persona flexible, capaz de adaptarte fácilmente?

## 23
## PERFECCIONISMO

La esclavitud más dura es la que uno se impone a sí mismo.

GOETHE

El perfeccionismo es aquella actitud que consiste en buscar la perfección en lo que se hace, mejorándolo indefinidamente sin decidirse nunca a darlo por terminado.

Bajo mi punto de vista, es una de las piedras más pesadas que puedes cargar durante tu vida, porque es generadora directa de altos niveles de estrés y ansiedad, baja autoestima, frustración, desprecio, celos e incluso conflictos en las relaciones. Encontrar el equilibrio en el perfeccionismo es muy difícil porque se peca por exceso o por defecto.

Buscar la perfección está a la orden del día. Mientras lidiamos con nuestras imperfecciones, las redes sociales nos bombardean con imágenes de vidas *perfectas,* cuerpos *perfectos* y hogares *perfectos*. Puede que de alguna manera sientas la presión de buscar la excelencia en todo lo que haces, como si fuese algo bueno, y, a primera vista, puede parecerlo, pero ¿realmente lo es?

No puedo estar más de acuerdo con Brené Brown en que el perfeccionismo no es saludable ni sirve para nada. En realidad, es una forma de protegernos del dolor, de la crítica y del rechazo hasta llegar a tal punto que esta presión nos impide avanzar.

Porque nada tiene que ver el perfeccionismo con el esfuerzo saludable. El perfeccionismo es mucho más que la búsqueda de la excelencia, es una búsqueda compulsiva de la aprobación de los demás, y se basa en la creencia de que eres lo que logras.

Pero ¿qué impacto puede tener esto en tu vida? ¿Cuántas veces has dejado de hacer algo por miedo a no hacerlo perfecto? ¿Cuántas horas has pasado trabajando para conseguir algo perfecto? ¿Cuántas veces te has cambiado de ropa buscando el *look* perfecto?

En *Los dones de la imperfección,*[1] Brown enseña cómo el perfeccionismo te aleja de quién eres realmente, porque mientras estás esforzándote por ser perfecta, es posible que no te estés permitiendo ser auténtica, fallar o aprender de tus errores. ¿Por qué? Porque el perfeccionismo, en su esencia, está fundamentado en el miedo al fracaso, a la crítica y a no ser suficiente.

Desde aquí quiero compartir mi experiencia personal con la perfección. Quiero que sepas que, aunque hace más de diez años que he estado acompañando a personas, no siempre le he dedicado el mismo tiempo. Fue en una última fase, en la que yo quería aumentar mi tiempo de acompañamiento a personas, en la que apareció el perfeccionismo extremo en mi vida. Deseaba conseguir una sólida reputación como *coach* y pensaba que la mejor manera era creando la marca personal perfecta. Empecé a invertir horas incontables diseñando mi web, puliendo mi biografía, produciendo los textos perfectos, todo en busca de conseguir una imagen impecable que me llevaría a conseguir mi objetivo. Quería que todo fuera *perfecto* y quería hacerlo yo porque no deseaba invertir dinero en ese momento. Así fui obsesionándome cada vez más, con cada detalle, cada decisión y cada *todo.*

A medida que pasaba el tiempo, comencé a darme cuenta de que el precio que estaba pagando era enorme. Lo peor de todo es que, en mi búsqueda insaciable de la perfección, perdí de vista lo que realmente importaba: conseguir clientes para lograr una sólida reputación como *coach.*

1. Móstoles, Gaia, 2012.

Hasta que un día me harté de mí misma y me prometí que esa misma mañana dejaría la web terminada. Y así fue. Mi motor de cambio fue una frase que habrás escuchado mil veces: «Mejor hecho que perfecto». Importa más el progreso que la perfección.

En realidad, creo que no hay nada más liberador que reconocer que no eres perfecta, aceptar tus imperfecciones y celebrar ser única. Aunque el perfeccionismo puede parecer algo atractivo, no es más que una trampa que te lleva a la búsqueda constante de un ideal que nunca podrás alcanzar y que te roba alegría, satisfacción y autenticidad. Aunque te sientas atrapada, puedes elegir un camino diferente.

Puede que el perfeccionismo te lleve a la excelencia, pero créeme si te digo que no es el camino. Personalmente, lo veo como una trampa, porque nunca termina, es como un ideal inalcanzable. No debemos confundir el perfeccionismo con la búsqueda de la excelencia o la mejora personal, no es lo mismo, porque el perfeccionismo puede convertirse en un verdadero problema.

Como *coach* he tenido el privilegio de ver cómo la aceptación de una misma puede transformar vidas. Brown te desafía a enfrentar el miedo que se esconde detrás de tu perfeccionismo, abrazando tu vulnerabilidad como símbolo de coraje. El coraje de ser tú misma y aceptarte tal y como eres. Porque lo más probable es que buscando tu perfección estés sacrificando tu parte más auténtica.

Bernabé Tierno hace una descripción muy detallada de la persona perfeccionista: se impone un ritmo frenético de trabajo en el que nunca es suficiente ni produce los resultados deseados. Es capaz de no tener vacaciones, de dejar de dormir o descansar, por lo que termina agotándose física y psíquicamente. Nada parece suficiente y se compara de manera desfavorable con los demás. Vive en una permanente insatisfacción que le conduce al agotamiento. El secreto está en encontrar el equilibrio y convertirse en una persona eficaz, capaz de experimentar un gran placer en el trabajo que realiza.

¿Es el perfeccionismo una piedra que pesa en tu mochila? Si es así, coge una de las piedras que recopilaste, ponle el nombre, colócala dentro y escribe en tu libreta tus reflexiones sobre ella. ¿Sueles ser crítica contigo cuando cometes errores? ¿Prefieres posponer tareas o proyectos en lugar de completarlos si no puedes hacerlos perfectamente?

## 24
## AUTOEXIGENCIA

> Si con todo lo que tienes no eres feliz, con todo lo que te falta tampoco lo serás.
>
> ERICH FROMM

Aunque la autoexigencia, igual que el perfeccionismo, también implica establecer altos estándares, es un concepto algo más equilibrado. Las personas autoexigentes se esfuerzan por lograr lo mejor que pueden, pero también son capaces de reconocer y aceptar que no todo siempre será perfecto.

Si es verdad que mientras que el perfeccionismo tiende a ser destructivo, la autoexigencia puede ser saludable y productiva, no hay que confiarse. Esta puede volverse tóxica si se convierte en obligaciones e imposiciones. Es decir, cuando entran en juego los famosos «tengo que» y «debería».

¿Alguna vez te has encontrado diciéndote a ti misma «debería hacer esto» o «tengo que lograr aquello»? En un mundo en que premiamos la productividad y veneramos el éxito, es fácil caer en la trampa de la autoexigencia. Pero ¿qué pasa cuando la autoexigencia, lejos de ser un motor que te impulsa, se convierte en una piedra pesada que te impide avanzar?

La verdad es que muchas veces nos damos cuenta cuando ya es demasiado tarde. Los signos pueden ser muy sutiles. Es posible que empieces a notar una cierta insatisfacción con tus logros o que empieces a agobiarte porque, sin darte cuenta, pasas más tiempo pensando en lo que tendrías que estar haciendo que en lo que realmente estás haciendo.

La autoexigencia excesiva puede manifestarse de varias formas: largas horas de trabajo, procrastinación, problemas de sueño, ansiedad y estrés, por ejemplo. Pero, por mi experiencia, diría que el impacto más negativo y destructivo recae en la autoestima. Hay veces en las que está muy relacionada con el castigo, con lo que, cuando te exiges constantemente más y te castigas por no cumplir con tus expectativas, es muy fácil llegar a creer que no eres suficiente y que necesitas hacer más.

Y ¿sabes qué es lo peor de todo? Que muchas veces los «tengo que» y los «debería» que te autoimpones tienen que ver con ideales que ni siquiera son tuyos, producto de las expectativas de la sociedad, la presión de tus padres u otras demandas externas. Por lo que, en lugar de guiarte hacia la felicidad, te impulsan a buscar una versión idealizada de ti misma que puede que ni quieras.

Es curioso que, siendo la autoexigencia uno de los mayores retos que debo superar en la vida, casi paso por alto esta piedra. El resultado de ser una persona extremadamente exigente se traduce en que nunca lo hago lo suficientemente bien, en que siempre podría haber hecho más y en que *esto ya tendría que estar trabajado.* En mi caso, fue determinante identificar de dónde venía este patrón, aunque es verdad que no siempre es necesario trabajarlo desde aquí.

Patri vivía inmersa en un mundo lleno de «deberías» y «tengo que». En su vida, todo eran exigencias. A ella misma, a sus hijos y a su pareja. La verdad es que todos estaban un poco hartos de ella, porque, encima, cada pequeño fallo era una causa de crítica y culpa. Llegó a acumular tal nivel de ansiedad que ni dormía por las noches.

Se dio cuenta de que, además, muchos de los «debería» que se autoimponía venían de las expectativas de su madre, que, aunque ya tenía dos hijos, la seguía castigando si no llegaba a sus ideales.

Darse cuenta de ello fue algo transformador y el inicio de un bonito camino que tuve la suerte de recorrer a su lado. A través del trabajo que hizo, aprendió a practicar la autocompasión, establecer límites sanos y descubrir qué era importante para ella: entendió que estaba bien no ser perfecta y que querer cumplir con las expectativas de su madre solamente la alejaba de su ideal de libertad y serenidad.

Según Albert Ellis, fundador de la terapia racional emotiva conductual (TREC), muchos problemas emocionales y de comportamiento surgen de pensar en términos de «debería» o «deberías» en lugar de preferencias y deseos. No es lo mismo decir «*quiero* tener hijos» que «*debo* tener hijos».

De hecho, en su libro *Coaching para el éxito,*[1] Talane Miedaner, dice que los «debería» son aquellas cosas que creemos que debemos hacer, que representan una obligación, pero que, de hecho, no nos interesan. En esta línea propone que te saques de encima los «debería», aunque yo casi te propondría que, en lugar de descartarlos directamente, los sometas a un examen antes. De hecho, puedes hacer una lista con todos ellos y, una vez que la tengas, revisarla para descartar todos aquellos que no te motivan y suponen una carga para ti. Te sugiero que te olvides de los que no te aportan nada y te centres en los que sí.

Está claro que liberarte de la autoexigencia puede ser un gran reto, pero conseguirlo es posible. Es verdad que cuando tienes la tendencia a ir hacia esa dirección es necesario estar en guardia al principio, pero, una vez que integras el recorrido que tienes que hacer, resulta cada vez más sencillo.

1. Madrid, Urano, 2002.

Te recomiendo que te fijes en todas las veces que alguien dice «debería» o «tengo que». Toma nota mentalmente de ello. A continuación, reflexiona sobre si crees que es algo que la persona realmente quiere conseguir o más bien algo impuesto. Es una buena manera para tomar conciencia de ello, y así empieza todo.

¿Es la autoexigencia una piedra que pesa en tu mochila? Si es así, coge una de las piedras que recopilaste, ponle el nombre, colócala dentro y escribe en tu libreta tus reflexiones sobre ella. ¿Sientes que a menudo te presionas demasiado para alcanzar tus metas personales? Reflexiona sobre ello y piensa en situaciones concretas.

## 25
## BUSCAR DEFECTOS

> Juzgamos los defectos de los demás mientras que excusamos los nuestros.
>
> François de La Rochefoucauld

Es curioso observar que las personas expertas en buscar defectos a los demás son las que menos soportan las críticas sobre sí mismas. Bernabé Tierno llama a estas personas «carroñeros del alma», porque van donde más duele, pueden ofender y destruir. Yo no sé si lo veo de esta manera, no creo que nadie quiera hacer mal porque sí, simplemente puede que no tenga recursos para hacerlo mejor.

Si te fijas, algunos programas de televisión han desempeñado un papel significativo en la tendencia a buscar defectos, particularmente los centrados en la crítica sobre el comportamiento de las personas, desde el primer *Gran Hermano* hasta las tertulias o programas enfocados a la crítica o al cotilleo.

En algunos casos, estos programas han cambiado la forma en que interactuamos en nuestras relaciones personales y cómo nos vemos a nosotros mismos. Al ser constantemente bombardeados con la idea de buscar defectos en los demás como modo de entretenimiento, podemos caer en la trampa de aplicar el mismo enfoque a nuestras propias vidas y relaciones. Por ello, lo más recomendable es dejar de consumir este tipo de programas, que no aportan absolutamente nada.

Lo importante y necesario es que te preguntes qué ganas al buscar defectos. ¿Te hace sentir superior? ¿Te proporciona algún tipo de satisfacción? ¿Hay algo de positivo en ello?

Buscar defectos puede provocar un gran sufrimiento en ti y en las personas de tu alrededor. Es un hábito que te puede llevar a la insatisfacción personal y a una falta general de aceptación. Una vez más, la clave para soltar esta piedra está en reconocer y desafiar estos patrones de pensamiento. Necesitamos aprender a aceptar nuestras propias imperfecciones y las de los demás para enfocarnos en construir relaciones basadas en el respeto, la comprensión y la empatía.

Porque la realidad es que todas tenemos defectos. Somos humanas. Pero, por suerte, somos mucho más que esto. Es tan sencillo como que, si buscas defectos en los demás, los encontrarás; si buscas valor, también lo encontrarás. Por lo tanto, busca la belleza en los demás, porque los defectos no te aportan nada.

¿Qué hay detrás de una persona que constantemente está buscando defectos? Lo más probable es que haya inseguridad y baja autoestima. Al señalar los defectos de los demás, desvía la atención de sus propias imperfecciones, y puede que momentáneamente se sienta mejor consigo misma. Pero a la larga no es así. Algunas personas puede que también se enfoquen en esto como una forma de protegerse, pensando que quizá tendrán más control sobre las situaciones o las personas si se anticipan a problemas o errores que puedan surgir.

Buscar defectos puede ser fruto de un comportamiento aprendido. Si has crecido en un entorno en el que se daba mucha importancia a los defectos y se criticaban con frecuencia, es posible que hayas aprendido a hacer lo mismo. Si lo has vivido en casa, sabrás que convivir con alguien que está buscando defectos todo el día es totalmente insoportable.

Para ayudarte a identificar si es una piedra que cargas, imagina que estás en una reunión de trabajo y un colega presenta una idea innovadora. Y, en lugar de reconocer su trabajo, empiezas a buscar fallos en su propuesta, criticándola por ser poco realista o lo que sea. ¿Crees que es justo, o quizá podrías estar proyectando tu propia inseguridad? Puede que esta tendencia vaya acompañada de algunas piedras que hemos visto anteriormente, como el perfeccionismo, y de otras que veremos más adelante, como la envidia o la comparación.

Hay miles de situaciones diarias en las que puedes identificar este comportamiento. No solamente en relación con los otros, sino también contigo misma. Ponte en situación: después de una larga semana de trabajo, decides tomarte un día libre para relajarte, pero, en lugar de disfrutar de tu día, te pasas el rato pensando en todo lo que tienes que hacer y, encima, te criticas por ser «perezosa» o «improductiva» en vez de pensar que necesitas y te mereces un descanso.

Piensa en aquella amiga que siempre llega tarde, algo que te resulta frustrante. Pero ¿qué haces? En lugar de aceptar que no puedes controlar su puntualidad, te centras en otros defectos que pueda tener para justificar tu irritación, porque es más fácil eso que aceptar que no puedes controlar su puntualidad. Te centras en sus defectos para manejar tus sentimientos de frustración porque así sientes que tienes un mayor control. Es algo un poco confuso, pero si lo entiendes, esto significará un antes y un después.

Al entender los mecanismos que te llevan a buscar defectos, te enfocas hacia la liberación. Aunque conoces la tendencia de la mente a centrarse en lo que está mal, tienes la capacidad de reorientar tu atención hacia un camino más compasivo y consciente.

A partir de ahora, cada vez que encuentres un defecto, haz una pausa, respira y pregúntate: «¿Puedo ver esta situación de una manera diferente?». Recuerda que nuestro objetivo es el bienestar libre de sufrimiento, no la perfección.

¿Es la tendencia a buscar defectos en los demás una piedra que pesa en tu mochila? Si es así, coge una de las piedras que recopilaste, ponle el nombre, colócala dentro y escribe en tu libreta tus reflexiones sobre ella. ¿Sientes la necesidad de encontrar errores o defectos en tus acciones o decisiones? ¿Eres una persona que está en la búsqueda del fallo?

# 26
# ARROGANCIA

La arrogancia es un reino sin espejos.

ANNE SCOTTLIN

El árbol más alto es el que más viento recibe.

PROBERVIO SAMI

La arrogancia responde a un rasgo de personalidad por el cual una persona se percibe con un sentido de la autoestima demasiado elevado. Es aquel tipo de persona que actúa como si fuera superior a los demás. Realmente cree que es superior intelectual o socialmente y muestra menosprecio hacia aquellos a los que considera inferiores. Son aquellas personas que hablan de manera condescendiente, interrumpen a los demás o buscan constantemente la atención y el reconocimiento.

Creo que todos hemos conocido a alguien así. Es ese tipo de persona que parece vivir en un pedestal y que se dirige a los demás como si estuviera por encima. O puedes ser tú esa persona. ¿Alguna vez has sentido esa sensación de estar por encima de los demás?

Parece que la sociedad exalta a aquellas que destacan, que parecen tenerlo todo bajo control y que transmiten confianza. Y quizá el hecho de querer posicionarte pueda llevarte a pasarte de la raya, porque hay una línea muy fina entre la autoconfianza saludable y la arrogancia que puedes cruzar sin darte cuenta.

A pesar de que puede parecer una armadura brillante a primera vista, existe el peligro de que se convierta en una carga pesada, en una piedra que puede aislarte y limitarte, porque te hace creer que estás por encima de los demás, que no necesitas ayuda y que tu punto de vista es el único válido. Puede ser una barrera invisible que te impida crecer y que aleje a las personas que quieres de tu alrededor.

En un entorno en el que las redes sociales fomentan que queramos compartir momentos perfectos, la arrogancia se ha convertido en una trampa común en la que es muy fácil caer. ¿Cuántas veces has visto a alguien publicar sus momentos de fracaso? Quizá hay personas que lo hagan, pero no es la tendencia que sigue la mayoría. Lo habitual es querer compartir una vida «perfecta».

Por otro lado, la soberbia, utilizada algunas veces como sinónimo de arrogancia, también representa un exceso de autovaloración, aunque, considerada como uno de los pecados capitales, se refiere más bien a un amor excesivo hacia uno mismo, que llega a creer que no necesita a nadie más y está por encima de todo el mundo. Mientras que la arrogancia puede manifestarse como una falta de respeto hacia los demás, no conlleva necesariamente el desprecio total. Por lo tanto, la soberbia es mucho más extrema. Quevedo decía que: «La soberbia nunca baja de donde sube, pero siempre cae de donde subió».

Nietzsche consideraba que la arrogancia y la soberbia eran un intento de afirmar el poder y la superioridad sobre los demás, a menudo para ocultar las propias inseguridades o el miedo a no ser nadie, por lo que promovía una postura más humilde que busca la superación personal a través de la exploración y el autoconocimiento. La verdadera grandeza no radica en la dominación de los demás, sino en la capacidad de superarse a uno mismo.

Considerarse superior a los demás, el desprecio hacia las opiniones, sentimientos o necesidades de las personas, la necesidad de atención y reconocimiento, la falta de empatía y la dificultad para aceptar críticas son algunas de las características que las personas arrogantes comparten o pueden compartir. Como consecuencia, pueden llegar a crear un ambiente muy tóxico caracterizado por la falta de respeto y la manipulación. Y, por otro lado, la persona arrogante puede acabar aislándose porque su actitud aleja a las personas que tiene cerca.

No es necesario que cumplas todos los requisitos para poder plantearte si eres arrogante o no. Creo que la mayoría de nosotras hemos podido comportarnos de manera arrogante en algún contexto. Como siempre, que haya pasado alguna vez no es motivo suficiente para ponerse en alerta, pero creo que sí es importante acostumbrarse a ser consciente de todo aquello que hacemos y decimos. Porque en ciertos momentos, es posible que hayas adoptado una actitud arrogante sin que ello refleje tu verdadero carácter.

Si realmente lo eres, no estoy segura de que tengas la humildad necesaria para reconocerlo. Ojalá. Normalmente, este tipo de personas acaban pidiendo ayuda porque su entorno se harta de ellas, se quedan solas, y es en ese momento cuando entienden que quizá deberían cambiar. Pero darse cuenta de que son así es realmente complicado. Precisamente porque creen ser las mejores, no se cuestionan.

Pocos clientes he tenido de este tipo, pero una vez trabajé con Juan, un ejecutivo que acudió a mí porque sus amigos le dijeron, básicamente, que estaban hartos de él. Juan no entendía nada y le costó mucho identificar la arrogancia en el tipo de actuaciones y comentarios que hacía. Lo tenía tan integrado que no fue capaz de darse cuenta hasta al cabo de unas sesiones, especialmente una en la que hicimos un cambio de rol. Se puso las pilas y muy pronto su entorno empezó a notar los beneficios del proceso que emprendimos. Reconozco que es el único caso que he tenido, pero, como el suyo, debe de haber muchos.

La arrogancia puede ser una piedra pesada y difícil de soltar por las propias limitaciones de la persona que la sufre. Por ello, te reto a que, si conoces a alguien arrogante, te atrevas a decírselo con todo el tacto del mundo, porque le harás el favor de su vida.

¿Es la arrogancia una piedra que pesa en tu mochila? Si es así, coge una de las piedras que recopilaste, ponle el nombre, colócala dentro y escribe en tu libreta tus reflexiones sobre ella. ¿Sueles menospreciar las opiniones de los demás, creyendo que tu punto de vista es el válido? ¿Tiendes a hablar sobre ti misma y tus logros sin mostrar un interés genuino en los demás?

## 27
## COMPARARSE

La comparación es el ladrón de la alegría.

THEODORE ROOSEVELT

¿Has visto qué casa? ¡Madre mía! ¡Mira Lucía, qué guapa está! Oye, y ¿Marc? Se ve superfeliz. Pero bueno, parece que a Jorge le van las cosas de maravilla, ¿no? Y mírame a mí, igual que siempre, con tres kilos de más y con estos pelos de loca todo el tiempo.

¿Cuántas veces te has sentido mal mientras miras fotos en Instagram porque has comparado tu vida con la de la gente a la que sigues? ¿Has experimentado alguna vez la sensación de no estar a la altura de amigos, compañeros de trabajo o gente que no conoces de nada?

Cuando constantemente te comparas con los demás, estás actuando desde el odio. Y tú dirás, Anna, si yo no odio a nadie. FALSO. Te estás odiando a ti misma. Y, encima, hay un deseo oculto, el de que al resto le vaya un poquito peor para que tú puedas sentirte un poquito mejor. Sal de ahí. Eres perfecta tal y como eres, y el día en el que empieces a ver belleza en ti, verás belleza en el mundo. Esto ha quedado muy profundo, pero es así.

Una vez más la sociedad pone su granito de arena en un entorno que alimenta constantemente la comparación. Inundados por imágenes de vidas perfectas, es fácil caer en la trampa de pensar que nuestra vida es peor que la de otros. Y ojalá compararte te sirviese de trampolín, pero no, la verdad es que compararte te acaba situando en un estado inferior porque nunca nos comparamos con quien está peor que nosotros.

Compararse con los demás es un comportamiento natural de los seres humanos; de hecho, Leon Festinger, conocido por la teoría de la comparación social, sostiene que nos comparamos para evaluar nuestras habilidades y opiniones. Una comparación que puede ser ascendente, si nos comparamos con personas que consideramos superiores en algún aspecto, o descendente, al compararnos con aquellos que consideramos inferiores.

Por su lado, la comparación ascendente puede hacernos sentir inferiores e insatisfechos, al pensar que nos falta algo. Y, por otro, la comparación descendente puede llevar a sentirnos superiores y complacientes, aunque también puede despertar un sentimiento de culpa hacia aquellos que consideramos menos afortunados.

El problema que hay en esto es que, si constantemente te comparas con los demás y basas tu valor en cómo te mides en relación con ellos, puedes acabar con una gran insatisfacción, baja autoestima e infelicidad, que provoquen un gran sufrimiento en tu vida.

El caso de Carol fue muy curioso. Con ella hicimos una sola sesión. Era una mujer muy segura de sí misma, adoraba la vida que tenía y no se quejaba por nada, pero se dio cuenta de que hacía un tiempo había empezado a compararse, y eso despertaba una parte de ella que no le gustaba lo más mínimo. Me dijo que, cuanto más lo hacía, peor se sentía, y encima no podía hacer nada para evitarlo, aun sabiendo que era algo que no le estaba aportando nada positivo. Empezó a estar de mal humor y a pelearse más a menudo con su pareja. Es un claro ejemplo de cómo algo, aparentemente inofensivo, puede llegar a complicarte la vida en un abrir y cerrar de ojos.

En una sola sesión casi nunca puede conseguirse el objetivo. Solo puede pasar en casos muy concretos en los que el cliente únicamente necesita desencallar para seguir adelante. Con ella sucedió así. Identificamos que detrás de ese hábito que había adquirido hacía algún tiempo había una insatisfacción que no estaba atendiendo. Al descubrirla, la atendió y desapareció el hábito de compararse. Ojalá siempre fuese tan sencillo.

En este caso, insisto, fue fácil porque se trataba de un hábito que no estaba muy instaurado. Con personas que llevan toda la vida comparándose con los demás se requiere un proceso más largo porque se mezclan cuestiones de autoestima e inseguridades varias. Carol tenía una autoestima impecable, por lo que le fue sencillo avanzar por su cuenta.

En resumen, aunque la comparación es un comportamiento natural y puede ser útil en ciertos contextos, también es importante recordar que cada persona es única, con sus propias fortalezas, debilidades, experiencias y trayectorias. Compararte constantemente con los demás puede oscurecer esta realidad y hacerte sentir insatisfecha con quién eres. Decía Bill Gates que al compararte con alguien te estás insultando a ti misma. Yo lo veo como una forma de autodestrucción encubierta porque, aunque parece que compararse es algo natural, puede llegar a ser una piedra que limite enormemente tu vida.

Por lo tanto, la única persona con la que debes compararte es con la que eras ayer. Tu valor como persona no depende de cómo te compares con los demás, sino de quién eres y cómo eliges vivir tu vida. Por esto te invito a que recuperes tu libreta y reflexiones sobre ello: ¿de qué manera te afecta compararte con los demás?

A partir de ahora, cada vez que te descubras haciéndolo, tómate un momento para recordarte a ti misma tu valor, enfocando la atención hacia tus propios logros, fortalezas y experiencias. De hecho, a partir de ahora voy a pedirte que compartas cada una de las piedras que vayas descubriendo con personas a las que les puedan servir tus reflexiones; así, entre todos, haremos un mundo más bonito, con mayor bienestar y menos sufrimiento.

Recuerda, el primer paso para liberarte de cualquier piedra es reconocerla, y cada pequeño paso en el viaje que has emprendido para eliminar el sufrimiento de tu vida cuenta. Tienes el poder de decidir sobre tu vida, y yo estoy aquí para apoyarte en cada paso que des y en cada decisión que tomes. ¿Seguimos?

¿Es la comparación una piedra que pesa en tu mochila? Si es así, coge una de las piedras que recopilaste, ponle el nombre, colócala dentro y escribe en tu libreta tus reflexiones sobre ella. ¿Con qué frecuencia te descubres hablando de la vida de otras personas comparándolas contigo? Si eres alguien que se compara en términos de apariencia física, puedes gastar mucho tiempo preocupada por tu imagen, ¿es tu caso?

## 28
## IMPULSIVIDAD

La impulsividad es el enemigo de la elegancia.

Fred Astaire

Una persona impulsiva es aquella que actúa bajo sus emociones inmediatas, sin considerar las posibles consecuencias de sus actos, ni a corto ni a largo plazo. Reacciona de un modo rápido e inesperado, e incluso, en algunas ocasiones, desmedido, porque no es capaz de resistir el impulso.

¿Alguna vez has hecho algo sin pensarlo y te has arrepentido al cabo de cinco minutos? Este es un comportamiento característico de la impulsividad. En general, soy una persona bastante impulsiva. Es una piedra que llevo algunos años limando y, aunque he mejorado bastante gracias a un largo proceso de toma de conciencia, aún me queda camino por recorrer. La piedra ha pasado de grande a pequeña, pero aún no es del tamaño que yo deseo. Será porque soy muy exigente, je, je.

El caso es que, mientras escribo estas líneas, me viene a la mente mi época de universidad, en la que, cuando salíamos de fiesta y, quizá, tomaba alguna copa de más, mi impulsividad tomaba el mando y actuaba sin pensar; al día siguiente me arrepentía de muchas cosas que había hecho o dicho, lo cual me hacía sentir mal. Podemos tener comportamientos impulsivos de vez en cuando y no pasa nada; el problema surge cuando una persona tiende a tener estos comportamientos de manera frecuente.

Podemos encontrar muchos ejemplos en la vida cotidiana. Por ejemplo, una persona impulsiva que acaba de cobrar podría ir inmediatamente a gastar gran parte de ese dinero en compras no esenciales, sin tener en cuenta que tiene facturas por pagar o que necesita ahorrar para el futuro. O imagina que una persona recibe un *email* que considera injusto y responde inmediatamente, vomitando todo lo que siente, desde la emoción, con palabras duras e hirientes. O piensa cómo actuaría una persona impulsiva con sus amigos. Quizá cancelando planes en el último minuto porque surge algo que le interese más.

Seguro que estarás pensando que en tu vida diaria has tomado muchas veces decisiones rápidas cuando habría sido más sabio detenerse y pensar un poquito más. ¿Cuántas veces has comprado por impulso o has dicho cosas sin reflexionar ni un segundo? Lo que quiero que entiendas es que el comportamiento impulsivo puede tener efectos en todos los aspectos de tu vida, incluyendo tus relaciones, tu trabajo y tu salud, tanto física como mental. Seguro que te vienen a la cabeza algunas situaciones en las que has hablado más de la cuenta o alguien lo ha hecho por ti.

En mi ideal de vida soy una persona reflexiva que actúa con la calma y el tiempo necesarios para tomar decisiones coherentes basadas en mis valores. Soy una persona que reflexiona detenidamente antes de actuar, considerando las posibles consecuencias de mis actos. Y ¿en la tuya? ¿Quién eres tú?

Vivir en un mundo en el que parece que se nos incite a actuar rápido, a decidir ahora y a responder antes de reflexionar no es excusa para no trabajar en este aspecto. ¿Podrías detener un momento la lectura y pensar cuántas veces al día respondes a estímulos externos sin pensar en las consecuencias?

Fíjate en que un claro ejemplo es el de comer saludable. ¿Cuántas veces te has comido un bombón que no querías, has cambiado la verdura por un procesado o te has saltado el gimnasio para tomar una cerveza?

Personalmente, es una piedra con la que he tenido más trabajo que con otras porque me cuesta conectar con esta parte más *peligrosa*. La impulsividad me permite una espontaneidad natural que me gusta mucho. En mi día a día, los niveles de exigencia son tan elevados que permitirme disfrutar del momento y hacer lo que me plazca sin pensar en las consecuencias me encanta. Es algo que impulsa mi creatividad y me conecta con la pasión.

Por lo tanto, aunque hay ciertos aspectos de la impulsividad que pueden también resultarte beneficiosos, recuerda que, como en la mayoría de las piedras que estamos revisando, el equilibrio es la clave. Está claro que tanto la espontaneidad como la pasión pueden ser positivas, pero, cuando la impulsividad se descontrola, puede conducir a decisiones imprudentes y dañinas. Por lo tanto, aprender a controlar y dirigir tus impulsos puede permitirte aprovechar los aspectos positivos sin caer en sus trampas potencialmente perjudiciales.

En el extremo opuesto de la impulsividad está el autocontrol: la solución a nuestros problemas. Como ya señalaron filósofos como Epicteto, Marco Aurelio y Séneca, el autocontrol es la clave para reaccionar adecuadamente a las situaciones, concentrándonos en nuestras metas y desarrollando la autoconciencia. Cultivar el autocontrol, practicando la meditación y estableciendo metas claras, será una forma muy efectiva para mejorar la impulsividad.

Apoyándote en la sabiduría estoica, te animo a que desarrolles el autocontrol con el objetivo de transformar tus reacciones impulsivas en respuestas reflexionadas y centradas. Para ello, incluye en tu rutina diaria diez minutos de meditación. No hace falta que hagas nada, simplemente, observa tus pensamientos y emociones sin juzgarlos. Si te digo que este simple acto puede significar el inicio de un camino libre de sufrimiento, ¿te animarás a probarlo? La mayoría de las veces la mejor solución se esconde detrás del acto que parece más insignificante.

¿Es la impulsividad una piedra que pesa en tu mochila? Si es así, coge una de las piedras que recopilaste, ponle el nombre, colócala dentro y escribe en tu libreta tus reflexiones sobre ella. ¿Sueles tomar decisiones importantes sin tomarte el tiempo necesario para pensar en las consecuencias? ¿Tienes dificultades para controlar tus impulsos? ¿Te encuentras a menudo en situaciones en las que tus emociones toman el control y te llevan a decisiones impulsivas que luego lamentarás?

# 29
# CASTIGAR EMOCIONALMENTE

No hay nada más inhumano que un castigo inmerecido.

SÉNECA

No es lo mismo ser castigadora que convivir con una castigadora. Tanto si estás en un bando como en el otro, sigue leyendo, aunque debes saber que mi texto va dirigido a la castigadora, a aquella que castiga emocionalmente sin ningún motivo. Porque, como sabes, todas las piedras que propongo están enfocadas al autodescubrimiento y toma de conciencia de una misma. Tú puedes cambiarte a ti, pero no puedes cambiar al vecino.

Una castigadora emocional, un concepto que no estoy muy segura de que exista, es una persona que utiliza la manipulación emocional como herramienta para obtener control, ejercer dominio o sancionar a otras personas. Su modo de actuar se manifiesta de diversas formas, y las consecuencias de su comportamiento pueden ser profundas y duraderas.

Sabrás si eres una castigadora emocional si empleas la humillación o el ridículo para desacreditar a otros, por ejemplo. Entiendo que sea difícil de identificar y que se necesita un elevado grado de autocrítica para darse cuenta. En el ámbito personal, una castigadora emocional podría ser una pareja que usa tácticas de culpa y control para mantener a la otra persona en un estado constante de incertidumbre o miedo. Podría manifestarse a través de la crítica constante, el castigo del silencio o el aislamiento emocional. ¿Has retirado alguna vez el cariño a alguien cuando no ha actuado como querías?

Soy consciente de que el tema del castigo está muy arraigado en muchas estructuras de nuestra sociedad, como, por ejemplo, la religión. Muchas religiones han integrado el castigo como parte de su práctica para mantener el orden social, promoviendo el concepto de *justicia divina,* en el que las buenas acciones son recompensadas, mientras que las malas acciones son castigadas. Por no hablar de la idea de un castigo eterno y el concepto de *infierno.* Y puede que te parezca un poco exagerado lo que estoy diciendo o puede que no, todo está bien y no pasa nada, porque no es necesario que establezcas un juicio sobre esto.

No es de locos pensar que, inconscientemente y fruto de la educación que has recibido, tiendas a castigar a las personas porque es un rol que todas podemos adoptar, sin darnos cuenta. Quiero poner mucho énfasis en esto. Muchas veces creemos que las personas que adoptan estos roles pueden ser malvadas, cuando no es así; puede que, simplemente, se estén comportando como han aprendido a hacerlo. Si este es tu caso, no te abrumes, no pasa nada, lo importante es que te des cuenta y hagas algo para cambiarlo. Porque igual que la castigadora castiga a otros, también se castiga a sí misma.

Puede que, llegados a este punto, te estés preguntando: «¿Soy yo esta persona? ¿Puede que esté hiriendo sin querer a las personas que quiero? ¿Me estoy haciendo daño a mí misma?». Son preguntas tan incómodas como vitales. Vivimos en una sociedad donde las dinámicas de poder son cada vez más sutiles y las interacciones emocionales pueden ser complejas, por lo que es fácil caer en patrones de comportamiento destructivos sin darse cuenta.

¿Has prestado atención alguna vez al impacto de tus palabras en los demás? ¿Has notado si las personas de tu alrededor se alteran después de hablar contigo? ¿Existe la posibilidad de que uses tus palabras como armas, aunque sea sin querer? Es necesario que te hagas estas preguntas para poder reconocer y eliminar esta piedra.

Ser capaz de reconocer este patrón, puede ser algo increíblemente liberador. Piensa en las relaciones que podrían mejorar en tu entorno, en el dolor que podrías evitar y, sobre todo, en el bienestar que podrías lograr.

Sé que es muy ambicioso pensar que, si eres una persona castigadora, leerás este texto, te reconocerás y empezarás tu proceso de cambio, pero me gusta soñar con una sociedad llena de personas autocríticas que asumen la responsabilidad de su vida. La realidad es que he tenido alguna clienta que ha acudido a mí para trabajar las consecuencias de convivir con una persona castigadora, y ninguna que lo haya hecho por darse cuenta de que lo es. Y esto es algo muy normal porque es muy difícil identificar en uno mismo este tipo de comportamiento. No estamos programados así.

Pero si ves que alguien termina llorando por lo que le dices, quizá esta persona es sensible, puede que sí, y quizá se está tomando muy a pecho lo que le dices, puede ser. Y quizá bla, bla, bla, pero quizá puede ser que tú tengas algo que ver. Quizá, quizá, quizá, como dice la canción.

Las consecuencias de comportarse así pueden ser abrumadoras. Es posible que observes cómo personas que te importan se van alejando y va creciendo un muro de resentimiento difícil de derribar. A largo plazo es un comportamiento que puede conducir a la soledad, la desconexión y el arrepentimiento.

Si te identificas como castigadora emocional, te diría: «Recuerda que las palabras pueden ser puentes o barreras, y que tú eliges construir relaciones saludables». Si eres víctima de una persona castigadora, te diría: «Nunca olvides que mereces respeto y amabilidad; no permitas que nadie te haga sentir menos valioso de lo que realmente eres».

Por suerte, tienes la capacidad de cambiar. La transformación puede ser un viaje emocionante, lleno de aventuras y descubrimientos. ¿Estás dispuesta a dar este paso?

¿Es castigar emocionalmente una piedra que pesa en tu mochila? Si es así, coge una de las piedras que recopilaste, ponle el nombre, colócala dentro y escribe en tu libreta tus reflexiones sobre ella. ¿Te has sentido identificada con algo de lo que has leído en este capítulo? Piensa sobre ello y escribe.

# 30
# EXPRESAR TODO LO QUE PIENSAS

No digas nada que no mejore el silencio.

PROVERBIO ESPAÑOL

Una persona que expresa todo lo que piensa sin reflexionar previamente puede ser alguien que practica el *sincericidio,* un término que se usa para describir una sinceridad excesiva y sin límites que puede resultar hiriente para el receptor. Aunque es un término que se utiliza de forma humorística y no tiene nada que ver con ningún concepto psicológico, me gusta utilizarlo para transmitir la idea de que ser completamente sincera puede tener consecuencias negativas serias.

El hecho de que la sinceridad se considere una virtud fundamental para las relaciones saludables puede contribuir a que esta sea una piedra difícil de eliminar. Evidentemente, estoy de acuerdo contigo en que la sinceridad es un valor; sin embargo, tiene límites y estos tienen mucho que ver con el momento en que se cruza la línea y se llega a un nivel de franqueza que hiere los sentimientos de los demás.

En *La inutilidad del sufrimiento,*[1] María Jesús Álava Reyes argumenta que cuando asimilamos que decir todo lo que pensamos va unido a conceptos como *sinceridad, no-*

1. Madrid, La Esfera de los Libros, 2021.

*bleza, honestidad, transparencia,* cuesta entender y asumir que esa premisa no responde a la realidad.

¿Eres de estas personas que no tienen filtro entre su mente y su boca? Si es así, puede que seas víctima de perseguir una falsa autenticidad. Socialmente, existe un enfoque en el que ser sincero forma parte de ser auténtico. «Ser una misma», «decir la verdad» y «no tener pelos en la lengua» son mantras que se celebran y promueven. Y sí, para mí la honestidad también es esencial. Sin embargo, existe un delicado equilibrio entre ser sincero y dañar a los demás con nuestra franqueza.

Voy a contarte una historia. Había una vez un hombre que siempre decía lo que pensaba. Creía firmemente en la importancia de la verdad y no entendía por qué las personas se ofendían con sus palabras. Después de todo, siempre decía la verdad, por dura que fuera.

Un día se encontró con un sabio anciano que era conocido por su sabiduría y comprensión de las relaciones humanas. El hombre le contó al anciano su problema, esperando obtener un consejo que le ayudara a entender por qué las personas no apreciaban su sinceridad.

El anciano le pidió al hombre que le trajera una bolsa de plumas. Cuando el hombre regresó con las plumas, el anciano las tomó y las esparció al viento. Luego, le dijo al hombre que recogiera todas las plumas y las trajera de vuelta.

El hombre se frustró y le dijo al anciano que era imposible recoger todas las plumas, ya que el viento las había llevado muy lejos. El anciano asintió y le dijo: «De la misma manera, una vez que tus palabras salen de tu boca, no puedes controlar a dónde van ni cómo afectarán a las personas. Pueden ser llevadas muy lejos y causar un daño que no puedes reparar. Por eso, es importante pensar antes de hablar y considerar las consecuencias de nuestras palabras».

Esta parábola profundiza en el impacto que nuestras palabras pueden tener en los demás y en el mundo que nos rodea. Nos recuerda que siempre debemos ser conscientes de nuestras palabras, tratar de expresarnos de una manera que sea respetuosa y considerada con los sentimientos de los demás.

Dicho esto, ¿te has planteado cómo sería tu vida si dejaras de soltar tu opinión a troche y moche? Talane Miedaner propone algo tan sencillo como preguntar: «¿Quieres saber mi opinión respecto a esto?». Preguntar antes de decir lo que piensas o dar tu consejo es una práctica muy sana que todos podemos aplicar en nuestra vida.

Y si tienes que decir algo sí o sí, que crees que puede ser hiriente para la otra persona, la autora dice que lo importante no es endulzar lo que debas decir, sino darte los medios para decir exactamente lo que necesitas, de tal manera que la otra persona pueda escucharlo y comprenderlo sin que se creen problemas o malentendidos, algo que solo le entristecerá y no modificará su conducta.

Puede que te resulte difícil identificar cuándo hablar y cuándo no. Si es así, puedes aplicar el triple filtro de Sócrates:

1. Filtro de la verdad. ¿Estás absolutamente segura de que lo que vas a decir es cierto?
2. Filtro de la bondad. ¿Es algo bueno lo que vas a decir?
3. Filtro de la utilidad. ¿Será útil lo que vas a decir?

Muchas veces confundimos los términos de *sinceridad, opinión* y *verdad*. Te lo explicaré con un ejemplo para no liarte. Esta mañana mi hija se ha puesto una falda larga para ir al cole. Me ha dicho que le daba cosa por si alguien le decía que le quedaba mal, a lo que yo le he respondido: «Si te dicen eso, simplemente es su opinión, no es la verdad».

Hay veces en las que nos preguntan algo y respondemos con sinceridad, pero como si estuviésemos diciendo la verdad. No es lo mismo decir que una película es horrible que decir que no te gustó. No es lo mismo, y es muy importante que tengas esto claro. Venga, ¿dónde está esa libreta? Ve a por ella y escribe sobre la última vez que quizá fuiste demasiado sincera.

¿Es expresar todo lo que piensas una piedra que pesa en tu mochila? Si es así, coge una de las piedras que recopilaste, ponle el nombre, colócala dentro y escribe en tu libreta tus reflexiones sobre ella.

## 31
## RESISTENCIA AL CAMBIO

El verdadero enemigo del éxito no es el fracaso; de hecho, es la comodidad.

Michelle Poler

Seguramente, esta es una de las piedras con la que menos me identifico. De hecho, hay veces que siento un poco de envidia por aquellas personas que son capaces de hacer lo mismo cada día de su vida, sin cansarse ni aburrirse.

Pero ¿a qué me refiero con *resistencia al cambio*? Me refiero a esa tendencia natural a proteger el estado actual, es decir, a seguir haciendo lo mismo cada día de su vida en los diferentes ámbitos que la componen, ya sea el trabajo, las relaciones o los hábitos.

Es una resistencia que, a menudo, se basa en el miedo a lo desconocido o al fracaso, o en la comodidad de lo conocido, y puede afectar a la vida de una persona de varias formas, ya que puede estancarla tanto personal como profesionalmente. En lo profesional, por ejemplo, la persona puede perder oportunidades para crecer y desarrollarse, quedando atrapada en rutinas o situaciones que ya no la benefician o que limitan su potencial.

Se trata de una piedra que, indirectamente, puede llegar a causarte mucho sufrimiento porque, aunque tú no busques cambiar activamente, el cambio es una parte natural de la vida, por lo que resistirse a él puede generarte estrés cuando este sea inevitable.

La resistencia al cambio está estrechamente relacionada con la famosa *zona de confort,* un estado mental en el que la persona siente que tiene el control, está a gusto y sin estrés. Un lugar seguro y predecible en el que no pueden pasar muchas cosas emocionantes, o sí. Por lo general, permanecer en la zona de confort no es algo que favorezca el crecimiento personal o profesional.

Permanecer en la zona de confort puede proporcionarte una agradable sensación de seguridad, pero también puede impedirte que explores nuevas oportunidades y desafíos que pueden traerte muchas alegrías inesperadas. Es que, sinceramente, no creo que te aporte nada positivo. Es un tipo de adaptabilidad que no te beneficia en nada. Piensa que, en el mundo laboral, caracterizado por la rapidez de cambio y la innovación constante, la capacidad para adaptarse rápidamente a nuevas circunstancias y aprender nuevas habilidades es tremendamente valorada.

Además, también es beneficioso para tu salud mental. Puede aumentar la confianza en ti misma, tu autoestima y hacerte sentir mucho más libre. Y lo mejor de todo es que, dejando de lado que es una reacción humana muy normal, se puede trabajar fácilmente desde el *coaching,* la programación neurolingüística (PNL) o la hipnosis ericksoniana, de las que hablaré en profundidad más adelante.

Para saber si esta piedra te limita en la vida es necesario que observes tu comportamiento. ¿Eres de las personas que prefieren lo familiar y conocido o lo desconocido? ¿Sueles tener dificultades para adaptarte a nuevas situaciones o entornos?

Si te sientes identificada con esto, no te preocupes, no es nada grave, o sí. Depende de cómo te limite. Lo único que tienes que hacer es calibrar hasta qué punto es algo que condiciona —o no— tu vida. Los motivos por los que te pasa pueden ser variados, siendo el miedo a lo desconocido uno de los más comunes. Te sientes cómoda con lo que conoces porque lo nuevo requiere esfuerzo y adaptación, algo que puede ser estresante si no te gustan los cambios. Puede que te sientas sobrepasada por la magnitud del cambio propuesto. Este suele ser el caso cuando el cambio es impuesto desde el exterior, en lugar de ser un cambio que eliges voluntariamente. En estos casos, lo más acertado es aceptar el reto y buscar ayuda para superarlo con éxito, así de sencillo. A veces nos sentimos limitadas porque no tenemos los recursos necesarios de serie, y perdemos de vista que podemos pedir ayuda a profesionales, porque hay maneras de trabajar nuestras carencias para poder dar el paso que queremos.

Laura es una buena amiga que llevaba media vida en el mismo trabajo. Le gustaba, porque se sentía muy cómoda y pensaba que le iba muy bien para conciliar la vida familiar, pero también le resultaba cada vez más monótono. Llegó una oportunidad de ascenso, que requería ponerse las pilas, aprender nuevas habilidades y asumir más responsabilidades. A pesar de su deseo inicial de sumarse al desafío, al cabo de unos días empezó a echarse atrás. Como es normal, temía no estar a la altura, sentirse desbordada, no ser capaz de conciliar y fracasar en el nuevo puesto. Su zona de confort se convirtió en una barrera.

Me lo contó todo, realmente angustiada, un día que fuimos a cenar. A pesar de que quería ese puesto, sus miedos se apoderaron de ella y era incapaz de ver ninguna opción. Mientras fuimos hablando, empezó a relajarse y compartió conmigo sus verdaderos deseos. Le sugerí que buscara ayuda para superar esa situación y encontrar los recursos para afrontar el desafío. Así lo hizo y, aunque es verdad que le costó un poco adaptarse a todo, ahora está muy feliz con la decisión que tomó. ¿Qué habrías hecho tú en su lugar?

El cambio es una parte inevitable de la vida. Las oportunidades son trenes que pasan para los que no siempre estamos listos. Nuestra responsabilidad es encontrar lo que nos funcione para afrontar los desafíos que queremos conseguir. Venga, coge tu libreta y escribe sobre lo que acabas de leer. ¿Has dejado pasar alguna oportunidad por miedo?

¿Es la resistencia al cambio una piedra que pesa en tu mochila? Si es así, coge una de las piedras que recopilaste, ponle el nombre, colócala dentro y escribe en tu libreta tus reflexiones sobre ella. ¿Has evitado tomar decisiones o emprender nuevas oportunidades por miedo a lo desconocido o a que las cosas no salieran como esperabas?

## 32
## DARLE VUELTAS A UN HECHO QUE YA HA PASADO

> No podemos cambiar el pasado, pero podemos empezar una nueva historia ahora.
>
> HARUKI MURAKAMI

Este es un vicio con el que tengo que lidiar a menudo, aunque, por suerte, cada vez menos.

Si eres una persona, que constantemente repasa el pasado en su mente, sabrás que es un hábito que requiere una gran inversión de tiempo porque, a menudo, puedes quedar atrapada en ese ciclo interminable, por lo que seguramente tengas serias dificultades para concentrarte y estar en el presente.

Puede que estés en una reunión de trabajo y que tu mente esté en otro lugar, reviviendo una conversación o dándole vueltas a un hecho que ya ha pasado. O puede que estés cenando con amigos y, en lugar de disfrutar el momento, estés pensando en un error que cometiste hace semanas. O puede que estés llevando a tus hijos al colegio en coche mientras piensas en cómo sería tu vida si aquello que sucedió hace cinco años no hubiese sucedido.

Está claro que es natural y humano reflexionar sobre decisiones que hemos tomado en el pasado, e incluso me parece necesario un poco de autocrítica y repaso. Pero es importante entender que este ciclo interminable de pensamientos en torno a cosas que ya han sucedido y no pueden cambiarse es innecesario, no tienen ningún sentido y, finalmente, puede hacerte sufrir. Este tipo de pensamientos persistentes pueden afectar al trabajo, a las relaciones y al bienestar general.

Ahora bien, ¿alguna vez te has detenido a pensar en cómo sería tu vida si no estuvieras constantemente dando vueltas a las cosas? ¿Cómo sería tu vida si pudieses parar tu diálogo interno?

Cada vez que das vueltas a un hecho que ya ha pasado es como si estuvieras reescribiendo la historia en tu mente. Y cuando haces esto, puede que, sin darte cuenta, estés cambiando algo en el relato. ¿Tal vez añades elementos de culpa y autorreproche? ¿Quizá te pones a ti misma como responsable de las cosas que salieron mal? Pero ¿cuánto de eso es real y cuánto está creando tu mente?

En esta dinámica, es muy fácil que estos pensamientos se conviertan en arrepentimiento y, entonces, empiezas a entrar en un terreno más delicado. El arrepentimiento puede ser útil cuando te lleva a tomar medidas correctivas y a aprender de tus errores. Sin embargo, cuando es constante y consume tus pensamientos, deja de ser productivo y puede causar sufrimiento. ¿Has pensado en cuánto te está costando emocionalmente este arrepentimiento constante? ¿Estás aprendiendo de ello o, simplemente, estás sufriendo?

Detectar esta tendencia no es fácil, en gran medida porque sucede en tu diálogo interno, un espacio íntimo en el que tus ideas y pensamientos fluyen libremente y que no compartes con nadie. Es como un ruido de fondo que siempre está ahí, con el que estás familiarizada hasta tal punto que no te das cuenta de que sucede. Pero, si eres una persona que sufre, te animo a que intentes escuchar ese ruido de fondo.

Como siempre, el primer paso hacia la transformación es la detección del patrón. Para ello, voy a dejarte algunas indicaciones que pueden ayudarte a identificar si sufres de este mal. Por un lado, es posible que tengas síntomas físicos y emocionales. La ansiedad y el estrés provocados por dar vueltas a algo que no puedes cambiar pueden manifestarse en dolores de cabeza, problemas para dormir o cambios en tu apetito. O puede que, simplemente, no te sientas bien con tu vida.

Si eres una persona extrovertida, alguien de tu alrededor quizá se dé cuenta y te lo hace ver. Mientras que, si tienes un perfil más introvertido, puedes tener más dificultades para detectarlo; escribir un diario, por ejemplo, podría ayudarte a ello.

Las personas que no cargan con esta piedra son personas que consiguen estar más presentes en su vida diaria. Fíjate que todo el rato hablo de lo mismo: cultivar el presente. Son personas que, en lugar de estar atrapadas en pensamientos sobre lo que sucedió, están más enfocadas en lo que está sucediendo aquí y ahora. Pueden disfrutar más de las interacciones con los demás porque su atención no está dividida. En el trabajo, son más productivas porque están concentradas en la tarea en cuestión, en lugar de distraerse con recuerdos o arrepentimientos.

Por lo tanto, la clave está en encontrar un equilibrio: aprender a reflexionar sobre el pasado de una manera que te permita aprender y crecer, pero sin dejar que esos pensamientos te impidan vivir plenamente en el presente.

Te invito a reflexionar: ¿estás viviendo en el presente o estás atrapada en el pasado? ¿Cómo podrías utilizar tus reflexiones sobre el pasado de una manera que te beneficien en lugar de que te retengan? Y, finalmente, ¿qué cambios podrías hacer para estar más presente en tu vida diaria?

Es necesario entender que es totalmente imposible cambiar lo que ha pasado. No hay manera humana de volver al pasado y transformarlo. Pero lo que sí está en tus manos es cambiar lo que harás a partir de ahora, así que pon el foco en esto. No te arrepientas de nada porque en su momento lo hiciste lo mejor que pudiste con los recursos que tenías. Lo bueno se celebra y de lo malo se aprende.

¿Es dar vueltas a un hecho que ya ha pasado una piedra que pesa en tu mochila? Si es así, coge una de las piedras que recopilaste, ponle el nombre, colócala dentro y escribe en tu libreta tus reflexiones sobre ella. ¿Has notado si tus relaciones personales o tu calidad de vida se ven afectadas por tu tendencia a analizar en exceso el pasado?

## 33
## INDIGESTIÓN EMOCIONAL

Lo que te duele hoy te hace más fuerte mañana.

ROBERT M. HENSEL

Con *indigestión emocional* me refiero a aquellas situaciones que no digieres porque te sientes herida, como resultado de algún tipo de daño percibido, sea real, fruto del comportamiento que ha tenido alguien contigo, o imaginario, como resultado de la interpretación que has hecho de la realidad.

Puedes sentirte herida por un comentario o crítica de una persona que te importe, por una traición, por una discusión, por la falta de reconocimiento o por cualquier situación en la que sientas que tus necesidades emocionales no se cumplen.

Sentirse herida puede manifestarse de diferentes formas, dependiendo de la persona y de la situación. Algunas personas pueden sentir tristeza, ganas de llorar, desesperanza o desamparo. Otras pueden sentir enojo, resentimiento o amargura.

Es importante recalcar que estoy hablando de una reacción natural y humana a las experiencias dolorosas. Sin embargo, si estos sentimientos son intensos o duraderos, pueden llegar a ser perjudiciales para tu bienestar emocional y nuestra calidad de vida. Por eso, aprender a manejar y procesar estas emociones heridas es una parte crucial de mantener nuestra salud emocional y nuestro bienestar general.

¿Te has sentido alguna vez abrumada por tus propios sentimientos? ¿Alguna vez has experimentado una emoción tan intensa que parece imposible de manejar? ¿Has sentido una sensación de malestar emocional similar a una indigestión después de una comida pesada, sin que puedas tomar algo para aliviarla?

La mayoría de nosotras no sabemos digerir las emociones. Cuando sentimos una, queremos que ese estado incómodo desaparezca lo antes posible. Vivimos en un entorno regido por la fortaleza y la rapidez, en el que nos impulsan a seguir adelante, a mantenernos fuertes y a no permitir que las emociones entorpezcan nuestro camino. Pero ¿qué pasa cuando intentas ignorar estas sensaciones intensas?

Vivir con indigestión emocional puede ser agotador y desconcertante. Puedes sentir que no tienes ningún control sobre tu vida, que vives a merced de tus emociones y que eres como un barco a la deriva. Y en una sociedad que valora el control y la estabilidad es fácil pensar que algo anda mal contigo.

En este contexto, parece que vivimos atrapadas en una lucha constante por evitar el dolor y el sufrimiento; fíjate tú que incluso yo estoy escribiendo sobre ello. Queremos evitar las heridas en lugar de curarlas. La prueba de ello está en el aumento desmesurado del consumo de ansiolíticos y otros medicamentos para controlar el estrés y la ansiedad. La indigestión emocional es el resultado de la acumulación de emociones no procesadas que, en última instancia, pueden sobrepasar nuestra capacidad para manejarlas, llevándonos a buscar salidas rápidas y a menudo perjudiciales. Como diría Benjamín Prado: «Taparse los oídos no hace desaparecer los tambores». Todas las emociones, ya sean agradables o desagradables, tienen su propósito, aunque a veces no nos lo parezca.

Susan David, autora de *Agilidad emocional,*[1] argumenta que la agilidad emocional es la capacidad de ser flexible con nuestras emociones y enfrentarlas de manera saludable y productiva en lugar de ignorarlas, reprimirlas o quedar atrapados en ellas. Es decir, sería como aprender a digerir adecuadamente nuestras emociones. Igual que nuestro cuerpo digiere los alimentos, descomponiéndolos en partes más pequeñas y manejables, la agilidad emocional implica desglosar nuestras emociones, entendiendo qué las causa y cómo nos afectan. Si lo hacemos así, podremos manejarlas mejor y evitar esa sensación tan desagradable de estar tensas o abrumadas.

David sugiere que la clave para desarrollar la agilidad emocional es enfrentar nuestras emociones como una parte natural de la experiencia humana. Podemos aprender a identificarlas, a entender qué nos están diciendo y a res-

1. Málaga, Sirio, 2018.

ponder a ellas de una manera que nos sirva, en lugar de intentar evitarlas.

Por lo tanto, la agilidad emocional puede ser una cura para la indigestión emocional. Al aprender a ser más ágiles con nuestras emociones, podemos procesarlas de manera más efectiva y evitar la acumulación de emociones no procesadas que puede llevarnos a la sensación de estar abrumadas emocionalmente.

Acepta que las emociones, incluso las difíciles, son una parte natural y valiosa de tu experiencia. Están aquí para enseñarte algo, para indicarte aquello que es importante para ti. Una vez que las has aceptado, puedes empezar a explorar con curiosidad. ¿Qué hay detrás de lo que estás sintiendo? ¿Qué está desencadenando estas emociones? ¿Cómo te están afectando y qué puedes aprender de ellas? Recupera tu cuaderno y escribe. La escritura puede ser una herramienta muy poderosa en este proceso.

A modo de reflexión, me gustaría dejarte con un desafío: la próxima vez que experimentes una emoción intensa o dolorosa, te invito a hacer una pausa, respirar hondo y permitirte sentir. Explora la emoción y acepta que es parte de tu experiencia, y busca lo que puede enseñarte. No olvides que cada paso que tomes en este viaje es un paso hacia una vida más auténtica y libre de sufrimiento. ¿Estás lista para seguir?

¿Es la indigestión emocional una piedra que pesa en tu mochila? Si es así, coge una de las piedras que recopilaste, ponle el nombre, colócala dentro y escribe en tu libreta tus reflexiones sobre ella.

## 34
## VIVIR SIN PROPÓSITO

> Quien tiene un porqué para vivir puede soportar casi cualquier cómo.
>
> FRIEDRICH NIETZSCHE

A estas alturas, no estoy segura de que sea posible escribir un libro sobre crecimiento personal sin mencionar a Viktor Frankl. Precisamente es conocido por un tipo de terapia basada en la búsqueda de sentido en la vida. En su libro *El hombre en busca de sentido,*[1] sostiene que el propósito y el significado, más que el placer o el poder, son lo que realmente motiva a los seres humanos.

Como superviviente del Holocausto, Frankl argumenta que incluso en las circunstancias más difíciles y dolorosas podemos encontrar el sentido de la vida a través de tres caminos diferentes: realizando una obra o haciendo una acción, experimentando algo o encontrándose con alguien, y adoptando una actitud frente al sufrimiento que no puede evitarse.

Dice que la vida nunca se vuelve insoportable por las circunstancias, sino solo por falta de significado y propósito. Y esto, que te lo diga el *coach* de turno que ha crecido entre algodones, no tiene ningún significado, pero cuando

1. Barcelona, Herder, 2015.

viene de un superviviente del Holocausto, esta afirmación cobra un significado totalmente distinto.

Vivir sin propósito, según Frankl, conduce a un estado al que él llama «vacío existencial», caracterizado por el aburrimiento, la apatía y la falta de satisfacción en la vida. Mientras que, cuando las personas encuentran y persiguen su propósito, tienen un motivo y se vuelven más resilientes, más capaces de enfrentar los desafíos y dificultades de la vida con fuerza y determinación.

La verdad es que este es un tema muy recurrente entre mis clientas. Algunas vienen con un vacío al que no saben poner nombre, y otras vienen precisamente a trabajar esto. Tania, por ejemplo, fiel seguidora de mi *newsletter,* me escribió como respuesta a un correo en que reflexionaba precisamente sobre esto. Aunque ella no tenía ningún problema en concreto, ni sentía que tuviese una vida que admitiese queja alguna, mi texto le había resonado y decidió pedir una sesión conmigo.

Tania era profesora en una escuela. Si bien su trabajo no le ofrecía grandes riquezas o estatus, a ella le gustaba y lo realizaba con dedicación. Sin embargo, sentía que algo faltaba en su vida.

A lo largo del proceso de *coaching* que hicimos, descubrimos que Tania siempre había soñado con viajar y conocer nuevas culturas, algo que nunca se había atrevido a explorar. Pero, con el tiempo, este sueño incumplido creó en ella una sensación de vacío, una añoranza por algo que parecía estar siempre fuera de su alcance. Se dio cuenta de que la enseñanza, aunque era gratificante y le daba de comer, nada tenía que ver con su verdadero propósito.

Poco a poco fue reconociendo esta verdad, se permitió explorar su deseo insatisfecho de viajar y entendió que su verdadero propósito estaba ligado a la pasión por descubrir el mundo.

A partir de aquí tomó varias decisiones que ejecutó con total seguridad. Se tomó un año sabático para viajar, un paso que no fue nada fácil. Y, aunque implicó desafíos y sacrificios, fue muy liberador. Cuando regresó era otra persona. Se sentía totalmente conectada con ella misma y profundamente alineada con su verdadero propósito.

Finalmente, decidió combinar sus dos pasiones: la enseñanza y los viajes. Creó un blog donde compartía sus experiencias de viaje y sus aprendizajes y, más adelante, hacía formación *online*. Hay veces que nos asusta bucear en nuestros sueños porque pensamos que eso implicará un cambio de vida radical y nos da miedo. Pero no tiene por qué ser así.

Rick Warren, autor de *Una vida con propósito*,[1] tiene una charla TED en la que reflexiona sobre por qué su libro seguía vendiéndose a millones unos años después de haberlo publicado. Y, aunque de esto hace algunos años, estoy segura de que podemos llevarlo a nuestro terreno actual: el vacío espiritual es una enfermedad universal. En algún momento de la vida has puesto o pondrás tu cabeza en la almohada y pensarás: «La vida no puede ser solamente esto, tiene que haber mucho más».

Te levantas por la mañana, vas al trabajo, regresas a casa, miras Netflix, vas a dormir, te despiertas de nuevo por la mañana, vas a trabajar, regresas a casa, sigues con Netflix, sales el fin de semana y vuelta a empezar. Y a eso lo llamas vida. Pero esto no es vida, es simplemente existir o sobrevivir, llámalo como quieras.

1. Madrid, HarperCollins, 2020.

La diferencia entre una vida de supervivencia y una vida con sentido es comprender cuál es la razón de tu existencia. O lo que sería lo mismo, cuál es tu propósito en la vida. O, simplemente, qué es lo que te motiva. A mí, en estos momentos, me mueve escribir este libro. Estoy totalmente conectada y disfrutando al cien por cien, aunque reconozco que al principio me dio un poco de vértigo.

Como *coach,* mi desafío para ti es este: si estás bien, sigue así. Si no, sumérgete en la búsqueda de tu propósito, pues en esta búsqueda puede estar la puerta de salida del sufrimiento hacia una vida plena y significativa.

¿Es vivir sin propósito una piedra que pesa en tu mochila? Si es así, coge una de las piedras que recopilaste, ponle el nombre, colócala dentro y escribe en tu libreta tus reflexiones sobre ella. ¿Sientes que tu vida carece de dirección y de un sentido de significado profundo? ¿Tienes dificultades para identificar metas personales o profesionales que te entusiasmen o te inspiren?

## 35
## MALA GESTIÓN DE LA INCERTIDUMBRE

La incertidumbre es una margarita cuyos pétalos no se terminan jamás de deshojar.

MARIO VARGAS LLOSA

Caer presa en las garras de la incertidumbre es más asfixiante que quedar atrapado en un laberinto sin salida, en el que desaparece la ilusión de una salida porque las paredes se mueven constantemente y se van transformando según los pensamientos.

Es curioso observar cómo nuestra mente busca la seguridad y certeza desesperadamente en una vida dinámica, considerando seguro algo que tampoco lo es, como puede ser un trabajo, una relación, una rutina o incluso unas creencias. Nos aferramos a ello como si fueran anclas, pero incluso aquello que te parece lo más seguro del mundo puede cambiar o desaparecer en un instante. Y, aun así, siendo la incertidumbre una parte intrínseca de la vida, le tememos a lo grande.

A veces, lo que creemos que es seguro es, simplemente, lo conocido. Es más fácil aceptar la realidad que conocemos, por muy imperfecta que sea, que aventurarnos a lo desconocido. Por eso, solemos quedarnos eternamente en trabajos que no nos satisfacen, o mantenernos en relaciones que ya no nos hacen felices. Nos conformamos con lo conocido porque nos da la ilusión de seguridad. Pero la verdadera seguridad no se encuentra en lo externo, sino en nuestra capacidad de adaptación, resiliencia y crecimiento interno.

A menudo, va de la mano con las famosas palabras «¿y si...?». Dos pequeñas palabras que pueden dar lugar a infinitas posibilidades, pero que, generalmente, conllevan miedo y ansiedad. Aunque la idea es utilizarlas para posibles situaciones en el futuro, en la práctica generan dudas y un poco de agobio. ¿Y si me echan del trabajo? ¿Y si mi pareja me deja? ¿Y si le pasa algo a mi hijo? Y fíjate tú que el único «y si» que casi nadie se planteó, el de la pandemia, es el que sucedió.

¿Te has parado a pensar en cuántos de los «y si» que te planteas a diario llegan realmente a suceder? Sabemos de sobra que la gran mayoría de nuestras preocupaciones nunca llegan a ocurrir. Leí en un estudio hace tiempo que alrededor del 85 por ciento de las cosas que preocupaban a las personas nunca llegaban a producirse. Y de las que sí, casi el 80 por ciento de ellas descubrieron que podían manejar la situación mejor de lo que esperaban e incluso aprendieron de la experiencia.

Esto confirma que, a menudo, gastamos una gran cantidad de energía mental que podríamos invertir en otros temas. Por lo tanto, céntrate en aprender a lidiar con este pedrusco que tanto puede entorpecer tu camino.

Mientras escribo este texto me doy cuenta de que, por suerte, es una piedra que he limado bastante en los últimos años a base de mucho esfuerzo, la verdad. Recuerdo cuando vivía en París y tuve que lidiar durante meses con la idea de no saber dónde viviría a seis meses vista, lo pasé fatal. Fue una verdadera tortura porque soy una persona que quiere tenerlo todo siempre bajo control. Me pasó en ese momento y me ha pasado a menudo en los últimos años. Años de mucha incertidumbre y poca estabilidad, con lo que a mí me gusta sentirme segura. Sigo aprendiendo de todo lo que vivo.

Ahora, viéndolo en la distancia, me doy cuenta de que, en más de una ocasión, teniéndolo todo planificado al dedillo, ha sucedido algo que lo ha alterado complemente todo. Y siempre he salido adelante. Si no es mejor, peor. Si no he tardado poco, he tardado mucho. Pero siempre he salido de todo y aquí estoy, contándotelo. Sé de lo que hablo. Porque no saber gestionar la incertidumbre puede llegar a consumirte y a generarte ansiedad, baja autoestima y falta de confianza, problemas de relación y, en definitiva, falta de bienestar emocional y sufrimiento. Puede ser un infierno.

En realidad, la incertidumbre es una parte fundamental de la vida. Es el motor de la evolución y la innovación. Ya lo dice Maggie Jackson, que opina que es un regalo para el ser humano y que tenemos que aprender a utilizar sus beneficios.

Así que, ¿por qué temes tanto a la incertidumbre? Tal vez porque hace que te enfrentes a la verdadera naturaleza de la vida: el cambio constante. Te obliga a confrontar tus verdaderas inseguridades. Pero, si logras ver más allá de aquí, podrás liberarte de este sufrimiento que no te permite avanzar hacia donde quieres. Porque, al final del día, la *incertidumbre* no es más que otra palabra para *posibilidad*. Y es en este espacio de posibilidad donde se encuentra tu verdadero potencial.

La clave está en cambiar tu perspectiva y en cómo eliges enfrentarla. En lugar de verla como un obstáculo que te paraliza, puedes verla como un catalizador de cambio. Puedes hacerlo cambiando las preguntas que te haces. En lugar de preguntarte «¿y si fallo?», pregúntate «¿qué puedo aprender de esta experiencia?». Al abrazar la incertidumbre de esta manera, te abrirás a nuevas oportunidades y posibilidades que quizá no habrías considerado de otro modo.

Venga, recupera el cuaderno y reflexiona sobre ello. Para querer cambiar algo es necesario conectar con la posibilidad de una vida mejor. ¿Cómo crees que sería tu vida si pudieras ver la incertidumbre como una oportunidad?

¿Es la mala gestión de la incertidumbre una piedra que pesa en tu mochila? Si es así, coge una de las piedras que recopilaste, ponle el nombre, colócala dentro y escribe en tu libreta tus reflexiones sobre ella.

## 36
## NO SABER PERDONAR

El perdón es para ti porque te libera. Te permite salir de la prisión en la que estás.

LOUISE HAY

No saber perdonar es algo realmente complicado porque vives enfocada tanto en el pasado que puede nublar tu visión del presente y del futuro. Leí una frase de Nelson Mandela en la que decía que el rencor es como tomar veneno y esperar que mate a tus enemigos. No puedo estar más de acuerdo con él. A menudo, el no saber perdonar conduce al rencor.

Recuerdo lo impactada que me quedé el día que vi a Risto Mejide entrevistando a Irene Villa. Ella contaba cómo había sido capaz de perdonar a las personas responsables del atentado que le hizo perder las dos piernas y cómo su hermana no había sido capaz de hacerlo.

Esa entrevista cambió algo en mí. Siempre había sido un poco rencorosilla y, a pesar de que era algo que no me gustaba, me costó un tiempo cambiarlo. Reeducar la mente es un proceso que dura un tiempo, una no puede esperar ver transformaciones de vida de un día para el otro, por eso es importante tomárselo como un juego.

Vivir sin perdonar no tiene ningún sentido. Es como agarrar una brasa con las manos: el que se quema eres tú. Es estar amargado porque sí. Pero es verdad que, aunque en realidad no quieres vivir así y sabes que la solución está en ti, no eres capaz de hacerlo diferente y es más fácil seguir alimentando aquello que te hicieron que, simplemente, pasar página.

No perdonar se convierte en un sentimiento persistente de amargura debido a algo que ha sucedido en tu vida, sea real o imaginario. Cuando digo imaginario, quiero decir que puede ser fruto de una interpretación. Bueno, siempre será una interpretación de la realidad. El caso es que la incapacidad para olvidar las decepciones acaba por originar un sentimiento tan grande que puede hacer nacer un deseo de venganza o, incluso, de odio. Ya lo decía Gandhi: «Ojo por ojo y el mundo acabará ciego».

Por este motivo, aprender a perdonar es fundamental. Como te decía, mi relación con el perdón fue cambiando poco a poco. Aprendí algunas cosas definitivas en un curso que hice con Elva Abril que me gustaría compartir contigo. Lo primero que aprendí fue que el perdón no tenía nada que ver con el otro, sino que era sinónimo de cuidado hacia mí misma. Erróneamente, hasta ese momento yo lo asociaba con validar algo que me habían hecho, y desde esa óptica me resultaba complicado pasar página, lo que limitaba enormemente mi visión.

¿Qué pasaba? Que yo sentía que para perdonar tenía que validar lo que me habían hecho y, como resulta muy complicado hacerlo, me quedaba encallada. Estoy segura de que sabes perfectamente de lo que te hablo.

En esta línea, Elva decía que para soltar tenemos que comprender y, una vez que hayamos comprendido, podremos mirar la situación desde otra perspectiva. El perdón es la mejor solución al rencor. Al liberarte de los sentimientos negativos asociados a una situación del pasado, también liberas a los demás de cargar con la responsabilidad de tus heridas. Perdonar no significa olvidar lo que sucedió, ni justificar el comportamiento de alguien. Perdonar significa pasar página y seguir adelante, sin que nada te bloquee. Se trata de liberarte de la carga emocional que las experiencias pasadas han dejado en ti.

Al perdonar, sueltas las emociones dañinas asociadas a lo que pasó. No perdonas eso, simplemente sueltas las emociones que asociaste a ello fruto de tu interpretación subjetiva. Porque ¿qué pasa si no lo haces? Que puedes convertirte en verdugo.

Si no perdonas, te conviertes en víctima y, aunque no lo parezca, eso tiene algunos beneficios. Desde el papel de víctima «mira lo que me han hecho», no asumes la responsabilidad de tu vida, quieres confirmar tu herida a toda costa, imponer tu verdad y ahorrarte el trabajo que hay que hacer para pasar página. Pero, si quieres tener paz, tendrás que currártelo porque, aunque a tu cabeza le encanta no tener que hacer nada, esto no traerá serenidad a tu vida.

Reconoce tu resentimiento y vívelo sin reprimirlo, permítete sentirlo, pero da un paso más, aceptando que es normal y válido. La validación es imprescindible para poder comprender. Si la persona no te valida, valídate tú. Escucha cómo te has sentido. Luego, intenta entender por qué la otra persona actuó como lo hizo, pero poniéndote en su lugar, no desde el tuyo. Por ejemplo, suponiendo que alguien te haya mentido, ¿podrías asegurar que nunca has mentido a nadie, ni siquiera una mentirijilla? Entiende que la persona seguramente ha actuado desde sus miedos y que lo que te ha hecho tiene más que ver con ella que contigo. Seguramente no había mala intención. Activa la compasión.

Ahora, elige conscientemente perdonar. ¿Qué ritual podría ayudarte? ¿Una carta, por ejemplo? Piensa que, cuanto más tardes en perdonar, más vas a polarizarte. Si perdonas, te liberas. Finalmente, toma la experiencia como una oportunidad para el crecimiento personal. Recuerda que puedes elegir cómo te afectan las acciones de los demás. Decía Sartre que somos lo que hacemos con lo que hicieron de nosotros. ¡Qué gran frase compartió Elva!

Sé que no es fácil y que años de rencor no se borran de la noche a la mañana, pero no lo olvides: no hay nada positivo en el rencor. Perdonar es siempre para ti. Perdonar no exige decir nada a nadie, simplemente implica cambiar tu percepción. Libérate porque albergar resentimientos te mantiene atada a la gente y a situaciones del pasado.

¿Es el no saber perdonar una piedra que pesa en tu mochila? Si es así, coge una de las piedras que recopilaste, ponle el nombre, colócala dentro y escribe en tu libreta tus reflexiones sobre ella. ¿Has observado si guardas resentimiento hacia personas que te han lastimado en el pasado, incluso después de mucho tiempo?

## 37
## INDECISIÓN

> Los que pasan demasiado tiempo con la llegada pierden el viaje.
>
> PROVERBIO CHINO

¿Conoces la paradoja del burro de Buridán? Es un dilema filosófico que ilustra perfectamente la cuestión de la indecisión. Imagina un burro hambriento y sediento colocado exactamente entre dos montones: uno con comida y otro con agua, ambos igualmente distantes. Según la paradoja, si el burro no tiene razón para elegir uno sobre el otro, nunca tomará una decisión; en consecuencia, morirá de hambre y de sed, incapaz de decidir cuál de las dos necesidades satisfacer primero. Es algo que me ha sucedido muchas veces en mi vida profesional: ¿elijo el *coaching* o mi carrera en la comunicación y *marketing*? Fíjate que, aunque puede parecer que el burro no está tomando ninguna decisión, sí lo está haciendo: ha decidido quedarse exactamente donde está.

La indecisión es la causa más común del fracaso. En palabras de Benjamin Franklin, la peor decisión es la indecisión. No tomar decisiones te deja en un limbo emocional muy difícil de gestionar en el que no sucede nada interesante. Ya lo dice Tony Robbins: «Es preferible tomar una mala decisión que vivir con la indecisión permanente».

Tomas decisiones a diario. Desde que te levantas hasta que te acuestas. Incluso cuando no decides, estás tomando una decisión. Hay decisiones más sencillas y decisiones más complicadas. Hay personas a las que les cuesta tomar decisiones sencillas, como si prefieren té o café para desayunar, y, en cambio, no tienen ningún problema en tomar decisiones mucho más complicadas, como cambiar de trabajo o de vivienda. Cada una tenemos nuestra lucha personal y en algún momento nos cuesta tomar decisiones, por miedo a la responsabilidad o porque escoger implica renunciar a algo o por el motivo que sea.

Soy una persona que en decisiones del día a día procura ir a la idea. Soy bastante impulsiva, y eso se nota en mi manera de tomar decisiones. Me da mucha rabia, por ejemplo, quedarme sin entradas para un espectáculo por haber tardado en decidir, sin plazas en algún curso o sin mesa en un restaurante para cenar por haber dudado entre el sí y el no. Este tipo de decisiones más banales, podríamos decir, no me hacen perder mucho tiempo. Soy muy del «venga, sí o no». Los «sí, pero» me ponen un poco nerviosa. Tengo muy presente la frase de Mae West: «El último es siempre el que duda». Y a mí no me gusta ser la última en nada. En nada de nada.

Pero, en la vida, no todas las decisiones son tan sencillas como elegir un espectáculo o un restaurante para cenar. Hay decisiones que implican un riesgo, y eso hace que las vuelva mucho más complicadas.

La decisión más importante que postergué durante mucho tiempo fue, sin ninguna duda, la de separarme del padre de mi hija. En general, no me cuesta tomar decisiones. Decido y asumo. No le doy muchas vueltas. Pero aceptar que no era feliz, que mi vida iba a cambiar y que separarme podía afectar a mi hija fue algo que me robó el sueño durante muchísimos meses. Tenía mucho miedo de las consecuencias de mi decisión y me sentía muy culpable por no querer una vida que a ojos de otras parecía maravillosa.

En estas situaciones, el miedo puede llegar a paralizarte y alargar un proceso que no tiene ningún sentido, porque lo único que haces es alargar la agonía. La incertidumbre del «sí, pero no», del «¿quieres decir?», del «y si te arrepientes», o «y si la cagas», en fin, una liada. Pero, había algo en mi estómago que me decía que sí, que ese era el camino. En mi caso, la maternidad ha condicionado la mayoría de las decisiones que he tomado en mi vida.

Entender por qué nos cuesta tomar algunas decisiones es de vital importancia para conseguir cambiar algunos patrones. Estoy de acuerdo con Wayne Dyer cuando dice que tenemos la tendencia a dividir las cosas en categorías de bien y mal. Por lo tanto, la indecisión proviene de querer hacerlo bien. ¡Pues claro que queremos hacerlo bien! ¿Es que alguien quiere equivocarse? El tema es que al posponer la decisión evitamos la ansiedad que surge de sentir que podemos equivocarnos, pero aumenta la ansiedad de no ser capaces de tomar la decisión. Queremos acertar. No queremos cagarla y eso nos sitúa en una posición de vulnerabilidad muy elevada. La de veces que, hablando con mis clientas, teniendo clarísimo lo que quieren hacer y cómo hay que hacerlo, me dicen: «Ay, Anna, ¡es que no sé qué hacer!». Y yo les digo: «Pues claro que sabes lo que quieres hacer, ¡me lo acabas de decir!».

El miedo a equivocarnos nos hace perder la salud mental. Lo que produce agonía en tu vida es el proceso en el que tomas una decisión, no la decisión en sí. Es todo este tiempo de incertidumbre lo que te hace sufrir.

Queremos acertar, eso está claro. Pero ¿qué significa acertar? Métete en la cabeza que no hay decisiones correctas o incorrectas, simplemente, son decisiones que pueden traer cosas diferentes, ni mejores ni peores. Insisto: ni mejores ni peores, diferentes. Que tomar una decisión sea, simplemente, una cuestión de pensar cuáles son las consecuencias que prefieres en este momento de tu vida, las que conlleva la decisión 1 o las que conlleva la decisión 2. Fin de la historia. No lo alargues innecesariamente.

No temer las consecuencias, hacerte responsable, confiar en tu intuición y examinar las diferentes opciones son pasos indispensables en cualquier toma de decisión. Hazlo desde la calma y con seguridad, nunca tomes una decisión mientras estás triste o enfadada, ya que la puedes liar mucho.

Ya hace algún tiempo que tomo las decisiones desde el estómago. ¿Quieres saber cómo lo hago? Pues es bien sencillo. Primero cierro los ojos y me imagino la situación 1 con todo detalle. Prestando muchísima atención a todo y conectando con mi estado emocional. Hazlo y, cuando termines, escribe cómo te has sentido. A continuación, hago lo mismo con la situación 2. Sigue mi ejemplo y, al terminar, lee las dos opciones y mira con cuál te has sentido mejor. Esa será la decisión correcta porque tu cuerpo nunca falla.

¿Es la indecisión una piedra que pesa en tu mochila? Si es así, coge una de las piedras que recopilaste, ponle el nombre, colócala dentro y escribe en tu libreta tus reflexiones sobre ella.

# 38
# NO SABER DESCONECTAR

> Casi todo funcionará de nuevo si lo desconectas durante unos minutos.
>
> Anne Lamott

Imagina que hace un día soleado y estás en un bosque maravilloso, escuchando el suave susurro del viento y el canto de los pájaros. Es un entorno idílico del cual no puedes disfrutar porque estás enganchada al móvil, perdiéndote todo lo que pasa a tu alrededor. No saber desconectar no solo te priva de la oportunidad de disfrutar de los pequeños placeres de la vida, sino que también te aleja de ti misma.

No saber desconectar significa que estás constantemente conectada y disponible, ya sea para el trabajo, las redes sociales, las noticias, los *emails* y otras formas de comunicación y entretenimiento digital. Como dice Robert Poynton en *Pausa,*[1] nos estamos adaptando a las máquinas y nos regimos por sus mismos patrones: se juzga a las personas por lo rápido que responden, estar siempre disponible se convierte en algo imprescindible y estar ocupado está muy bien visto.

Esto puede llevar a una serie de problemas, como el agotamiento, la falta de concentración, la ansiedad y el estrés. Al

1. Barcelona, Ediciones Kōan, 2020.

estar siempre conectadas, raramente nos damos tiempo para relajarnos, reflexionar o, simplemente, disfrutar del momento presente.

A menudo, estamos tan inmersas en el mundo digital que olvidamos apreciar el mundo físico que nos rodea. No saber desconectar puede llevar a la pérdida de relaciones personales significativas, a la incapacidad para disfrutar de actividades que solíamos amar y a una desconexión general de nosotros mismos y de nuestras propias emociones y necesidades.

Pero, ojo, desconectar no significa solo apagar el móvil o cerrar el portátil. Es una decisión consciente: apártate un rato de todo ese ruido y vuelve a centrarte en ti. Es un respiro, un paréntesis que te ayuda a recargar pilas, a recuperar el foco y a disfrutar de la sencillez de cada momento. A continuación, vamos a ver cómo puedes aprender a desconectar, a encontrar un equilibrio y a saborear lo que te rodea.

Recuerdo el caso de Ivet. Ella, como muchas y muchos, vivía atrapada en el torbellino de la vida moderna, sin tener tiempo casi ni de respirar. Respondía correos electrónicos a altas horas de la noche, pasaba sus fines de semana trabajando en proyectos y rara vez se permitía un momento de tranquilidad sin el teléfono en la mano. Estaba agotada, ansiosa y sentía que no tenía control sobre su vida.

Ivet se dio cuenta de que no saber desconectar era una piedra que le estaba causando un sufrimiento innecesario. Juntas, trabajamos en estrategias para ayudarla a aliviar esa carga.

Lo primero que hicimos fue establecer límites claros. Ivet decidió que, después de las siete de la tarde, dejaría de responder correos electrónicos de trabajo y apagaría las notificaciones de su teléfono. Al principio, esto le provocaba algo de ansiedad, pero con el tiempo, se dio cuenta de que el mundo no se acababa si no respondía a un correo electrónico de inmediato.

También establecimos periodos regulares de «desconexión» durante el día. Por ejemplo, cada hora, Ivet se permitiría cinco minutos para levantarse, estirarse, tomar un poco de agua o, simplemente, mirar por la ventana. Al principio, estos descansos parecían una pérdida de tiempo, pero luego Ivet se dio cuenta de que, después de estos momentos de pausa, podía concentrarse mejor y era más productiva.

Además, decidimos que Ivet debía tener al menos un día a la semana sin trabajo, un día solo para ella. Podía pasar ese tiempo con amigos, leer un libro, ir a caminar al parque o, simplemente, no hacer nada en absoluto. Al principio, le resultaba difícil desconectar completamente, pero a medida que pasaba el tiempo, empezó a valorar esos momentos de paz y tranquilidad.

Al final, Ivet aprendió a valorar la importancia de desconectar. Descubrió que, al quitar esa piedra de su mochila, no solo reducía su estrés y ansiedad, sino que también tenía más energía, era más productiva y, en última instancia, era más feliz. Y todo esto porque aprendió a dar un paso atrás, a hacer una pausa, a desconectar y a darse permiso para simplemente «ser».

Cuando estamos constantemente conectadas, ya sea a través del trabajo, las redes sociales, consultando las noticias o cualquier otra cosa que capte nuestra atención en la pantalla, nos encontramos en un estado de alerta constante. Nuestro cerebro está siempre procesando información nueva, respondiendo a estímulos y, en muchos casos, preocupándose por cosas que están fuera de nuestro control.

Además, cuando no sabemos desconectar, a menudo nos perdemos los pequeños momentos de alegría y paz que ocurren en nuestro día a día. En lugar de disfrutar de una cena tranquila con la familia o de una puesta de sol, podemos estar demasiado ocupados revisando correos electrónicos o noticias. Esto puede llevar a una sensación de insatisfacción, como si la vida estuviera pasando y nosotros nos la estuviéramos perdiendo.

Por lo tanto, aprender a desconectar es una habilidad crucial para reducir el sufrimiento y mejorar nuestro bienestar general. Al darnos permiso para desconectar, podemos darle un respiro a nuestra mente, conectarnos con el momento presente y, en última instancia, reducir nuestro sufrimiento.

¿Es no saber desconectar una piedra que pesa en tu mochila? Si es así, coge una de las piedras que recopilaste, ponle el nombre, colócala dentro y escribe en tu libreta tus reflexiones sobre ella. Si te digo que dejes el móvil durante dos horas en una habitación, ¿cómo lo vives?

# 39
# COMPLICARSE LA VIDA SIN NECESIDAD

La vida es realmente simple, pero insistimos en hacerla complicada.

CONFUCIO

Imagina que estás frente a un gran armario lleno de ropa hasta el techo. Hay una mezcla de todo: pantalones, camisas, vestidos, chaquetas, sombreros y zapatos. Cada vez que abres la puerta, te sientes abrumada. No puedes encontrar lo que buscas, te cuesta decidir qué ponerte y, en vez de disfrutar del momento de la elección, te agobias. Este armario desordenado es una metáfora de lo que sucede cuando te complicas la vida sin necesidad.

A lo largo de mi carrera como *coach*, he trabajado con muchos clientes que se encuentran en esta situación. Han llenado sus vidas con tantas «cosas» —responsabilidades, tareas, preocupaciones, obligaciones— que han perdido de vista lo que es realmente importante. Han olvidado que la vida, igual que una buena receta, consiste en disfrutar cada ingrediente, cada momento, cada minuto.

Si te sientes identificada con este escenario, quiero que sepas que no estás sola. Todas nos complicamos la vida en algún momento. Pero también quiero que sepas que hay una manera de soltar esa piedra, de dejar de complicarte innecesariamente y empezar a vivir de una manera más sencilla y satisfactoria. ¿Lista para empezar?

Complicarse la vida sin necesidad significa hacer las cosas más difíciles de lo que deben ser, ya sea agregando capas innecesarias de complejidad, preocupándote excesivamente por cosas fuera de tu control, o sintiéndote abrumada con tareas y obligaciones que podrían ser delegadas, eliminadas o simplificadas.

Por otro lado, no saber simplificar es no ser capaz de reducir las cosas a su esencia, de deshacerse de lo superfluo o de concentrarse en lo que realmente importa. A menudo, nos apegamos a las «cosas» (físicas o mentales) por hábito, miedo o resistencia al cambio, incluso cuando estas cosas nos causan estrés, ansiedad y agotamiento.

Ambas situaciones pueden manifestarse de muchas formas en tu vida cotidiana. Puede ser que estés tratando de hacer malabares con demasiadas responsabilidades a la vez, que te preocupes constantemente por chorradas, o que te aferres a viejas creencias o patrones de comportamiento que ya no te sirven. Al final, todo esto solo sirve para añadir más ruido a tu vida, dificultando tu capacidad para centrarte en lo que es realmente importante y aumentando tu sufrimiento.

Imagina que tienes un amigo con el que quedas de vez en cuando. Una tarde, le envías un mensaje para preguntarle si quiere tomar un café, pero no responde. Pasan las horas y tu mente empieza a divagar. ¿Está enfadado contigo? ¿Ha ocurrido algo malo? ¿Has dicho o hecho algo que le haya molestado? En cuestión de minutos, has construido todo un escenario negativo en tu cabeza. Finalmente, tu amigo responde: su teléfono estaba sin batería y acaba de ver tu mensaje. Todo ese estrés y preocupación fueron innecesarios, y tú te has complicado la vida mentalmente sin necesidad.

Este es un ejemplo muy común de cómo tendemos a complicarnos la vida buscando problemas donde no los hay. Ahora, ¿qué podemos hacer para evitar que este patrón se convierta en una pesada piedra que nos lastre? Aquí te dejo algunas estrategias:

1. Aprende a vivir en el presente. Muchas veces, nuestra mente se desvía hacia el futuro, creando escenarios de «qué pasaría si...». Practica técnicas de *mindfulness* o meditación para ayudarte a mantener tu enfoque en el presente y no en posibles futuros negativos.
2. Practica el pensamiento positivo. En lugar de imaginar el peor escenario posible, intenta cambiar tu perspectiva y pensar de manera más positiva. Si tu amigo no responde a tu mensaje, por ejemplo, piensa en explicaciones positivas en lugar de asumir lo peor.
3. Habla de tus preocupaciones. Si te encuentras a ti misma preocupándote constantemente por problemas potenciales, puede ser útil hablar de ello con alguien. A veces, simplemente verbalizar tus miedos puede ayudarte a darte cuenta de que estás exagerando.
4. Desafía tus pensamientos. Si te encuentras a ti misma preocupándote por problemas inexistentes, desafía esos pensamientos. ¿Hay pruebas reales de que tu amigo está enfadado contigo, o es solo tu imaginación?
5. Practica la autocompasión. Recuerda, está bien cometer errores y no ser perfecto. Trata de no ser demasiado duro contigo mismo cuando te encuentres preocupándote por problemas inexistentes.

Con un poco de práctica y paciencia, puedes aprender a dejar de complicarte mentalmente y a disfrutar de una vida más tranquila y menos estresante. No permitas que la complicación innecesaria se convierta en la piedra que te impida avanzar. Reconoce que puedes simplificar tu vida, empezando por tu mente.

Ahora escribe en tu libreta: ¿qué pequeño paso puedes dar hoy para comenzar a simplificar tu vida y dejar de complicarla innecesariamente? ¿En qué área de tu vida sientes que te estás complicando sin necesidad?

¿Es complicarse la vida sin necesidad una piedra que pesa en tu mochila? Si es así, coge una de las piedras que recopilaste, ponle el nombre, colócala dentro y escribe en tu libreta tus reflexiones sobre ella.

## 40
## NO SABER PEDIR AYUDA

Solo cuando pedimos ayuda, descubrimos que no estamos solos.

JOYCE BROTHERS

Simon Sinek, autor de *Los líderes comen al final*[1] y *Empieza con el porqué*[2] habla frecuentemente sobre la importancia de pedir ayuda como una señal de fortaleza. Al contrario de lo que muchas veces pensamos, cuando somos capaces de admitir que necesitamos ayuda y pedirla, estamos demostrando una comprensión clara de nuestras propias habilidades y limitaciones. Aunque es verdad que Sinek habla en contextos de equipo y liderazgo, todo lo que dice es aplicable a cualquier entorno. Pedir ayuda es un acto de valentía y humildad.

Imagina que quieres mover un sofá enorme que tienes en el comedor. Por supuesto, podrías intentar levantarlo y moverlo tú sola, y tal vez incluso logres desplazarlo unos centímetros. Pero la lucha te deja agotada y, peor aún, puedes terminar lesionándote. Sin embargo, tu pareja está en la habitación de al lado. ¿Cómo sería pedirle ayuda y moverlo entre los dos?

No saber pedir ayuda es como un muro que te encierra. Puede parecer seguro y protegido en el interior, pero el precio que pagas es la desconexión de los demás y el agotamiento de tener que hacerlo todo por ti misma. A veces, este muro se construye a partir de creencias arraigadas sobre la independencia y la autosuficiencia. Otras veces, está hecho de miedo al rechazo o al juicio. Sin embargo, en cada caso, impide que los demás se acerquen a ti y que se formen conexiones significativas.

El problema con este muro es que te impide ver la realidad: que todos necesitamos ayuda de vez en cuando.

1. Madrid, Empresa Activa, 2015.
2. Madrid, Empresa Activa, 2018.

No importa lo fuertes o capaces que seamos, todas tenemos puntos ciegos, todas nos enfrentamos a retos que no podemos superar por nosotras mismas. Y eso está bien. De hecho, está más que bien: es humano.

Derribar este muro no siempre es fácil. Requiere coraje para mostrar nuestra vulnerabilidad, para admitir que no tenemos todas las respuestas, para pedir a los demás que nos ayuden en nuestro camino. Sin embargo, puedo asegurarte que el esfuerzo vale la pena. Porque al otro lado del muro encontrarás personas dispuestas a ayudarte, a apoyarte, a compartir la carga. Encontrarás la libertad que viene de no tener que hacerlo todo por ti misma. Y encontrarás una mayor conexión con los demás, una conexión basada en la autenticidad, la empatía y el amor mutuo.

A veces se nos inculca la idea de que debemos ser autosuficientes, de que pedir ayuda es una señal de debilidad o incapacidad. Pero este tipo de pensamiento solo nos lleva a un mayor estrés, agotamiento e incluso a potenciales daños.

Como seres humanos, estamos diseñados para la colaboración y la comunidad. Pedir ayuda no es un signo de debilidad, sino un reconocimiento de nuestra propia humanidad y una oportunidad para profundizar nuestras conexiones con los demás.

Silvia Bueso, formadora y *coach*, autora de *El arte de pedir*,[1] dice que pedir es la clave para hacer realidad tus propósitos, y que aquellos que entienden el pedir como

1. Sevilla, CulBuks, 2018.

una acción desvergonzada e incluso deshonesta fracasan en el intento y sienten incomodidad al pedir. En cambio, aquellos que saben que pedir solo tiene lugar una vez que han creado relaciones con sentido, han detectado los puntos ganadores, han revelado intereses compartidos y han cocreado soluciones de beneficio mutuo; piden sintiéndose bien consigo mismos y, además, consiguen lo que se proponen.

Hay que entender que pedir es un acto bidireccional, en el que ambas partes suman desde una motivación compartida, y crean una solución única que satisface a ambas partes a través de un diálogo abierto, la escucha activa y la confianza. Visto así, la clave está en dos puntos: en atreverse a pedir y en hacerlo correctamente.

Aprender a pedir ayuda de manera efectiva es un arte que se cultiva con la práctica y la autocompasión. El primer paso es el reconocimiento interno, es decir, admitir que necesitas ayuda y que está bien no poder manejar todo solo. El segundo paso es identificar a quién puedes pedirla. Puede ser un amigo, un familiar, un *coach* o incluso un compañero de trabajo. Es vital elegir a alguien en quien confíes y que sepas que tiene la capacidad o recursos para proporcionar la ayuda que necesitas.

Pero ¿cómo puedes pedir ayuda efectivamente? La claridad es esencial. Sé claro y específico acerca de lo que necesitas para que la persona pueda entender rápidamente aquello que precisas. Y, por último, no te olvides de la gratitud. Agradecer a alguien por su tiempo y esfuerzo refuerza la conexión positiva entre los dos y alivia cualquier tensión que pueda surgir al pedir ayuda.

Para este proceso es fundamental ver la vulnerabilidad como una fuerza. Permitirte ser vulnerable y abrirte a los demás puede ser un acto liberador. A través de la vulnerabilidad puedes construir conexiones más profundas y significativas con los demás, a la vez que te liberas del peso innecesario que llevas cuando tratas de hacerlo todo sola.

> Ahora es tu turno: identifica una situación en tu vida en la que necesitas ayuda, encuentra a la persona adecuada y reflexiona: ¿cuál es el primer paso que podrías dar?
>
> ¿Es no saber pedir ayuda una piedra que pesa en tu mochila? Si es así, coge una de las piedras que recopilaste, ponle el nombre, colócala dentro y escribe en tu libreta tus reflexiones sobre ella.

## 41
## NO SABER PONER LÍMITES

> La diferencia entre las personas exitosas y las realmente exitosas es que las personas realmente exitosas le dicen no a casi todo.
>
> WARREN BUFFET

No saber decir «no» ni poner límites es como ser un barco en alta mar sin ancla ni timón. Sí, puedes ir adonde quiera que te lleven las corrientes y el viento, pero no tendrás ningún control sobre tu destino. Sin ancla, no tienes manera de detenerte, de tomar un respiro, y te dejarás llevar por las demandas de los demás. Sin timón, no tienes la capacidad de dirigir tu propia vida ni de hacer elecciones basadas en lo que es importante para ti.

Detrás de no poner límites puede que haya un profundo deseo de agradar a los demás, de sentirse querida y, en definitiva, aceptada. Y, aunque estas aspiraciones sean universales, comprensibles y totalmente humanas, cuando no las equilibramos con nuestras propias necesidades y deseos, pueden convertirse en un problema.

A lo largo de este apartado quiero explorar la importancia de aprender a decir «no» y de poner límites para liberarte del agotamiento y la insatisfacción que significa no hacerlo. Pero, antes de sumergirnos en el cómo, es importante entender por qué. ¿Por qué te cuesta tanto decir que no? ¿Por qué te resistes a poner límites? Comprender esto es el primer paso para poder liberarte de esta piedra.

Puede que hayas crecido en un entorno en el que se satisfacían las necesidades de los demás antes que las tuyas. O puede que tengas miedo al rechazo que podría producirse si empiezas a poner límites. O quizá no sabes ni por dónde empezar. Tenemos muchas creencias erróneas sobre decir «no» fruto de la educación que hemos recibido. No obstante, decir «no», es un acto de autoafirmación y amor propio. Un reconocimiento de tus valores, necesidades y deseos. Una manera de respetarte a ti misma y de enseñar a los demás cómo respetarte.

Del mismo modo, poner límites no es ser egoísta ni excluyente. Los límites son simplemente declaraciones claras de lo que está bien para ti y lo que no. Son guías que ayudan a los demás a entender cómo interactuar contigo de una manera que sea respetuosa y cuidadosa con tu bienestar emocional.

Por lo tanto, la incapacidad para decir «no» y poner límites no solo puede llevarte a sentirte abrumada, insatisfecha y agotada, sino que también puede afectar a tu autoestima. Es como cargar un peso que te impide moverte libremente y disfrutar de tu viaje. Pero la buena noticia es que puedes aprender a soltar esa piedra y a navegar tu vida con mayor libertad y autenticidad.

Empezar a poner límites, si nunca te has atrevido a hacerlo, no es fácil. El primer paso es tomar conciencia de tus propios deseos y necesidades. Esto puede requerir un poco de introspección y honestidad contigo misma. Puedes hacerte preguntas del tipo: «¿Qué necesito y deseo realmente? ¿Cuándo me siento más viva y realizada? ¿Qué situaciones me agotan o me hacen sentir vacía?».

Una vez que tengas una mejor comprensión de tus propios límites, puedes empezar a practicar la comunicación de estos a los demás. Puedes comenzar con pequeñas afirmaciones y peticiones. Por ejemplo, podrías decir: «Me siento agotada después de trabajar todo el día, necesito un poco de tiempo para mí misma antes de interactuar con los demás». O quizá: «Me encanta ayudarte, pero tengo mi propia carga de trabajo con la que lidiar. ¿Podríamos encontrar otra solución?».

La clave está en expresar tus límites de manera clara, respetuosa y firme. Y recuerda, querer poner límites es completamente normal y saludable, no saber ponerlos es lo que puede convertirse en un problema real. Si no pones límites, puedes terminar viviendo una vida que no sientas como tuya y puede llevarte a una insatisfacción crónica y a un profundo sentimiento de desconexión contigo misma.

Además, puede que te sientas exhausta. Sin poner límites puede que vivas intentando cumplir con todas las demandas y expectativas de los demás, actuando a costa de tus propias necesidades y bienestar. Cuando te encuentras constantemente cediendo a las demandas de los demás, puedes empezar a acumular resentimiento y frustración hacia ellos. Y puede que, incluso, te empiecen a percibir como alguien a quien exigir, o den por sentado que harás las cosas de una determinada manera.

Por suerte, tienes la capacidad de cambiar esto. Imagina cómo sería una vida con límites saludables. Un mundo donde tus días no estén dominados por el agotamiento y el resentimiento, sino por la satisfacción y el equilibrio. Un lugar donde te sientas respetada y valorada, no solo por lo que haces por los demás, sino por quién eres. ¿Cómo sería viajar siendo la capitana de tu propio barco, decidida y segura, navegando por las aguas de la vida con libertad? Esa es la vida que puedes empezar a construir hoy.

Decir «no» es realmente un «sí» a lo que verdaderamente importa. Te desafío a decir «no» una vez al día durante la próxima semana a algo que no te beneficie. Cada «no» es un paso hacia tu bienestar. ¿Estás lista para abrazar tu poder y vivir una vida más auténtica?

¿Es no saber poner límites una piedra que pesa en tu mochila? Si es así, coge una de las piedras que recopilaste, ponle el nombre, colócala dentro y escribe en tu libreta tus reflexiones sobre ella. ¿Tienes dificultades para decir «no»?

# 42
# NO SABER IDENTIFICAR TUS NECESIDADES Y DESEOS

> La clave para la satisfacción es conocer tus propias necesidades y deseos, y luego tener el valor de buscarlos.
>
> OPRAH WINFREY

No saber identificar tus necesidades y deseos significa que no eres consciente de lo que realmente necesitas o quieres en la vida. ¿Por qué es tan importante identificar las necesidades? Porque si no las conoces, no podrás satisfacerlas, y eso puede traducirse en un estado de ánimo irritable y un vacío extremo.

Me atrevería a decir que el 99 por ciento de mis clientes han acudido a mí sin tener identificadas sus necesidades primarias. Algo totalmente normal ya que no acuden a mí por ese motivo. Vienen porque no se sienten bien, porque están de mal humor, porque no son felices o porque se encuentran desanimadas. Y, a lo largo de las sesiones, descubren que detrás de esa insatisfacción hay, la mayoría de las veces, necesidades no satisfechas.

Con esta piedra, la de no saber identificar tus necesidades y deseos, te darás cuenta de que sufres porque quieres y de que dejar de hacerlo está en tus manos. Estas necesidades existen, y saber identificarlas será el primer paso hacia tu libertad individual. Piénsalo: ¿crees que tienes identificadas tus necesidades? Y fíjate que te pregunto si lo crees, porque no es lo mismo creer que las tienes identificadas que tenerlas realmente identificadas.

En *Coaching para el éxito,* Talane Miedaner dice que existen cientos de necesidades. Algunas de las más comunes son: ser querido, reconocido, adorado, cuidado, aceptado, valorado, controlar, mandar, dirigir, comunicarse, ser escuchado, estar cómodo, sentirse protegido, ser libre, independiente, autosuficiente, o quizá necesites sinceridad, lealtad, coherencia, silencio, equilibrio, y muchísimas más. Como puedes ver, son infinitas.

¿Te has sentido identificada con alguna de ellas? Si no es así, prueba a hacerte algunas preguntas: ¿en qué situaciones sientes malhumor o estás irritable? ¿Es cuando dices «sí» a lo que querías decir «no»? ¿Cuándo no te sientes escuchada? ¿Cuándo alguien se aprovecha de ti? Mira al otro lado de la situación y sabrás cuál es la necesidad no cubierta.

Marta, aunque parecía tenerlo todo, sentía un inmenso vacío. Además, se culpaba por tener estos sentimientos, porque creía que no era capaz de valorar todo lo que tenía, que, objetivamente, le parecía mucho. En las sesiones se dio cuenta de que estaba buscando constantemente la aprobación y el reconocimiento de sus compañeros de trabajo porque su necesidad de reconocimiento no estaba satisfecha.

Raquel siempre había sido una persona sociable, disfrutaba estando rodeada de amigos y familiares. Sin embargo, a pesar de estar rodeada de personas, se sentía profundamente sola. Raquel tenía una fuerte necesidad de conexión emocional que no se estaba satisfaciendo. Aunque estaba rodeada de personas, no se sentía emocionalmente conectada con ellas, lo que la hacía sentirse aislada y sola.

Sonia, por su parte, era una madre dedicada que siempre ponía las necesidades de su familia por delante de las suyas. Sin embargo, comenzó a sentirse frustrada y resentida porque su necesidad de autonomía no estaba siendo satisfecha. Sonia sentía que había perdido el control de su vida y que estaba atrapada en su rol de cuidadora, sin espacio para ella misma.

¿Qué tienen en común todas estas mujeres? A primera vista, podría parecer que sus necesidades y circunstancias son distintas. Sin embargo, todas ellas comparten un aspecto fundamental: la falta de satisfacción en una o más áreas de sus vidas debido a necesidades no satisfechas. Ya sea por la necesidad de reconocimiento, conexión, autonomía, crecimiento personal o seguridad, todas estas mujeres experimentan una sensación de insatisfacción. Pero lo más importante es que todas tienen el poder de cambiar su situación y encontrar formas de satisfacer esas necesidades, y ahí es donde entra en juego el *coaching*. A través del trabajo conjunto, pueden explorar y abordar estas necesidades subyacentes, construyendo una vida más plena en la que estas sean reconocidas, valoradas y satisfechas.

Pero, ojo, no se pueden confundir necesidades con deseos. Las necesidades son elementos esenciales para nuestra supervivencia y bienestar. Son aspectos fundamentales que requieren ser satisfechos para que podamos funcionar. Mientras que los deseos son anhelos que van más allá de nuestras necesidades. Son cosas que queremos tener, pero no son esenciales. Es importante distinguir entre necesidades y deseos para tener una comprensión clara de nuestras prioridades y enfoque en la vida.

Mientras que satisfacer nuestras necesidades básicas es fundamental, también es válido tener deseos y aspiraciones personales. Al entender la diferencia, podremos tomar decisiones más conscientes y equilibradas, asegurándonos de satisfacer nuestras necesidades esenciales sin dejarnos llevar en exceso por los deseos superficiales. En palabras de Simon Sinek: «Debemos conocer la diferencia entre lo que nos satisface momentáneamente y lo que cumple nuestras necesidades fundamentales».

¿Es el no saber identificar necesidades y deseos una piedra que pesa en tu mochila? Si es así, coge una de las piedras que recopilaste, ponle el nombre, colócala dentro y escribe en tu libreta tus reflexiones sobre ella. ¿Cómo podrías empezar a poner conciencia sobre ello?

## 43
## QUERER CAMBIAR A LOS DEMÁS

No puedes cambiar a las personas, solo puedes cambiar tus reacciones hacia ellas.

JOYCE MEYER

Querer cambiar a los demás es el error más grande que un ser humano puede cometer. Es algo que casi todo el mundo sabe y en lo que casi todo el mundo tropieza continuamente.

Voy a contarte el caso de Sofía. Sofía era una buena amiga que estaba casada con Marcos, un hombre apasionado por la música que pasaba gran parte de su tiempo libre tocando la guitarra y escribiendo canciones, algo que a Sofía no le gustaba del todo y pensó que ya cambiaría más adelante. Con el tiempo, llegó el momento en el que Sofía quiso que Marcos redujese el tiempo dedicado a la música para pasar más tiempo juntos, algo en lo que Marcos no quería ceder. Se peleaban constantemente y eso causó un gran deterioro en la relación.

Sofía creía que, si Marcos cambiaba su comportamiento, su relación mejoraría, sin darse cuenta de que, al tratar de cambiar a Marcos, estaba negando una parte esencial de quien él era. El amor por la música formaba parte de su identidad y era una fuente de felicidad. Y en este caso, hablo de un comportamiento, pero ¿qué pasa cuándo queremos cambiar la personalidad del otro?

A menudo, el deseo de cambiar a los demás surge de nuestras propias inseguridades y miedos. En lugar de mirar hacia dentro y trabajar en nosotras mismas, buscamos cambiar a los demás para que se adapten a nuestras expectativas. Hacerlo así es el mayor error del mundo, porque esto solamente genera tensión y conflicto, ya que cada uno tiene su propia identidad y debe ser respetada.

Por suerte, con el tiempo, Sofía fue cambiando el chip y se dio cuenta de que su deseo de cambiar a Marcos estaba causando más daño que otra cosa, por lo que aprendió a apreciar su pasión por la música y encontró formas de incorporarla en su vida juntos, en lugar de verla como una amenaza a su relación.

A final, Sofía aprendió que en lo único que podía incidir era en cambiarse a sí misma. ¿Qué sentido tiene poner toda tu energía en que otro cambie algo que, encima, no quiere cambiar? Esto te parecerá exagerado, pero la mayoría de las veces es así.

Es imprescindible aceptar a todo el mundo tal y como es sin esperar que sean como queremos. Si nos enfocamos en cambiar a los demás, estamos evadiendo la responsabilidad de cambiar nosotros mismos.

Querer cambiar a todo el mundo trae consecuencias significativas tanto para ti como para tu entorno. Para ti, puede significar estrés y frustración. Es un enfoque agotador, ya que la única persona a la que realmente tienes el poder de cambiar es a ti misma. Esto puede convertirse en un ciclo constante de frustración y sufrimiento porque es un deseo que raramente podrás alcanzar.

Además, querer cambiar a todo el mundo puede crear un ambiente tóxico en tu entorno. Puedes ser vista como una persona controladora, manipuladora o rígida, lo cual seguro que afectará a tus relaciones con los demás. Las personas pueden empezar a alejarse de ti porque se sienten juzgadas o incomprendidas, lo cual puede llevarte hacia una desconexión con los demás e incrementar tu sensación de frustración y soledad.

Recuerda que al embarcarte en la misión de cambiar a los demás puedes estar proyectando tus propias inseguridades y deseos no cumplidos. Tal vez no te sientas satisfecha con tu vida y, en lugar de mirar hacia adentro, desvías la mirada hacia afuera. Un clásico.

Reflexiona por un momento. En lugar de ver a las personas como seres que necesitan ser modificados, ¿qué pasaría si las vieras como seres humanos, con sus cosas buenas y malas, cada uno con su propia lucha, sueños por cumplir y heridas que han ido acumulando durante la vida? De este manera, abres la puerta a la empatía y el entendimiento. Del mismo modo, te das permiso para aceptarte también a ti misma, siendo auténtica.

Como *coach,* he tenido el privilegio de ver cómo las personas se transforman cuando cambian el foco y deciden liberarse de las cadenas que las oprimen, asumiendo la responsabilidad de su vida. Yo misma lo he experimentado en mi propia vida.

Durante la próxima semana, comprométete a prestar atención a tus pensamientos y acciones. Cada vez que te encuentres con el deseo de cambiar a alguien, haz una pausa. Detente en ese momento y reflexiona: ¿por qué sientes la necesidad de cambiar a esa persona? Convierte este ejercicio en un diario de autorreflexión. Anota cada vez que tengas el impulso de cambiar a alguien, y luego escribe por qué crees que tuviste ese impulso. Al reconocer estos patrones, puedes comenzar a dirigir tu enfoque hacia ti misma.

Recuerda, la verdadera transformación proviene siempre de mirar hacia adentro y hacer el trabajo necesario para crecer y evolucionar.

El mundo a nuestro alrededor es un reflejo de nuestro mundo interior. Al cambiar nuestra perspectiva y liberar la necesidad de cambiar a los demás, nos permitimos vivir con más libertad, compasión, comprensión y libres de sufrimiento.

¿Es el querer cambiar a los demás una piedra que pesa en tu mochila? Si es así, coge una de las piedras que recopilaste, ponle el nombre, colócala dentro y escribe en tu libreta tus reflexiones sobre ella. ¿Con qué frecuencia te observas diciendo a alguien que quieres que haga las cosas de un modo diferente?

## 44
## DESORDEN

El buen orden es la base de todas las cosas.

EDMUND BURKE

El desorden puede manifestarse en varios aspectos de tu vida: físico, mental y social. En lo físico, nos referimos a la acumulación y mala organización de objetos. Mentalmente, el desorden se refleja en pensamientos y emociones desordenados, que pueden traducirse en una falta de concentración, estrés y ansiedad.

A pesar de que aparentemente podría ser una piedra fácil de identificar, no solemos reconocerla hasta que nos encontramos en un caos tremendo. De hecho, podríamos decir que esta piedra es la reina del camuflaje, ya que desvía nuestra atención hacia los síntomas: frustración, procrastinación y estrés, mientras permanece oculta en las sombras.

Imagínate en una habitación llena de montones de papeles, con objetos perdidos en el tiempo y el espacio, con un desorden tan extremo que no sabes por dónde empezar a limpiar. Ahora, traslada esa imagen a tu mente: pensamientos desorganizados, bucle interno, emociones abrumadoras, objetivos sin sentido, etcétera, todo ello creando un desorden mental que te aleja de tu equilibrio y bienestar. Ambas situaciones pueden resultar igual de estresantes, y probablemente tu entorno sea fruto de lo que hay en tu mente.

El desorden no es solo una acumulación física; se arraiga en nuestros pensamientos, nuestras rutinas y nuestras relaciones. En términos claros, te roba tu valioso tiempo, tu energía e incluso tu tranquilidad.

Entonces ¿cómo deshacemos este enredo? ¿Cómo eliminamos la piedra del desorden de nuestra vida? La clave está en reconocer, en primer lugar, que la organización no es solo una cuestión de limpieza, sino de mentalidad. Y que, como todas las piedras en este camino hacia la liberación, no es una tarea de un día. Se necesita compromiso y un cambio consciente en tus hábitos y comportamientos.

El desorden, en todas sus formas, puede hacer que nos sintamos abrumados y fuera de control. Puede afectar a nuestra autoestima, ya que la incapacidad para manejar nuestro entorno puede hacer que nos sintamos incompetentes o inadecuadas. Sin embargo, esta piedra, aunque pesada, no es insuperable. De hecho, puede ser una oportunidad para que te acerques a tu auténtico yo, y desarrolles habilidades y estrategias que no solo te ayuden a gestionar el desorden, sino que te permitan florecer.

Hasta ahora, hemos hablado sobre el desorden en términos generales. Pero ¿qué significa para ti? Te invito a que te tomes un momento para reflexionar. Piensa en las áreas de tu vida en las que sientes desorden. ¿Cómo se manifiesta? ¿Cómo afecta a tu bienestar y a tu capacidad para alcanzar tus metas? Esta reflexión es el primer paso para entender cómo esta piedra te está afectando personalmente, y para comenzar el camino hacia un mayor orden y una mayor armonía en tu vida.

Hace algún tiempo acudí a un profesional porque hacía años que padecía insomnio. Más de diez años sin dormir más de tres o cuatro horas seguidas. La verdad es que, a pesar de que era una agonía, estaba bastante acostumbrada a ello. Hasta que mi pareja, que dormía como un lirón, me hizo ver que «lo mío» *no era normal*. Así que visité al doctor Albares con el objetivo de solucionar mis problemas, pensando que sería un proceso largo y duro. El doctor me puso una pulserita durante una semana y me dio cita con Isaac Palomares, el psicólogo responsable de acompañarme en el proceso. Al cabo de unos días, me dijo que no tenía ningún problema, que lo mío era caos y que tenía *jet lag* social. La verdad es que, mientras escuchaba con atención todo aquello que me decía, no dejaba de alucinar. Tenía razón en todo: mi vida era un caos de horarios. Entre los dos marcaron unas pautas que seguí al dedillo, y en nada empecé a dormir del tirón. ¿Te lo puedes creer? Cada vez que lo recuerdo, se me ponen los pelos de punta. Más de diez años durmiendo mal *porque sí*.

Lo mismo pasa con otros aspectos de la vida. Sin lugar a dudas, el orden es una parte fundamental de la solución al desorden. Pienso en todas aquellas personas que van a lo loco diciendo que no tienen tiempo, que llegan tarde y que la vida no les da para más. Yo siempre digo lo mismo, que tiempo todos tenemos el mismo; pero que el modo de organizarse ya depende de cada uno, y saber hacerlo es la clave del éxito.

El orden va más allá de limpiar un espacio y organizar un entorno. Implica una organización mental, emocional y social. Significa establecer prioridades claras, establecer y mantener límites saludables, y gestionar tus obligaciones de una manera que esté en sintonía con tus metas y valores.

No se trata de tener un lugar para cada cosa, sino de tener un lugar en tu vida para cada aspecto de tu ser: bienestar físico, crecimiento personal, relaciones, pasiones, familia, etcétera. Todos merecen tener un espacio propio, por lo que implementar el orden en tu vida puede requerir un cambio en tu perspectiva, así que tienes que estar dispuesta a ello.

Al poner orden en tu vida abrirás una puerta a un espacio de claridad y serenidad. Recuerda que la meta no es la perfección, sino un estado de armonía en el que no quede espacio para el sufrimiento. Y, aunque el camino hacia el orden puede parecer desalentador al principio, cada pequeño paso que tomes es una victoria en sí misma.

Voy a pedirte que recuperes tu libreta y reflexiones sobre cada una de las áreas que consideres importantes en tu vida: ¿hay alguna que requiera que te pongas manos a la obra?

Si el desorden es una piedra que pesa en tu mochila, ya sabes qué toca. ¿Por dónde podrías empezar?

# 45
# NO CUMPLIR OBJETIVOS

Un objetivo sin un plan es solo un deseo.

ANTOINE DE SAINT-EXUPÉRY

Un corredor en la salida de una maratón, un artista con un lienzo en blanco, un cocinero organizando la *mise en place...*, todos tienen algo en común: un objetivo. Los objetivos son las guías que nos orientan en nuestro camino. Pero ¿qué sucede cuando esos objetivos parecen estar siempre fuera de tu alcance?

Para entender esto, primero necesitas comprender qué son los objetivos. Un objetivo es una meta que quieres alcanzar. Puede ser algo tan simple como correr tres kilómetros sin detenerse, o tan complejo como construir una empresa exitosa. Sin embargo, para que un objetivo sea realizable debe cumplir con ciertas características. Debe ser específico, medible, alcanzable, relevante y tener un plazo determinado; es lo que conocemos como *objetivos SMART* (específicos, medibles, alcanzables, relevantes y con tiempo definido, por sus siglas en inglés).

Pero, aunque visto así parece muy sencillo, hay muchísimas personas que a diario se sienten frustradas porque son incapaces de cumplir sus objetivos. Normalmente, son metas del tipo: perder peso, dejar de fumar, aprender un idioma o hacer ejercicio regularmente. El problema con este tipo de objetivos es que no están bien definidos y carecen de un plan de acción concreto. Además, la mayoría de ellos suelen requerir cambios de comportamiento a largo plazo, por lo que gran parte de nosotras tenemos dificultades para mantener estos cambios en el tiempo.

Lo creas o no, el principal motivo por el que no cumples tus objetivos es que, a menudo, subestimas lo que se necesita para alcanzarlos. Te enfocas tanto en el resultado final que te olvidas del proceso. Puede que te sientas abrumada por el tamaño de la tarea y te bloquees, incapaz de dar el primer paso. O tal vez empiezas con entusiasmo, pero cuando las cosas se ponen difíciles, abandonas.

No ser capaz de cumplir tus objetivos puede ser una piedra pesada en tu camino hacia la liberación del sufrimiento. Quiero invitarte a que explores esta piedra conmigo, a que descubras qué te ha impedido cumplir tus objetivos en el pasado, y a que encuentres nuevas formas de abordar tus metas de manera efectiva. Porque, después de todo, la satisfacción más grande proviene de lograr lo que una vez pensaste que era inalcanzable.

Personalmente, creo que la mayoría de la gente no cumple sus objetivos por tres motivos: porque están mal formulados, porque son demasiado grandes o porque no son suyos. Un objetivo mal formulado es un objetivo que no es SMART. Un objetivo demasiado grande es querer correr una maratón sin haber corrido nunca. Y un objetivo que no es tuyo es el típico que te planteas porque todo el mundo lo hace o porque en casa te han dicho que *eso toca*.

Uno de los libros que más han marcado mi vida es *Un pequeño paso puede cambiar tu vida: el método Kaizen,*[1] de Robert Maurer. Lo leí hace más de diez años y sigo recurriendo a

1. Madrid, Urano, 2015.

él a menudo. Por si no has oído hablar del Kaizen, se basa en la filosofía japonesa de mejora continua. Su enfoque consiste en realizar cambios pequeños y consistentes para lograr grandes resultados a lo largo del tiempo. Principalmente, se utiliza para superar la resistencia al cambio y evitar la sensación de agobio que puede surgir cuando nos proponemos un objetivo demasiado grande. Se basa en la idea de que los pequeños pasos son más manejables y menos intimidantes, lo cual facilita que nuestro cerebro no nos ponga palos en las ruedas.

Por ejemplo, imagina que quieres perder diez kilos de forma saludable. En lugar de pensar en esto, empieza a hacer pequeños cambios: incluye una porción adicional de verdura en la comida, reduce el consumo de azúcar o empieza a caminar durante diez minutos al día. Con el tiempo, ve aumentando gradualmente y verás como vas notando cambios significativos.

O imagina que quieres implementar hábitos de organización en tu vida diaria. En lugar de querer hacerlo todo de golpe, empieza estableciendo un pequeño hábito: dedicar cada día diez minutos a ordenar tu espacio de trabajo. Luego, agrega cinco más para el armario, y así sucesivamente.

Resumiendo, implementar el enfoque Kaizen te brinda una serie de beneficios significativos. Primero, te ayuda a reducir la resistencia al cambio al enfocarte en pasos pequeños y manejables. Puedes superar la sensación de agobio y dar el primer paso. Además, fomenta la consistencia y el compromiso, ya que te anima a emprender acciones diarias y a establecer rutinas sostenibles. Mediante la mejora continua y el progreso constante, experimentas un crecimiento gradual hacia tus metas, lo que te motiva e impulsa a seguir adelante. A medida que alcanzas pequeños hitos, tu confianza y autoeficacia aumentan, lo que te empuja a ir más allá y a establecer metas aún más ambiciosas. En resumen, implementar el enfoque Kaizen te ayuda a superar obstáculos, a lograr una mejora constante y a fortalecer la confianza en ti misma a medida que avanzas hacia tus objetivos.

La incapacidad de cumplir objetivos puede ser frustrante y desalentadora, pero no tiene por qué ser el final de la historia. Así que, en lugar de rendirte, comprométete con metas realistas, divídelas en pasos manejables y sé constante. Al hacerlo, podrás superar los obstáculos y lograr los resultados que deseas. ¡Es hora de actuar y perseguir tus objetivos con determinación y constancia!

¿Es no ser capaz de cumplir tus objetivos una piedra que pesa en tu mochila? Si es así, coge una de las piedras que recopilaste, ponle el nombre, colócala dentro y escribe en tu libreta tus reflexiones sobre ella. ¿Sueles marcarte objetivos que nunca cumples? ¿Cuáles son? ¿Cómo podrías redefinirlos para que sean más asequibles? ¿Son realmente importantes para ti?

## 46
## FALTA DE AUTOCONOCIMIENTO

Ser uno mismo, en un mundo que constantemente trata de convertirte en otra persona, es el logro más grande.

RALPH WALDO EMERSON

Es curioso, ¿verdad? ¿Cómo un hombre que vivió mucho antes de la era digital, antes de que las redes sociales transformaran nuestra forma de interactuar, antes de que la rapidez de la vida moderna nos presionara, supo identificar una verdad tan profunda y perdurable?

En un mundo que parece determinado a moldearnos a su imagen, según su ideal de perfección, ¿dónde quedan nuestros valores personales? ¿Dónde está aquello que nos define como seres únicos? ¿Qué sabemos de lo que queremos en la vida? Cada vez que pasamos rato en las redes sociales, nos es más fácil dejarnos llevar por la tentación de imitar, de intentar encajar y de perder nuestra esencia.

Cuando hablo de autoconocimiento, me refiero a saber quién eres. A descubrir qué hay más allá del físico, me refiero a un recorrido hacia la profundidad de tu mundo emocional, descubriendo tus valores, creencias, deseos y miedos.

Recuerdo ese día como si fuese ayer. Estaba en mi formación de *coaching,* hace más de diez años, rodeada de personas que, al igual que yo, buscaban respuestas, dirección, inspiración. Éramos un grupo de doce que queríamos saber. Entre todo lo que descubrí a lo largo de mi formación como *coach,* el tema de los valores fue el más importante.

Ese día, el día en el que descubrí mis valores, los de verdad, comprendí cuánto me había estado escondiendo de mí misma. Recuerdo que sentí una mezcla de temor y liberación. Quizá te parece exagerado, pero te aseguro que fue abrumador. Descubrí que todas las decisiones que iba tomando en la vida eran en función de los valores que me habían inculcado, en casa y en la sociedad, por eso siempre sentía ese vacío que nunca acababa de entender.

Este fue un punto de inflexión en mi vida y en mi carrera como *coach*, que justo empezaba en aquel momento. Esa formación puso mi vida patas arriba, porque desde aquel momento entendí que mi misión no solo era ayudarme a mí misma, sino también ayudar a otros a descubrir sus propios valores, a entenderse y emprender su propio viaje de autoconocimiento. Porque créeme si te digo que no hay nada más liberador que conocerte y vivir una vida alineada con tus valores más profundos.

Así que te invito a embarcarte en este viaje. A explorar tus propios valores, a conocer tus fortalezas y tus debilidades, tus pasiones y tus miedos. Y, al final de este camino, te encontrarás con una versión más auténtica, más plena de ti misma. Es un camino que vale la pena recorrer. Estoy aquí para acompañarte en cada paso. ¿Estás lista para comenzar?

Es imposible hablar de valores sin mencionar a Simon Dolan, profesor y autor internacionalmente reconocido en el campo de los recursos humanos y la psicología del trabajo. Según Dolan, los valores son aquellas creencias fundamentales que nos guían en nuestras decisiones y comportamientos. Los considera como los pilares de nuestra personalidad y de nuestra forma de percibir e interactuar con el mundo.

Sugiere que, al igual que las empresas, los individuos pueden beneficiarse de entender y gestionar sus propios valores. Los valores son la brújula que nos guía en nuestra vida cotidiana y son la base para la toma de decisiones conscientes y significativas.

En otras palabras, los valores son el núcleo de nuestra esencia, la fundación de nuestra identidad. Dolan sugiere que, al comprender, clarificar y alinear nuestras acciones con nuestros valores, podemos encontrar un mayor propósito y una mayor satisfacción en nuestra vida.

Los valores no son estáticos, sino que pueden evolucionar a lo largo de tu vida en respuesta a nuevas experiencias y aprendizajes. Por lo tanto, el autoconocimiento y la reflexión continuos son fundamentales para mantenerte alineada con tus valores auténticos. Yo misma los reviso una vez al año.

Esta es una de las razones por las que considero que el viaje de autoconocimiento y la exploración de tus valores es tan crucial. Es un proceso continuo de crecimiento y desarrollo personal que, sí o sí, te conduce hacia una vida más auténtica y satisfactoria.

Ahora quiero pedirte que dediques un momento a reflexionar sobre tus valores. Toma tu libreta y un bolígrafo, y haz una lista de los valores que consideras importantes. Anota todo lo que te venga a la mente, sin juzgar ni filtrar. Si no te vienen, hay listados en internet para trabajarlo. Tómate un tiempo para reflexionar sobre cada valor que hayas anotado, elige los cinco más relevantes y puntúalos del 1 al 5 según sientas que los estás honrando en tu vida. A continuación, elige una acción concreta que puedas realizar mañana mismo. Puede ser algo pequeño, siguiendo el método Kaizen, que has visto en la piedra #45.

Recuerda, el camino hacia el autoconocimiento es un viaje que se construye día a día. Al emprender esta primera acción, estás sembrando la semilla para una vida más auténtica.

¿Es la falta de autoconocimiento una piedra que pesa en tu mochila? Si es así, coge una de las piedras que recopilaste, ponle el nombre, colócala dentro y escribe en tu libreta tus reflexiones sobre ella. Escribe tus valores y reflexiona sobre ellos. ¿Has descubierto algún valor del que no eras consciente?¿Cómo crees que puede mejorar tu vida conocer y honrar tus valores?

## 47
## PEREZA

Estar en ocio muy prolongado no es reposo, sino pereza.

SÉNECA

La pereza es, bajo mi punto de vista, la madre de todos los males. En palabras de Séneca, es el enemigo de las virtudes, el desgaste del cuerpo y el moho del alma. Siendo uno de los siete pecados capitales, la pereza puede definirse como la evitación del esfuerzo y la resistencia a la acción.

¿Crees que alguna vez la pereza llegó a la meta? Seguramente, no. Dejando de lado que puede ser una barrera para tu éxito, tanto personal como profesional, la pereza puede convertirse en un vicio difícil de gestionar, por lo que te recomiendo que te pongas las pilas para eliminarla de tu vida.

Pero antes detengámonos un momento y aclaremos lo que significa realmente. La pereza no es simplemente la elección de quedarse en la cama un poco más por la mañana o tomar un descanso después de un largo día de trabajo. La pereza, en su sentido más profundo y destructivo, es la evitación constante de la acción, la renuncia a tus responsabilidades y, lo más importante, la evasión de tu potencial.

La pereza se convierte en una piedra cuando te impide actuar de acuerdo a tus aspiraciones y valores. Es como una corriente subterránea que erosiona lentamente tu fuerza de voluntad y tus ganas de avanzar. Cuando dejas que la pereza gobierne tus decisiones, permites que tu vida esté guiada por la resistencia al esfuerzo en lugar de por tu verdadero deseo de crecimiento y autorrealización.

En nuestra sociedad, la pereza parece más prevalente que nunca. La tecnología nos proporciona un acceso instantáneo a la gratificación, y las distracciones están siempre a solo un clic de distancia. Estas condiciones pueden alimentar nuestro deseo de comodidad inmediata y reforzar nuestro rechazo al esfuerzo.

Te invito a unirte a mí para explorar cómo liberarte de la pesada piedra de la pereza, para que puedas reorientar tus energías hacia acciones que te aporten satisfacción y sentido, en lugar de meros placeres fugaces. Juntas, descubriremos cómo puedes transformar la pereza en motivación, inercia en acción, y cómo redescubrir la alegría en la realización de tus metas y sueños. Un poco ambicioso, lo sé.

La pereza puede tener un impacto negativo profundo en tu vida, y puede llegar a obstaculizar tu crecimiento e impedir que alcances tu verdadero potencial.

Puedes caer en la trampa de la pereza, aplazando tareas importantes, evitando desafíos que requieren esfuerzo, eligiendo el camino de menor resistencia, o, simplemente, rindiéndote ante la atracción de la comodidad y la inactividad. Sin embargo, al ceder a la pereza te estás negando la oportunidad de vivir plenamente, de enfrentar tus miedos, de aprender nuevas habilidades y de realizar tus sueños. Que visto así suena muy grande, pero es verdad.

Porque la pereza puede llevarte a una especie de estancamiento vital. De verdad que entiendo perfectamente que puedas sentirte segura en tu zona de confort, pero, al mismo tiempo, puedes estar perdiendo la oportunidad de explorar nuevos horizontes, de enfrentarte a desafíos que te permitan crecer y de descubrir nuevas facetas de ti misma.

Puede que te compares con otras personas pensando que tienen una vida mejor e incluso que te quejes por no tener la «suerte» que otros tienen, pero ¿qué pasaría si en lugar de eso decidieras, aquí y ahora, enfrentar la pereza? ¿Qué pasaría si eligieras el camino del esfuerzo, del compromiso, de la acción, en lugar del camino de la facilidad y la inactividad?

Hace unos años, trabajé con una clienta, a la que llamaré Clara. Clara tenía grandes sueños, pero la pereza había construido un muro entre ella y sus aspiraciones. Aplazaba proyectos, evitaba tareas desafiantes y optaba por la comodidad en lugar de afrontar lo desconocido. Como resultado, se sentía frustrada y atrapada en una vida que no se correspondía, para nada, con su verdadero potencial. Una verdadera lástima.

A lo largo de nuestro proceso, propuse a Clara un desafío: cada día, durante una semana, se comprometía a emprender una pequeña acción en dirección a uno de sus sueños. Podía ser tan simple como dedicar diez minutos a escribir en su proyecto de libro, hacer una llamada telefónica que había estado evitando o, simplemente, reservar un tiempo para reflexionar sobre sus metas y cómo podría alcanzarlas. Clara aceptó el desafío y, poco a poco, esos pequeños pasos se convirtieron en grandes cambios. A medida que Clara comenzó a moverse, a enfrentar sus miedos y a actuar a pesar de ellos, la pereza empezó a desvanecerse, y lo que encontró en su lugar fue un sentido de propósito, energía y realización.

En mi caso, por ejemplo, que siempre me da mucha pereza hacer deporte, me apunté a pádel. Como es un deporte de grupo y me comprometía a jugar con otras personas con algo de antelación, no podía cancelar en el último minuto sin dejar a todos en la estacada, como solía hacer cuando tenía que ir al gimnasio. Esto funcionó y, poco a poco, empecé también a ir al gimnasio.

Y ahora me dirijo a ti: ¿cómo se manifiesta la pereza en tu vida? ¿Qué sueños o metas has aplazado debido a la pereza? ¿Y cómo sería tu vida si eligieras actuar a pesar de la pereza? Escribe sobre ello en tu libreta.

¿Es la pereza una piedra que pesa en tu mochila? Si es así, coge una de las piedras que recopilaste, ponle el nombre, colócala dentro y escribe en tu libreta tus reflexiones sobre ella. ¿Con qué frecuencia sientes que la pereza te impide hacer cosas que sabes que son importantes o necesarias? ¿Qué haces cuando sientes pereza? ¿Qué es no hacer nada?

# 48
# QUERER QUE LAS COSAS SEAN DIFERENTES

> El sufrimiento comienza cuando deseamos que las cosas sean diferentes de lo que son.
>
> Buda

¿Alguna vez has escuchado la frase «la realidad es lo que es»? Aunque pueda parecer simple, esta afirmación, popularizada por Eckhart Tolle, es un recordatorio poderoso de la naturaleza inmutable de la realidad. A menudo, caemos en la trampa de desear que las cosas sean diferentes a lo que son, que las circunstancias cambien para ajustarse a nuestros ideales o expectativas. Sin embargo, este deseo de cambio puede ser la piedra que nos hace tropezar, el obstáculo que alimenta nuestro sufrimiento.

Imagina por un momento que estás frente a un muro. Este muro representa la realidad tal y como es. Puedes empujarlo, golpearlo, gritarle, pero el muro no cambiará. Podrías agotarte en tu lucha, deseando fervientemente que sea diferente. Pero ¿qué pasaría si, en lugar de luchar contra el muro, eligieses aceptarlo? ¿Qué pasaría si te dieras cuenta de que, aunque no puedas modificar el muro, puedes cambiar tu relación con él?

No me malinterpretes, la aceptación de la realidad no significa resignación o pasividad. No significa que debas dejar de luchar por tus sueños o que no debas esforzarte por mejorar tus circunstancias. La aceptación de la realidad significa reconocer que lo que es, es. Significa comprender que, aunque no puedes cambiar la realidad, puedes cambiar tu reacción a ella.

He trabajado con algunas personas que, al aceptar la realidad tal como es, han sido capaces de encontrar la paz, la gratitud y la satisfacción en el aquí y el ahora. Y lo más importante, han descubierto que, al aceptar la realidad, tienen más energía y más claridad para enfocarse en las acciones que realmente pueden cambiar sus vidas.

Así que te invito a reflexionar: ¿cómo estás reaccionando a la realidad en tu vida? ¿Estás consumiendo tu energía deseando que las cosas sean diferentes, o estás aceptando lo que es y usando esa aceptación como un trampolín para el cambio y el crecimiento personal? Como dijo Eckhart Tolle: «La aceptación del ahora es la clave para toda transformación interior». ¿Estás lista para la transformación?

En *El poder del ahora,*[1] Tolle explora las consecuencias de querer que las cosas sean diferentes. En la lucha contra la realidad, aparecen el estrés y la ansiedad. La resistencia al presente, es decir al ahora, genera una tensión innecesaria en nuestra mente y nuestro cuerpo que puede llevar a sentimientos de frustración y resentimiento. Además, es posible que empieces a culparte a ti misma, a los demás o al mundo por no cumplir tus expectativas, lo que aumenta el sufrimiento.

A todo esto, Eckhart Tolle propone una solución simple, poderosa y transformadora: la aceptación y atención plena. Pero ¿cómo hacerlo? En primer lugar, te animo a que te observes, prestando atención a tus pensamientos. Recuerda

1. Móstoles, Gaia, 2007.

que no eres tus pensamientos; son solo eventos mentales que vienen y van. Observa cómo surgen y se desvanecen sin juzgarlos ni identificarte con ellos. Permíteles fluir sin aferrarte a ellos ni resistirlos. Simplemente, sé consciente de ellos y permite que se disuelvan en la esencia del momento presente.

Además, te invito a que te conectes con tus emociones y las aceptes tal como son. Reconoce que las emociones son parte de la experiencia humana y que todas ellas tienen su propósito. Permíteles estar presentes sin tratar de suprimirlas o evitarlas. Si sientes tristeza, rabia o miedo, acoge esas emociones y permíteles expresarse de forma saludable. Al hacerlo, les quitas su poder sobre ti y les permites transformarse naturalmente.

Otro aspecto importante es la aceptación de las circunstancias externas. Reconoce que hay cosas en tu vida que están fuera de tu control y que no puedes cambiar. En lugar de resistirte o luchar contra ellas, acéptalas tal como son. Esto no significa que te rindas ante las dificultades, sino que aprendas a lidiar con ellas de manera más serena y compasiva. Al aceptar las circunstancias, encuentras la libertad de enfocar tu energía en lo que sí puedes cambiar: tu actitud y respuesta ante ellas.

La aceptación no significa resignación, sino un enfoque consciente de aceptar lo que no puedes cambiar y encontrar paz en el presente. A medida que practiques la aceptación en tu día a día, experimentarás una mayor tranquilidad, claridad y conexión con la vida que te rodea.

Recuerdo un momento en mi vida en el que constantemente deseaba que mi carrera fuera diferente. Me lamentaba por no estar donde pensaba que debía estar. Esto solo me llevó a una sensación constante de insatisfacción y a una lucha interna. Fue cuando me sumergí en las enseñanzas de Tolle que empecé a practicar: la aceptación de mi realidad laboral actual. Al liberarme de la resistencia y el deseo de que las cosas fueran diferentes, encontré una nueva paz y claridad. Esto me permitió tomar decisiones más sabias y centrarme en aquello que tenía que hacer para conseguir lo que quería.

Lo que está claro es que cuando deseamos que las cosas sean diferentes, sufrimos. Así que te invito a reflexionar: ¿en qué punto de tu vida estás deseando que las cosas sean diferentes? ¿Cómo te afecta este deseo en tu bienestar y felicidad? ¿Qué pasaría si, en lugar de resistirte a la realidad, la aceptaras? ¿Qué posibilidades podrían abrirse para ti si eligieras soltar el deseo de que las cosas sean distintas?

¿Es querer que las cosas sean diferentes una piedra que pesa en tu mochila? Si es así, coge una de las piedras que recopilaste, ponle el nombre, colócala dentro y escribe en tu libreta tus reflexiones sobre ella.

## 49
## NO AUTOACEPTACIÓN

Querer ser otra persona es desperdiciar la persona que eres.

KURT COBAIN

Siguiendo en la línea del apartado anterior, en el que te he hablado de aquellas personas que quieren que su realidad sea diferente, entramos en un terreno aún más personal y trascendental: el de no aceptarte.

La presión para ser perfectos nunca ha sido tan intensa. A diario me siento bombardeada con imágenes de vidas aparentemente ideales en las redes sociales y modelos de éxito que parecen alcanzar fácilmente todo lo que se proponen. Lo he repetido en varias ocasiones a lo largo de este libro. En medio de todo esto, es fácil caer en la trampa de sentir que no eres suficiente tal y como eres.

Pero ¿y si realmente pudieras dejar de luchar contra ti misma, aceptarte y quererte tal y como eres, incluso con aquello que consideras menos atractivo o deseable?

Es verdad que la autoaceptación es un viaje largo que puede hacerse muy pesado, pero en el que vale la pena cada pequeño logro que consigues. Porque, al final del día y después de todo, la felicidad proviene en gran medida de aceptarte tal y como eres.

Ichiro Kishimi, en su libro *Atrévete a no gustar,*[1] introduce un enfoque revolucionario para aceptar tu propia individualidad y liberarte de las cadenas de las expectativas sociales y de tu entorno más cercano. El autor argumenta que uno de los mayores obstáculos para la autoaceptación es la tendencia a buscar la aprobación de los demás, porque queremos ser admirados, respetados, queridos, y en esa búsqueda muchas veces perdemos de vista lo que realmente somos y lo que queremos.

La solución, según Kishimi, es atrevernos a no gustar. Es liberarnos de la necesidad de complacer a los demás y aceptarnos, con nuestras fortalezas y debilidades, ambiciones y miedos. Al hacerlo, encuentras una nueva libertad, una nueva autenticidad, una nueva capacidad para vivir de acuerdo con tus propios valores y deseos.

La autoaceptación que propone Kishimi no es complaciente, sino liberadora. No se trata de decir «esto es lo que soy y no puedo cambiar», sino de decir «esto es lo que soy y estoy en paz con ello». De este modo, la autoaceptación se convierte en el primer paso para un cambio verdadero y duradero, un cambio que proviene de nuestro propio deseo de crecer y mejorar, no de la presión externa para encajar en un molde predeterminado.

Este no es un proceso que ocurra de la noche a la mañana. No se trata de un interruptor que se enciende y apaga, sino de un camino que se recorre paso a paso, día tras día. Un viaje que comienza con un simple acto: prestar atención.

1. Barcelona, Zenith, 2018.

Observa tus pensamientos y emociones sin juzgarlos. ¿Cuántas veces al día te criticas? ¿Cuántas veces sientes que no eres suficiente? Tómate un momento para reconocer estos patrones de pensamiento, y recuerda que no eres tus pensamientos.

El siguiente paso es desafiar las creencias que tienes sobre ti misma. ¿Quién dice que no eres suficiente? ¿Quién decide lo que es perfecto o exitoso? Muchas veces descubrirás que estas ideas no provienen de ti, sino de las expectativas de la sociedad, de la familia, de los amigos... No tienes que cumplir con estas expectativas para ser digna de amor y aceptación.

Recuerda, la autoaceptación no significa que no quieras cambiar o mejorar. Significa que te amas y te valoras tal como eres ahora, independientemente de tus defectos o errores. Desde este lugar de aceptación y amor, puedes comenzar a hacer cambios que estén alineados con tus verdaderos deseos y valores, y no con lo que crees que los demás esperan de ti.

Recuerdo el caso de Gema, una mujer inteligente, ambiciosa y muy trabajadora que había escalado rápidamente en su carrera. Sin embargo, a pesar de sus logros, Gema se sentía constantemente insatisfecha y estresada. Se comparaba constantemente con sus colegas y siempre se encontraba carente de algo.

Gema vino a mí buscando ayuda para manejar su estrés y mejorar su autoestima. Al principio, luchó con la idea de la autoaceptación. Ella pensaba que, si se aceptaba tal y como era, estaba renunciando a ser mejor.

Le expliqué que la autoaceptación no significa renunciar al crecimiento. Al contrario, es la base desde la cual el verdadero crecimiento puede ocurrir. Poco a poco fue integrando el discurso y empezó a darse cuenta de cuándo se criticaba a sí misma. De este modo aprendió a desafiar esas críticas con pensamientos más amables y realistas. Con el tiempo, empezó a sentir una mayor sensación de paz y satisfacción. Dejó de pensar que tenía que luchar constantemente para probar su valor y empezó a perseguir sus verdaderos intereses y pasiones.

La historia de Gema es un claro ejemplo de cómo la autoaceptación puede liberarnos del sufrimiento como consecuencia de la presión constante de ser algo que no somos. Así que te invito a que sigas el camino de Gema hacia la autoaceptación y experimentes por ti misma la liberación que puede aportar a tu vida.

> ¿Es la no autoaceptación una piedra que pesa en tu mochila? Si es así, coge una de las piedras que recopilaste, ponle el nombre, colócala dentro y escribe en tu libreta tus reflexiones sobre ella. ¿Cuáles son los pensamientos que tienes sobre ti misma? ¿Son más bien optimistas y constructivos o más bien destructivos?

## 50
## NO SABER ESCUCHAR

> La mayoría de las personas no escuchan con la intención de entender; escuchan con la intención de responder.
>
> STEPHEN R. COVEY

Estoy segura de que te ha pasado muchas veces. Estar en una conversación con amigos y, de repente, darte cuenta de que, a pesar de que la otra persona está hablando, tú no estás realmente escuchando. Estás en tu cabeza, preparando tu respuesta, juzgando, pensando en lo que vas a cenar o cualquier otra cosa, excepto prestar atención a lo que te están contando. Todas caemos en esta trampa de vez en cuando. Nos han enseñado a hablar más que a escuchar.

Aunque puede que esta piedra no te parezca de las más graves, no te dejes engañar. No saber escuchar es una piedra que, una vez eliminada, puede liberarte de una gran cantidad de malentendidos, conflictos y, finalmente, sufrimiento. Así que, manos a la obra.

En el mundo acelerado en el que vivimos es muy habitual que hablemos más de lo que escuchamos. En nuestras conversaciones nos precipitamos a expresar nuestras opiniones y pensamientos sin que nos los pidan, porque en la cultura en la que vivimos, la velocidad y la certeza suelen valorarse más que la paciencia y la curiosidad. Y es en este ajetreado intercambio de palabras donde se pierden las sutilezas, los matices, las emociones y las conexiones humanas.

Aquí es donde la práctica de lo que en *coaching* co-activo se llama escucha activa puede marcar una diferencia significativa, donde escuchar es un acto intencional y poderoso. La escucha activa implica estar completamente presente, recibir el mensaje que se transmite, comprenderlo y luego responder de una manera que demuestra que has comprendido. No se trata solo de las palabras que se dicen, sino también de cómo se dicen, del lenguaje corporal, de lo que no se dice.

Este tipo de escucha puede ser increíblemente transformador. Puede llevar a una mayor comprensión, a la resolución de conflictos y a la construcción de relaciones más profundas. Cuando escuchamos de verdad, dejamos espacio para que las personas se sientan entendidas y valoradas. Les damos permiso para expresarse y ser ellas mismas. Y en ese espacio pueden surgir ideas, soluciones y transformaciones que nunca hubieran sido posibles de otra manera.

¿Te apetece que exploremos cómo puedes empezar a deshacerte de la piedra de no saber escuchar y cómo puedes desarrollar tus habilidades para empezar a practicar la escucha activa? Si te apuntas a este camino, no solo mejorarás las relaciones, sino que también podrás liberarte del sufrimiento como consecuencia de los malentendidos y conflictos que se generan. Al no escuchar, corremos el riesgo de perder información importante y valiosa, y también limitamos nuestra capacidad para crecer y aprender.

Deshacerse de esta piedra comienza con un primer paso esencial: tomar conciencia. Es necesario reconocer y admitir cuando no estamos realmente escuchando. Tal vez te des cuenta de que estás interrumpiendo a los demás con frecuencia, o te encuentres pensando en tu respuesta antes de que la otra persona haya terminado de hablar. Estos son signos de que no estás escuchando realmente.

El siguiente paso es desarrollar la paciencia. La verdadera escucha requiere tiempo y atención. Aprende a estar cómodo con los silencios y a resistir la tentación de llenar cada pausa con palabras. Dale a la otra persona el espacio y el tiempo que necesita para expresarse plenamente.

El tercer paso es la práctica de la escucha activa. Esto significa prestar toda tu atención a la otra persona cuando está hablando. Observa su lenguaje corporal, sus expresiones faciales, su tono de voz. Refleja lo que has entendido y pide aclaraciones si es necesario. Hacer preguntas abiertas que inviten a compartir más también puede ayudar.

Un aspecto crucial de la escucha activa es el no juicio. Cuando escuchamos, debemos hacerlo con la mente abierta, dejando de lado nuestras propias opiniones y prejuicios. Nuestra tarea no es evaluar o aconsejar, sino simplemente comprender.

La empatía es un elemento clave. Intenta ponerte en el lugar de la otra persona, siente con ella. Al conectar con los sentimientos y perspectivas de los demás, podemos entenderlos mejor y responder de una manera más adecuada y compasiva.

En *Descúbrete como líder,*[1] Dale Carnegie propone que cuando te encuentres a ti misma hablando en exceso, intentes escuchar el doble de lo que hablas.

En conclusión, aprender a escuchar te permitirá mejorar tus relaciones, tu comprensión de los demás y de ti misma. Escuchar es un regalo de presencia, de respeto y de conexión. Te invito a que te desafíes a ti misma en los próximos días. En cada conversación, trata de estar totalmente presente. Escucha no solo con los oídos, sino también con el corazón. Nota las diferencias que esto trae a tus interacciones y observa cómo se transforma tu mundo cuando realmente te tomas el tiempo para escuchar, y disfruta del proceso.

1. Barcelona, Elipse, 2021.

¿Es no saber escuchar una piedra que pesa en tu mochila? Si es así, coge una de las piedras que recopilaste, ponle el nombre, colócala dentro y escribe en tu libreta tus reflexiones sobre ella. ¿En qué situaciones de tu vida tienes más dificultades para escuchar? ¿Cómo actúas cuando te hablan de un tema que no te interesa? ¿Eres capaz de mantener la atención?

## 51
## TENER EXPECTATIVAS IRREALES

Las expectativas hacen que la vida sea miserable.

CHÖGYAM TRUNGPA

En *Despierta,*[1] Anthony De Mello sugiere que gran parte de nuestro sufrimiento surge de nuestros apegos, expectativas y deseos. Es curioso, pero una de las mayores fuentes de sufrimiento es completamente autoimpuesta: son las expectativas irreales que solemos depositar sobre nosotras mismas, los demás y el mundo en general. Se nos anima constantemente a soñar en grande, a luchar por el éxito y a no conformarnos con menos. Pero ¿qué sucede cuando esos sueños y aspiraciones se convierten en expectativas que la realidad, simplemente, no puede cumplir?

1. Móstoles, Gaia, 2011.

Estoy totalmente de acuerdo con Albert Ellis, considerado el padre de la terapia cognitiva y a quien descubrí gracias a Rafael Santandreu, en que las expectativas irracionales alimentan la frustración. Imagina, por un momento, una balanza. En un lado, tienes la realidad de tu vida tal como es; en el otro lado, tus expectativas de cómo debería ser. Cuanto más pesadas sean tus expectativas, más desequilibrada estará la balanza y mayor será tu sensación de insatisfacción y frustración.

En la misma línea, Buda decía que la expectativa es la raíz de todo sufrimiento. Cuando nos aferramos a una idea fija de cómo deben ser las cosas, a menudo nos encontramos en un estado de descontento crónico. No podemos apreciar plenamente lo que tenemos porque estamos demasiado ocupadas deseando lo que no tenemos.

Las expectativas irreales pueden infiltrarse en casi cualquier aspecto de tu vida, incluyendo tus relaciones y visión personal. Consideremos primero las relaciones de pareja. Imagina que tienes la expectativa de que tu pareja debe ser perfecta, siempre atenta, y cariñosa. Este tipo de expectativa es irreal, ya que todas somos imperfectas y propensas a cometer errores. Al aferrarte a esta idea de perfección, puedes encontrarte continuamente buscando fallos en tu pareja, sentirte decepcionada y causar tensión en tu relación. Esto puede derivar en conflictos constantes, resentimiento y, finalmente, podría conducir a la ruptura.

Pasemos ahora al ámbito profesional. Supón que te has propuesto una meta profesional muy alta, como convertirte en el CEO de una gran empresa antes de los treinta años. Si bien tener metas altas no es necesariamente malo, se vuelve problemático si tu autoestima y felicidad dependen completamente de alcanzar esa meta específica. Si no logras llegar a ser CEO antes de los treinta, podrías verte inundada de sentimientos de fracaso, insuficiencia y decepción, independientemente de cuánto hayas logrado en otros aspectos de tu vida. Las expectativas irreales pueden hacerte pasar por alto tus propios logros y oportunidades, y potencialmente conducir a la ansiedad, la depresión y la insatisfacción general con tu vida.

Cuando te marcas metas que son prácticamente inalcanzables, estás preparando un escenario para el fracaso y la decepción constante. Esto puede desgastar tu autoestima y confianza, y llevar a sentimientos de insuficiencia y desilusión.

Las expectativas irreales pueden distorsionar tu percepción de la realidad. Pueden hacerte ver el mundo a través de una lente que magnifica lo negativo y minimiza lo positivo. Como resultado, puedes tener dificultades para apreciar los buenos momentos de la vida, ya que están constantemente en contraste con tus expectativas infladas.

También pueden dañar tus relaciones. Cuando esperas demasiado de los demás, puedes ponerlos en situaciones incómodas con expectativas inalcanzables, y generar resentimiento y conflictos.

La clave para superar las expectativas irreales es desarrollar una mayor conciencia y aceptación de la realidad tal como es. Esto implica practicar la autocompasión, y aprender a valorar el proceso en lugar de solo el resultado, y a apreciar los pequeños avances y logros en el camino.

Ahora imagina por un momento que todas esas expectativas que pesan sobre tus hombros se disuelven en el aire.

Imagina un mundo en el que te permites vivir libremente. Un mundo en el que te das permiso para ser imperfectamente tú, y donde cada paso que das es suficiente.

¿Qué pasaría si, en lugar de esperar resultados perfectos, simplemente te permitieras disfrutar del proceso, de cada momento, de cada aprendizaje? ¿Qué cambiaría si empezaras a valorarte por quién eres y no por lo que haces o logras? ¿Y si en lugar de fijarte en lo que todavía no has conseguido, empezaras a apreciar lo que ya tienes y lo lejos que has llegado?

Este viaje comienza con un primer paso: el reconocimiento. Te reto a dedicar un momento cada día de esta semana para reflexionar sobre las expectativas que te has impuesto. Pregúntate si son realistas y si realmente te están sirviendo. Y luego te invito a que te atrevas a dejar ir aquellas que solo te están pesando.

¿Estás dispuesta a dar ese primer paso en el camino hacia una vida libre de la piedra pesada que simboliza las expectativas irreales?

¿Es el tener expectativas irreales una piedra que pesa en tu mochila? Si es así, coge una de las piedras que recopilaste, ponle el nombre, colócala dentro y escribe en tu libreta tus reflexiones sobre ella.

## 52
## CREENCIAS LIMITANTES

Tu trabajo no es buscar el amor, sino buscar y encontrar todas las barreras que has construido contra él.

RUMI

Esta es otra de las piedras más pesadas que puedes cargar en tu viaje por la vida. Aunque seguramente ya habrás oído hablar de ellas, las creencias limitantes son pensamientos o convicciones arraigadas que una persona tiene sobre sí misma o sobre el mundo que la rodea, y que le impiden alcanzar su máximo potencial. Suelen ser negativas y autodestructivas, y pueden surgir como resultado de experiencias pasadas, mensajes recibidos durante la infancia, comparaciones con otros o influencias sociales y culturales.

Estas creencias son como un molde invisible que da forma a tus pensamientos, tus decisiones, acciones e incluso emociones. «No soy suficientemente buena», «No puedo hacer esto», «Siempre fracaso en...», son algunos ejemplos de estas creencias que, como una sombra, te siguen silenciosamente en cada paso que das, susurrándote al oído que no serás capaz.

Como te comentaba, algunas de ellas las adquirimos en la infancia, otras en la adolescencia, y otras las vamos acumulando durante la vida, como consecuencia del impacto de las experiencias que vivimos. Se van quedando incrustadas en nuestro subconsciente y, aunque a veces no somos conscientes de ellas, su influencia es limitante.

Hay tres tipos de creencias limitantes: de capacidad, de posibilidad o de merecimiento. Las creencias de capacidad están relacionadas con nuestro sentido de competencia y habilidad. Nos dicen cosas como «no puedo hacer esto» o «no tengo lo que se necesita». Este tipo de creencias tienden a manifestarse cuando enfrentamos desafíos o situaciones que requieren habilidades o conocimientos que creemos no poseer. Es una voz interna que te dice que no eres capaz, que no estás a la altura del desafío. Y cuando escuchas y aceptas estas creencias pueden impedirte intentarlo siquiera, limitando tus opciones y oportunidades.

Las creencias de posibilidad, por otro lado, están más relacionadas con lo que crees que es posible en el mundo en general, independientemente de tus habilidades personales. Incluso si confiamos en que somos capaces de hacer algo, podemos tener creencias que nos dicen que tal cosa simplemente no puede suceder, que es imposible. «Eso no sucede en la vida real» o «Las cosas buenas no suceden a personas como yo», son ejemplos de este tipo de creencias. Y cuando las mantenemos, pueden limitar nuestra visión de lo que es posible para nosotros y en nuestras vidas.

Por último, las creencias de merecimiento están relacionadas con nuestra autoestima y nuestra sensación de valor. Incluso si creemos que somos capaces de hacer algo y que es posible, podemos tener creencias que nos dicen que no merecemos tener éxito, felicidad o lo que sea que estemos buscando. «No merezco ser feliz» o «No merezco tener éxito», son ejemplos de estas creencias perjudiciales. Estas creencias pueden tener un impacto profundo en cómo nos percibimos a nosotras mismas y cómo interactuamos con los demás, y pueden evitar que alcancemos nuestros objetivos y deseos, incluso cuando están al alcance de nuestra mano.

Louise L. Hay, autora de varios libros sobre crecimiento personal y autoayuda, fue una de las primeras en hablar de la conexión entre la mente y el cuerpo, y su trabajo se centró en la idea de que nuestras creencias tienen un impacto directo en nuestra salud y bienestar. En su visión, son estas creencias las que crean tu realidad y dan forma a tu vida.

Identificar estas creencias es el primer paso para poder superarlas. Según Hay, debes estar dispuesta a entender que eres responsable de cada aspecto de tu vida. Si hay algo que no está funcionando es un reflejo de las creencias limitantes que has validado en tu pensamiento. Por lo tanto, debes prestar atención a tus pensamientos y a los patrones que se van repitiendo en tu vida.

No es fácil. Es un proceso que requiere una mirada introspectiva hacia tus patrones de pensamiento, emociones, miedos y desafíos. Puedes empezar observando tus patrones de pensamiento: los pensamientos recurrentes, especialmente los negativos, pueden ser indicativos de las creencias subyacentes que tienes sobre ti misma y el mundo. Por ejemplo, si constantemente te encuentras pensando «no soy buena en esto» o «no puedo hacerlo», es posible que albergues una creencia limitante acerca de tus habilidades.

En segundo lugar, debes examinar tus emociones y reacciones. A menudo, nuestras creencias limitantes se activan en respuesta a ciertos eventos o situaciones, generando una fuerte respuesta emocional. Si notas que te sientes frecuentemente ansiosa, insegura o triste en ciertas situaciones, podría ser un indicativo de una creencia limitante que se está manifestando.

Además, identificar tus miedos también puede ayudarte a descubrir tus creencias limitantes. Nuestros miedos, a menudo, están vinculados a estas creencias. Por lo tanto, debes preguntarte a ti misma: «¿Qué temo? ¿Por qué temo eso?». Las respuestas a estas preguntas pueden arrojar luz sobre las creencias que están alimentando esos miedos.

Por último, reflexiona sobre tus desafíos y fracasos. Si hay áreas en tu vida en las que pareces encontrarte con dificultades una y otra vez, o metas que parecen inalcanzables, independientemente del esfuerzo que inviertas, podría ser una señal de que una creencia limitante está actuando como barrera. Al explorar y desafiar estas creencias, podemos abrir la puerta a nuevas posibilidades y un mayor potencial.

Una vez que has conseguido identificar una creencia limitante, el siguiente paso es cuestionarla. Hay nos invita a preguntarnos: «¿Es realmente cierto? ¿Esta creencia me está ayudando o perjudicando? ¿Podría existir una perspectiva más constructiva y potenciadora?».

A continuación, Hay propone la práctica de la afirmación positiva. Este es un proceso de reemplazar conscientemente nuestras creencias limitantes por pensamientos más positivos y potenciadores. Por ejemplo, si tu creencia limitante es «no soy suficientemente buena», podrías reemplazarla por la afirmación «soy valiosa y capaz».

Además, Louise Hay enfatiza la importancia del amor propio en este proceso. Debes ser amable y compasiva contigo mientras exploras tus creencias limitantes. Este no es un proceso de culpa, sino de liberación. Si lo haces así, podrás facilitar el cambio.

Según Marisa Peer, una de las creencias comunes a la mayoría es la de: «No soy suficiente». Ella afirma que parte de nuestro sufrimiento y dificultades en la vida proviene de esta creencia fundamental, que puede manifestarse en una variedad de formas, afectando a diferentes áreas de tu vida. Para superarla, propone una combinación de terapia, hipnosis y técnicas de visualización, un proceso en el que uno de los aspectos clave es la repetición constante de la frase: «Soy suficiente». Según ella, repetir esta afirmación a diario puede ayudarte a reprogramar tu cerebro para que comience a creer en tu propia valía y suficiencia.

Después de descubrir a Marisa Peer en plena pandemia, recuerdo que, siguiendo sus consejos, llené mi casa de mensajes en los que ponía: «Soy suficiente». Los tenía en la cocina, en mi habitación, en el despacho, en el espejo del baño y en la puerta de salida. Además, lo repetía varias veces al día. Y, no sé si es por todo o por esto, pero hoy puedo asegurarte que me siento muy suficiente.

Recuerda, este es un proceso continuo. Las creencias limitantes no se formaron de la noche a la mañana, y tampoco desaparecerán inmediatamente. Están profundamente arraigadas, y librarnos de ellas lleva tiempo. De hecho, puedo asegurarte por mi experiencia como *coach* que es lo que más cuesta cambiar, por lo que lo mejor será que busques a alguien para que te ayude a realizar este camino. Un camino en el que, con paciencia, determinación y autocompasión, puedes deshacerte de estas piedras pesadas que te impiden avanzar hacia la vida que realmente quieres.

¿Son las creencias limitantes una piedra que pesa en tu mochila? Si es así, coge una de las piedras que recopilaste, ponle el nombre, colócala dentro y escribe en tu libreta tus reflexiones sobre ella. ¿Con qué frecuencia te escuchas diciendo cosas como «no puedo hacerlo» o «esto no es para mí»?

## 53
## CREER QUE LOS DEMÁS ESTÁN EN TU CONTRA

Puedes sentirte como si todos estuvieran en tu contra, pero, en realidad, la batalla más dura siempre es contigo mismo.

MAXWELL MALTZ

¿Alguna vez has tenido la sensación de que los demás están en tu contra? ¿Sientes que, hagas lo que hagas, siempre habrá alguien esperando para criticarte, juzgarte o decepcionarte? Este es un pensamiento que puede anclarse profundamente en nosotras y que puede influir notablemente en nuestras emociones y en cómo experimentamos el mundo.

Tal y como hemos visto en el apartado anterior, el origen de pensamientos de este tipo suele encontrarse en nuestras experiencias pasadas. A lo mejor en la escuela o en casa te enfrentaste a situaciones en las que sentiste que estabas sola, te sentiste juzgada o pensaste que los demás estaban en tu contra. Estas experiencias pueden haber sentado las bases para creer que los demás están en tu contra.

Pensar así puede hacerte sentir aislada, incomprendida y desconfiada, porque distorsiona tu interpretación de los hechos, llevándote a percibir amenazas donde no las hay y a esperar constantemente el rechazo o la crítica. Puede dificultar la construcción de relaciones saludables y significativas, y puede robarte la alegría y la tranquilidad de vivir libremente, sin estar a la defensiva o en constante estado de alerta.

Como *coach* he visto cómo se pueden crear barreras de la nada que te impidan vivir tu vida al máximo. Por eso me ha parecido interesante dedicarle un apartado en exclusiva, a pesar de haber hablado ya sobre las creencias limitantes.

Vamos a explorar cómo puedes identificar y desmontar esta creencia y reemplazarla por una visión más realista, saludable y empoderadora del mundo y de tu lugar en él.

Estas creencias pueden tener sus raíces en la infancia. Por ejemplo, si creciste en un entorno en el que te sentías constantemente criticada, juzgada o excluida, es posible que hayas desarrollado la creencia de que los demás están en tu contra como una forma de hacer frente a esas experiencias dolorosas. Además, algunos estilos de apego inseguro pueden conducir a esta creencia, ya que esas personas, a menudo, sienten que deben estar en guardia para evitar el rechazo o el abandono.

En cualquier caso, la creencia suele ser una forma de autoprotección: al esperar lo peor de los demás, creemos que podemos protegernos del dolor o el daño. Sin embargo, a largo plazo, esta creencia puede resultar más perjudicial que útil, ya que puede generarte un constante estado de estrés.

Entiendo que hay veces en las que puedes sentir como si todo el mundo estuviera en tu contra. Cada mirada, cada palabra, cada gesto puede parecer una amenaza. Yo misma me he sentido así en algunas ocasiones. Pero es un sentimiento que puede ser engañoso. En ocasiones, esa creencia no es más que una manifestación de tus propias inseguridades y miedos internos.

De hecho, la verdadera batalla no es contra el mundo exterior, sino contra ti misma. Son tus propias creencias, tus miedos y tus dudas las que realmente te limitan y te hacen sentir amenazada. Este enfoque externo puede ser una forma de evadir la confrontación con tus propios demonios internos.

Cada vez que proyectas tus temores y conflictos internos hacia el exterior, te alejas de la verdadera fuente de tu sufrimiento. Este desvío puede hacer que sea más difícil que veas con claridad y abordes eficazmente tus propias luchas internas.

Por lo tanto, al sentir que todos están en tu contra, puede ser útil dar un paso atrás y preguntarte a ti misma: «¿Qué batallas estoy librando dentro de mí que me hacen ver enemigos por todas partes?». Cambiar tu enfoque de los demás a ti misma puede ser un paso poderoso hacia la autocomprensión y la liberación del sufrimiento innecesario.

Al final, la verdadera liberación viene de enfrentar tus propias batallas internas, no de ganar una lucha imaginaria contra el mundo. Al enfocarte en ti, en lugar de en los demás, puedes empezar a sanar tus heridas, a desafiar tus creencias limitantes y a cultivar una mayor paz y satisfacción en tu vida.

Cambiando tu perspectiva y volviéndote hacia ti misma, puedes comenzar a transformar tu sufrimiento en crecimiento y a ver el mundo no como un lugar amenazante, sino como un lugar de posibilidades.

¿Es creer que los demás están en tu contra una piedra que pesa en tu mochila? Si es así, coge una de las piedras que recopilaste, ponle el nombre, colócala dentro y escribe en tu libreta tus reflexiones sobre ella. ¿Te has sentido alguna vez en la vida así? ¿En qué momento? ¿Qué sucedía? ¿Cuáles crees que son las consecuencias de pensar así?

## 54
## ESTRÉS

Es importante entender que el estrés es una reacción, no una situación.

Mark Goulston

En el apretado mundo en el que vivimos, donde el tiempo parece escurrirse como arena entre nuestros dedos, encontramos un compañero constante que, a veces, parece determinar cada paso que damos: el estrés. Sí, me refiero a esa presión incansable, esa corriente implacable que fluye y refluye con las exigencias del día a día, y a la cual dedico este apartado, porque no tendría ningún sentido escribir un libro para eliminar el sufrimiento de tu vida sin hablar del estrés, una de mis piedras crónicas.

El estrés, en su definición más sencilla, es una respuesta física y emocional a un desafío o demanda. Puede provenir de cualquier situación o pensamiento que te haga sentir frustrada, enojada o nerviosa. Es una parte inevitable de la vida, una respuesta necesaria a situaciones que requieren un rendimiento elevado, que nos desafían o nos presentan situaciones nuevas y emocionantes.

Ahora, no hay que malinterpretar, el estrés no es inherentemente malo. De hecho, en pequeñas dosis, puede ayudarnos a cumplir tareas importantes y afrontar desafíos. Es lo que nos pone en marcha por la mañana, nos mantiene alerta durante una presentación en el trabajo, y nos impulsa a estudiar para un examen importante.

El problema surge cuando el estrés se vuelve crónico, cuando se convierte en un invitado no deseado que no entiende cuándo es momento de irse. Este tipo de estrés crónico puede tener efectos devastadores en tu salud física y mental, provocando todo tipo de problemas, desde dolores de cabeza y problemas del sueño hasta enfermedades del corazón y depresión.

La clave está entonces en distinguir el estrés «bueno» del «malo». La diferencia entre ellos dependerá de su duración y del impacto que tenga en tu vida. El estrés «bueno» es una respuesta temporal a un desafío o amenaza, que se resuelve tan pronto como la situación ha pasado, y puede dejarnos con una sensación de alivio y realización. Es el tipo de estrés que sientes antes de una presentación importante, una competición deportiva o un evento emocionante.

El estrés «malo», por otro lado, es persistente y crónico. Es el tipo de estrés que se cuela en tu vida diaria y no te da respiro. Este estrés puede ser el resultado de presiones constantes en el trabajo, conflictos en tus relaciones, preocupaciones financieras, o cualquier otra tensión prolongada que se vuelve abrumadora. El estrés crónico puede llevar a problemas de salud graves, afectar tu estado de ánimo y disminuir tu calidad de vida.

En esta línea, Ángel y Rebeca López, autores de *El método del estrés positivo,*[1] sostienen que el estrés nos causa enfermedades y sufrimiento, pero también nos puede ayudar a llevar una vida más plena y feliz. Todo dependerá de nuestra reacción ante lo que nos pasa.

En nuestra vida cotidiana, todos nos encontramos con situaciones estresantes. Y, aunque no siempre podemos controlar lo que nos sucede, sí tenemos el control sobre cómo respondemos a estas situaciones. Tú también puedes tomar medidas para controlar el estrés y prevenir sus efectos nocivos en tu salud y tu bienestar.

Empezar por identificar las fuentes de estrés en tu vida es fundamental. Las demandas laborales, los problemas familiares, las preocupaciones financieras y hasta las exigen-

1. Roquetas de Mar, Grupo Editorial Círculo Rojo, 2020.

cias autoimpuestas pueden ser factores de estrés. En esta etapa, es importante ser honestas con nosotras mismas, reconocer cuánto contribuyen estas situaciones a tu nivel de estrés y cuánto de ello está realmente en tus manos cambiar.

Una vez identificadas las fuentes de estrés, el siguiente paso es adoptar técnicas de relajación. Las técnicas de relajación, como la respiración profunda, la meditación, el yoga y la relajación muscular progresiva, pueden ayudarte a liberar la tensión, a centrarte en el momento presente y a aliviar los síntomas. Incluso tomar un baño relajante o pasar un rato en la naturaleza puede ser tremendamente beneficioso.

Aquí me gustaría resaltar la importancia de tener una red de apoyo sólida. No tienes que enfrentar el estrés sola. Compartir tus preocupaciones con amigos y familiares de confianza puede aliviar tu carga emocional.

En resumen, el estrés, en su justa medida, forma parte de tu vida. Reconocerlo, entenderlo y manejarlo es esencial para tu salud y bienestar. Es importante recordar que el control del estrés está en tus manos y que tienes la capacidad de mantenerlo a raya. El cambio empieza por una decisión consciente de cuidar de ti misma, de valorar tu tiempo y tu salud por encima de las demandas externas.

Para inspirarte, quiero compartir contigo la historia de Montse, una de mis clientas, quien después de años de estrés y lamentaciones, decidió tomar el control de su vida y empezó a delegar en el trabajo, a buscar tiempo para ella y a decir no cuando era necesario. Con el tiempo, notó una disminución significativa en sus niveles de estrés. Aunque el camino hacia la gestión del estrés puede ser desafiante, es posible y definitivamente vale la pena.

¿Es el estrés una piedra que pesa en tu mochila? Si es así, coge una de las piedras que recopilaste, ponle el nombre, colócala dentro y escribe en tu libreta tus reflexiones sobre ella. ¿Cómo afecta el estrés a tu vida y qué estás dispuesta a hacer para manejarlo de manera efectiva?

## 55
## PENSAMIENTOS NEGATIVOS

No puedes tener una vida positiva y una mente negativa.

JOYCE MEYER

Thomas Hardy decía: «El pesimismo es un juego seguro. Así no puedes perder nunca, solo ganar. Es el único punto de vista desde el que nunca te sentirás decepcionado». Esta frase representa perfectamente el sentido de seguridad que algunas encuentran en la negatividad. Pero ¿es realmente el pesimismo un juego seguro o, simplemente, una vía directa hacia el sufrimiento constante?

Imagina que tus pensamientos son semillas y tu mente es el suelo donde caen. Si plantas semillas de pensamientos negativos, la cosecha no será sino sufrimiento. El pesimismo, los pensamientos negativos, la duda crónica, todos son ejemplos de estas «semillas tóxicas». Este tipo de pensamientos tienen la capacidad de infiltrarse en todas las áreas de tu vida, alterando tu percepción de ti misma, tus relaciones, tus logros e incluso tu futuro.

Es verdad que los pensamientos negativos pueden parecer protectores o un escudo contra las decepciones. Pero la realidad es que, cuando permitimos que estos pensamientos oscurezcan nuestra mente, nada bueno puede suceder. Nos roban la energía y la oportunidad de experimentar alegría o bienestar.

Siempre he sido más bien de las que ven el vaso medio lleno, y percibo las complicaciones que me trae la vida como una oportunidad de aprendizaje para mejorar. Crecí toda mi vida con la negatividad muy cerca, y creo que eso me hizo ver muy temprano que es imposible que una mente negativa pueda darte una vida positiva.

A pesar de que lo oímos a diario, nos cuesta mucho entender que somos el resultado de lo que nuestra mente nos dice. Sinceramente, pienso que, por desconocimiento, menospreciamos el poder enorme que tiene nuestra mente y no logramos entender que nadie puede salir de una situación de crisis si permanentemente se dice o escucha palabras de dolor, angustia y fracaso.

Seguro que también habrás oído alguna vez que aquello en lo que centras la atención se expande, ¿no? Es que, a veces, escuchamos estas cosas y no les damos importancia y vamos por la vida sin ton ni son. Si te concentras en los aspectos negativos, es muy probable que se acaben manifestando en tu vida. No hay ninguna duda: lo negativo llama a lo negativo. Lo positivo llama a lo positivo. Es así.

Es como cuando vas en bici y dices: «Me voy a caer, me voy a caer, me voy a caer», y ¡bum!, te caes. Me pasó hace algún tiempo. Es un ejemplo muy simple, pero me sirve para ilustrar lo que quiero decir y yo, en ese momento, lo vi clarísimo. Me fui de excursión con mi pareja y llegó un tramo en el camino en el que era necesario dar un pequeño salto. La verdad es que el salto en sí no implicaba mucha complicación. Lo podría haber hecho perfectamente sin ningún problema, pero, de repente, me vino un pensamiento en el que visualizaba como me caía. Intenté apartarlo, pero no pude. Salté con el pensamiento en mente y me caí. Me caí sabiendo que me caería. A cámara lenta, además. La profecía autocumplida. Lo fuerte es que salté igual, siendo consciente de que iba a caerme. ¡Qué cosas tiene la vida!

Sin darnos cuenta instauramos una idea negativa en nuestra mente y nos vamos preparando para lo peor. Y, además, cada vez la vamos haciendo más real porque la vamos explicando a todo el mundo. Hasta que, claro, se acaba cumpliendo y dices: «¡Lo sabía!». Pero déjame que te diga que no, que no sabías nada. Que has sido tú la que ha creado esta situación.

Lo peor de todo es que la negatividad es contagiosa, por lo que, cuando pasamos mucho tiempo con una persona negativa, acabamos sintiéndonos mal. Pero lo mejor de todo es que el optimismo también es contagioso, por lo que, cuando pasamos mucho tiempo con una persona positiva, nos sentimos muchísimo mejor. ¿Hace falta que te diga más?

Total, que soy muy consciente de lo fácil que es decirte que dejes de alimentar pensamientos negativos y de lo difícil que es llevarlo a la práctica, pero en este caso te aseguro que querer es poder porque, como en todas las piedras que te propongo eliminar para librarte del sufrimiento, esto solamente depende de ti.

En modo negativo, te quejas todo el día, pones el foco en tus debilidades, te preocupas en exceso, te tomas las cosas a pecho, tiras la toalla fácilmente, tienes un estado de ánimo irascible, y así un largo etcétera.

¿De verdad hay alguien en este mundo que quiera malgastar su tiempo al lado de una persona negativa? ¿Quieres ser tú esa persona negativa con la que nadie quiera estar? ¿Qué harías tú si tuvieses a tu lado a una persona que todo lo ve negativo?

Te habrás dado cuenta de que muchas de las piedras que hemos ido viendo hasta ahora están estrechamente relacionadas. Y, aunque puedan parecerte repetitivas son maneras diferentes de abordar un concepto parecido. Eliminar los pensamientos negativos forma parte de un proceso de identificación y toma de conciencia que no es fácil, pero que merece la pena.

Te propongo que empieces a observarlos y a dialogar con ellos. Suena un poco raro, pero es así. Obsérvalos sin juzgar, pero cuestionándolos. Y reconoce cuáles son recurrentes y en qué situaciones surgen. Te recomiendo que lo anotes en tu libreta y reflexiones sobre ello. Practicar este ejercicio te ayudará a cambiar tu relación con estos pensamientos y cultivar una mentalidad más positiva y equilibrada.

¿Son los pensamientos negativos una piedra que pesa en tu mochila? Si es así, coge una de las piedras que recopilaste, ponle el nombre, colócala dentro y escribe en tu libreta tus reflexiones sobre ella.

## 56
## INSEGURIDAD EMOCIONAL

> La inseguridad es como una sombra oscura que sigue todos nuestros pasos.
>
> Paulo Coelho

La inseguridad mata más sueños que el fracaso. La inseguridad te convierte en alguien muy pequeña, en alguien que no se atreve, en alguien que cree que no puede. Te hace dudar de tus propias habilidades y potencial hasta el punto de dejarte paralizada sin actuar. Llega a comerte tanto la cabeza que realmente crees que tus sueños están más allá de tu alcance, pero no es verdad.

Es una sensación que surge como consecuencia de la duda sobre ti y el lugar que ocupas en el mundo. Es una experiencia subjetiva de inestabilidad relacionada con la percepción que tienes del valor y la competencia personal.

El sentimiento de inseguridad a menudo proviene de la falta de autoestima, y puede ser alimentado por experiencias pasadas y presentes, tales como el rechazo, la crítica, el fracaso o la falta de apoyo emocional. Las inseguridades pueden variar en intensidad y duración, pueden ser temporales y situacionales, o crónicas y generalizadas, y afectar a múltiples áreas de la vida.

Además, pueden manifestarse de distintas formas en diferentes personas. Algunas pueden experimentar inseguridad emocional en forma de dudas sobre sus propias emociones y sentimientos, o inseguridad en las relaciones, con una constante preocupación por el rechazo o el abandono. Otras pueden sentir inseguridad sobre su apariencia física, su inteligencia, sus habilidades o su estatus social.

La inseguridad es también una fuente importante de estrés y puede tener un impacto perjudicial en la salud mental y emocional. Puede significar un camino directo a la ansiedad, depresión, o una insatisfacción con la vida interpersonal. También puede llevar a comportamientos negativos como la evitación, la procrastinación, la agresión, o la dependencia excesiva de la aprobación de los demás.

Todas experimentamos algún grado de inseguridad en diferentes momentos y en diferentes áreas de nuestras vidas. Sin embargo, cuando la inseguridad se vuelve abrumadora y empieza a interferir con nuestra vida diaria, es importante buscar apoyo y ayuda profesional para aprender a manejarla y superarla.

Reconocer cuándo necesitamos abordar una inseguridad puede ser un desafío en sí mismo. Sin embargo, hay ciertas señales que pueden indicarte cuándo una inseguridad está ejerciendo un impacto lo suficientemente grande en tu vida como para requerir atención.

Una de las primeras señales puede producirse cuando la inseguridad comienza a interferir significativamente con tu vida diaria. Afectando a tus responsabilidades personales, laborales o académicas. Podrías estar evitando situaciones que antes disfrutabas por miedo al juicio, al rechazo o al fracaso. Tal vez sientas que tu inseguridad te impide avanzar, ya sea que estés postergando una promoción en el trabajo, evitando comprometerte en una relación o retrasando el inicio de un nuevo proyecto, por ejemplo.

Otra señal de que necesitas abordar una inseguridad se produce cuando empiezas a notar que está afectando a tu bienestar emocional y mental. Si encuentras que estás constantemente preocupada, dudando de ti misma, sintiéndote insatisfecha o infeliz, podría ser el resultado de inseguridades no resueltas.

Además, las inseguridades pueden afectar a la calidad de tus relaciones interpersonales. Si te encuentras constantemente buscando la aprobación de los demás, temiendo el rechazo o luchando por establecer límites saludables, estas pueden ser señales de que tus inseguridades están influyendo en tus interacciones y relaciones. Muchas personas sienten inseguridad al inicio de una relación de pareja, por ejemplo.

Te cuento el caso de Amparo. Siempre que quedaba con ella me contaba lo insegura que se sentía en su vida en general. En su trabajo, cuando salía con sus amigos, incluso en las reuniones familiares. El caso de Amparo era tan extremo que no había ningún espacio en el que ella se sintiera segura, eso solamente sucedía cuando estaba sola en casa, sin relacionarse con nadie. En el trabajo, a pesar de tener las habilidades y experiencias necesarias, no se atrevía a pedir un ascenso, ni tan siquiera a aceptarlo si se lo proponían, por lo que llevaba años estancada. En sus relaciones, cada vez fue cerrando más el círculo. Ella soñaba en silencio con tener pareja y formar una familia, pero cada vez se veía menos incapaz de gustar a alguien. Con todo esto, su inseguridad fue ganando terreno y ella se volvía cada vez más pequeña.

Por suerte, al final, cuando ya estaba a punto de tocar fondo del todo, pasó algo que la hizo reaccionar. Se encontró con una antigua amiga del colegio. La típica chica popular a la que todo el mundo auguraba un futuro extraordinario; sufría depresión desde hacía tiempo y le estaba costando horrores salir adelante. Amparo, al verse reflejada en ella, se puso las pilas, empezó terapia y hoy es otra persona completamente diferente. Si ella pudo, ¿por qué no podrías tú?

¿Es la inseguridad una piedra que pesa en tu mochila? Si es así, coge una de las piedras que recopilaste, ponle el nombre, colócala dentro y escribe en tu libreta tus reflexiones sobre ella. ¿En qué ámbitos de tu vida te sientes insegura? ¿De qué manera te limita esta inseguridad? ¿Cómo te gustaría sentirte?

## 57
## SÍNDROME DE LA IMPOSTORA

No sé qué hice para merecer todo esto. Soy solo una muchacha que tenía un sueño.

Hilary Swank

No es de extrañar que el síndrome de la impostora lo sufran fundamentalmente mujeres, pues su aparición se produjo cuando las mujeres comenzaban a incorporarse de forma masiva al mercado laboral, a ocupar puestos de responsabilidad y a desafiar las normas de género establecidas. En un contexto esencialmente masculino, muchas mujeres, a pesar de sus logros y competencias claramente demostradas, se sentían fraudes. Sentían que no merecían su éxito, que no eran lo suficientemente buenas, que su competencia era una ilusión y que tarde o temprano serían descubiertas. Nada más lejos de la realidad.

En *Impostoras y estupendas,*[1] Neus Arques argumenta que en general, por desconfianza respecto a nuestra propia capacidad, las mujeres tendemos a no confiar en nuestras capacidades («Esto no lo puedo hacer»). Solemos atribuir nuestro logro a un factor exógeno (la suerte) o, a un factor endógeno (el esfuerzo). El razonamiento masculino, en cambio, es el opuesto. En general, los hombres sienten que sí pueden realizar una tarea y, si no lo logran, lo atribuyen a la mala suerte o a un factor temporal. Los hombres no dudan por defecto de su propia capacidad, las mujeres sí.

Pero, aunque el síndrome de la impostora se identificó inicialmente en mujeres, también puede presentarse en el género masculino. Tiene que ver con esa voz interna que no para de susurrarte al oído que «no eres suficiente», que «no estás a la altura», que «no mereces esto» y que «solo has tenido suerte». Esa voz tan desagradable que puede reducir tu talento a la mínima expresión.

1. Barcelona, Alienta, 2022.

Aunque puede manifestarse de diferentes formas, la inseguridad es siempre su núcleo. Las personas que lo experimentan a menudo, tienen una autoimagen distorsionada y una autovaloración reducida. Pueden sentir que necesitan trabajar más duro que los demás para demostrar su valía, o pueden evitar situaciones en las que se arriesgan a fallar o a ser juzgadas.

Cabe decir que a pesar de que la inseguridad y el síndrome de la impostora comparten algunas similitudes y a menudo pueden coexistir, no son exactamente lo mismo. Ambas son estados emocionales que implican dudas sobre una misma, una falta de confianza en las propias habilidades y logros, y el temor al fracaso o al rechazo.

La inseguridad, como ya hemos visto, es una sensación de incertidumbre y falta de confianza que puede surgir en diferentes contextos. El síndrome de la impostora se refiere específicamente a la creencia de que eres un fraude, a pesar de la evidencia objetiva de competencia o éxito. Las personas que sufren del síndrome de la impostora, a menudo sienten que no merecen sus logros y viven con el miedo constante de ser «descubiertas» como impostoras.

Ambas piedras, la inseguridad y el síndrome de la impostora, pueden causar una gran angustia y, aunque están relacionadas, no son intercambiables. Una persona puede sentirse insegura en ciertas áreas de su vida sin necesariamente experimentar el síndrome de la impostora. Del mismo modo, una persona puede luchar con el síndrome de la impostora en su trabajo o en su carrera, pero sentirse segura y confiada en otras áreas de su vida.

Una persona que sufre del síndrome de la impostora puede tener pensamientos como: «No soy realmente tan inteligente como todos piensan», «Solo tuve suerte, no merezco realmente este éxito», «Esto es demasiado fácil, si yo puedo hacerlo, cualquier persona puede». Cada uno de estos pensamientos tiene una cosa en común: minimizan o desacreditan el verdadero talento y la capacidad de la persona. ¿Alguna vez te has encontrado a ti misma teniendo pensamientos similares? ¿Has considerado tu éxito como el resultado de la suerte o la casualidad en lugar de reconocer tus habilidades y esfuerzos?

Laia sufría el síndrome de la impostora. Ella constantemente sentía que no era lo suficientemente buena, que su éxito se debía a la suerte y que todo eso acabaría. Cuando Laia lo comentaba con sus amigas emprendedoras, todas compartían ese mismo sentimiento, lo que ella sentía era normal. Por casualidad, un día leyó sobre el síndrome de la impostora y decidió acudir a mí para abordarlo en un proceso de *coaching*. Juntas trabajamos para poder transformar sus pensamientos, y ahora ella acompaña a mujeres en el proceso de identificación y superación para que puedan librarse de esta carga, igual que hizo ella.

A estas alturas ya sabes que para superarlo, el primer paso es reconocer y nombrar estos pensamientos negativos cuando surgen. Luego, es importante desafiarlos, examinando las pruebas de tu éxito y reconociendo los esfuerzos y habilidades que han contribuido a él. Finalmente, reemplazar estos pensamientos negativos por otros más realistas y positivos puede ayudarte a cambiar la forma en que te percibes a ti misma y a tu éxito. Con conciencia, dedicación y tal vez con la ayuda de un profesional, puedes superar el síndrome de la impostora y empezar a sentirte más segura de tus capacidades y logros.

Ahora dime, ¿cuántas veces has permitido que tus propios miedos e inseguridades te impidan reconocer y celebrar tus propios logros y talentos?

¿Es el síndrome de la impostora una piedra que pesa en tu mochila? Si es así, coge una de las piedras que recopilaste, ponle el nombre, colócala dentro y escribe en tu libreta tus reflexiones sobre ella.

## 58
## AUTOENGAÑO

No hay nada más fácil que el autoengaño. Ya que lo que desea cada hombre es lo primero que cree.

DEMÓSTENES

El autoengaño es una especie de trampa mental que nos hacemos para evitar la verdad, a veces dolorosa. Es un mecanismo de defensa con el que todas nacemos, y que, a menudo, se convierte en un hábito que puede influir de manera profunda y perjudicial en nuestra vida, convirtiéndose en una piedra pesada que te impide avanzar hacia donde deseas. No puedo estar más de acuerdo con Daniel Goleman en que nos mentimos a nosotras mismas para protegernos de la realidad. ¿Quién no se ha mentido a sí misma alguna vez?

Por ejemplo, puede que hagas la vista gorda sobre ciertos síntomas de salud intencionadamente por miedo a una posible enfermedad, convenciéndote de que solo estás un poco cansada. O puede que rechaces una evidencia clara de que tu pareja te es infiel porque no quieres enfrentar la verdad. O puede que hagas ver que tu vida es maravillosa cuando en realidad no es así. Son estas «mentiras piadosas» que te cuentas las que pueden crear una realidad distorsionada que te aleja de la verdad y te sitúa en una burbuja en la que te sientes falsamente protegida.

Las causas del autoengaño pueden ser muy diversas, por lo que es muy difícil generalizar. Algunas veces, puede ser el resultado de un trauma o una experiencia dolorosa que no puedes o no quieres enfrentar. En otras ocasiones, un mecanismo de protección contra una realidad que puedes percibir como amenazante. O en otros, simplemente, puede que no te sientas preparada para asumir las consecuencias que conllevaría ver la realidad como es.

Aunque, dicho así, pueda parecer algo aparentemente inofensivo, autoengañarse puede tener un precio muy alto. Puede impedirte ver las soluciones a tus problemas, limitar tu crecimiento personal o llevarte a tomar decisiones poco saludables o dañinas, siendo tus miedos los que dirigen tu vida y no tú.

En un mundo regido por la cultura de la imagen, en el que parece que todo tenga que ser *instagrameable* y en el que se prioriza la apariencia sobre la realidad, no es raro que el autoengaño esté a la orden del día. Esta constante exposición a la falsa perfección de otras puede hacerte sentir inadecuada, menos afortunada, menos exitosa o incluso menos valiosa. Y, para compensar, puedes autoengañarte imitando el comportamiento de otras diciéndote a ti misma que estás igual de feliz, que todo está perfecto en tu vida, incluso cuando no lo está.

¿Qué necesidad hay de admitir que estás luchando con la maternidad cuando todos parecen ser padres perfectos? ¿Por qué reconocer que tu relación de pareja no es tan idílica cuando tus amigas parece que vivan en un cuento de hadas? ¿Por qué compartir que te sientes agotada y estresada en tu trabajo cuando todos tus amigos parece que tienen éxito en sus profesiones?

En un contexto así, el autoengaño se convierte en una forma de sobrevivir en un mundo donde la perfección parece que sea la norma, o, al menos, es lo que creemos que se espera que mostremos. Pero esto es simplemente una ilusión, algo insostenible en el tiempo. Al autoengañarnos mostramos una versión de nosotras que pensamos que será más aceptada. Nos autoengañamos porque creemos que así es más sencillo. Si decimos que tenemos una vida feliz y sabemos que no es verdad, es muy difícil porque somos conscientes de que estamos mintiendo, mientras que si tú estás diciendo algo que crees que es verdad, será mucho más sencillo. ¿Me explico?

Detectar el autoengaño puede ser un desafío, principalmente porque su naturaleza misma te impide verlo. Aun así, hay señales y métodos que pueden ayudarte a reconocer si estás cayendo en esta trampa.

Uno de los primeros pasos que puedes dar es prestar atención a tu diálogo interno. Esa corriente constante de pensamientos y conversaciones internas que a menudo pasan desapercibidas. ¿Te encuentras justificando acciones o decisiones que en realidad no te satisfacen? ¿Evitas confrontar ciertas verdades que sabes que existen, pero que prefieres ignorar? Estas pueden ser señales de que estás cayendo en el autoengaño.

Las emociones también pueden ser un indicador muy poderoso. Si a menudo sientes incomodidad, ansiedad o culpa sin una causa aparente, podría ser un signo de que estás evitando enfrentarte a una verdad incómoda. Las emociones son mensajeras, nos dan información sobre nuestra vida interna. Así que, si estás sintiendo emociones negativas persistentes, podría ser un indicador de que hay algo que no estás queriendo ver.

Otro indicador importante es la discrepancia entre lo que dices y haces. Si a menudo te encuentras incumpliendo promesas que te haces a ti misma, o si tus acciones no coinciden con tus palabras, puede ser un signo de autoengaño. Por ejemplo, podrías decirte a ti misma que vas a empezar a hacer ejercicio, pero nunca encuentras el tiempo para hacerlo. Esa es una forma de autoengaño.

Finalmente, a veces es necesario tomar distancia para poder vernos con mayor claridad. Hablar con un amigo de confianza puede ser una excelente manera de obtener una perspectiva externa, ya que otras personas pueden ver patrones en nuestro comportamiento que nosotras mismas no vemos.

Desprenderte de esta piedra no es tarea fácil, pero al hacerlo podrás ver con mayor claridad, vivir con más autenticidad y, en última instancia, liberarte del sufrimiento de estar viviendo una vida que no es la que quieres. Porque, al final del día, solo podemos solucionar los problemas que reconocemos y aceptamos. Es hora de que confrontes tus propias verdades, por dolorosas que sean, porque solo así podrás vivir en paz.

El autoengaño puede ser una oportunidad para el crecimiento y el autodescubrimiento. Al enfrentar tus mentiras, podrás comenzar a vivir con mayor autenticidad y alineación con tus verdaderos valores y deseos.

Ahora, quiero invitarte a la reflexión. Coge tu libreta, reserva un momento en tu agenda y busca un lugar tranquilo en el que te sientas en paz y nadie pueda interrumpirte. La reflexión conlleva tiempo y espacio, las verdades más profundas nunca salen a la primera.

¿Cuándo fue la última vez que te sentiste en desacuerdo con tus acciones o decisiones? ¿Podría ser que estuvieses autoengañándote?

¿Cómo te sientes después de tomar una decisión? ¿Sientes paz y satisfacción o inquietud y duda?

¿Cómo manejas las críticas o los comentarios negativos? ¿Los ves como oportunidades para crecer o los evitas a toda costa?

Recuerda, el primer paso para soltar la piedra del autoengaño es reconocerla. Y, aunque puede ser un camino difícil, también es el camino hacia una vida más auténtica y satisfactoria. Así que tú decides. Yo te muestro el camino; decidir ir hacia esta dirección es cosa tuya.

¿Es el autoengaño una piedra que pesa en tu mochila? Si es así, coge una de las piedras que recopilaste, ponle el nombre, colócala dentro y escribe en tu libreta tus pensamientos. Tómate el tiempo que necesites para reflexionar sobre ello.

# 59
# IRA

La ira es un viento que apaga la lámpara de la mente.

ROBERT GREEN INGERSOLL

Decía Séneca que la ira es una especie de locura porque nos hace darle la máxima importancia a lo que no la tiene en absoluto. La ira es como un fuego salvaje, una energía incontrolada que arrasa todo a su paso, que cuando se desata destruye todo lo que hay alrededor, empezando por una misma.

A pesar de que, en cierta medida, podemos considerar que la ira puede ser útil y necesaria porque puede motivarnos a cambiar situaciones que no son justas o a defendernos cuando nos sentimos agredidas, la mayoría de las veces se descontrola y se lleva lo mejor de nosotras. Pues, en palabras de Séneca, la ira es la más destructiva de las pasiones.

Cito textual de *El arte de mantener la calma*:1 «La ira es pura agitación, violencia, deseo de agredir, de herir, de atormentar, de dañar al prójimo, incluso a expensas del bien propio. El que la padece busca una venganza que irremediablemente acarreará su propia destrucción. Es una locura breve. El iracundo es incapaz de controlarse, olvida lo que le conviene, ignora los afectos, no escucha consejos ni

1. Séneca, Lucio Anneo, *El arte de mantener la calma,* Badalona, Ediciones Kōan, 2020.

atiende a razones, se ofende por nimiedades y no distingue lo justo de lo injusto ni lo verdadero de lo falso. La ira es el deseo de castigar una ofensa real o percibida».

Todas sabemos lo poderosa que puede ser la ira. En un instante, puede destruirlo todo. La ira constante y no resuelta puede llevar a una variedad de problemas, desde daño a nuestras relaciones hasta problemas de salud como el estrés crónico y enfermedades del corazón. Y lo que es más, puede mantenernos atrapadas en patrones de pensamiento y comportamiento negativos que solo sirven para alimentar más el ciclo de ira y sufrimiento.

Si te encuentras a ti misma sintiendo ira de manera frecuente o intensa, o si la ira está causando problemas en tu vida, es importante que sepas que no estás sola. Muchas de nosotras luchamos con la ira en algún momento de nuestras vidas. Y lo más importante es que hay formas de manejar la ira de manera saludable, y estrategias para liberarte de su dominio.

Aunque Séneca creía que lo ideal era dominarla, también sabía que las pasiones son más difíciles de reprimir que de gobernar, por lo que sugería que la mejor opción era cortarles el paso antes que intentar moderarlas cuando se han adueñado de nosotras. Con la ira, una vez que está descontrolada, no hay marcha atrás. Por lo tanto, es mejor cortarla de raíz.

Entre las maneras de evitar que la ira se adueñe de la persona, Séneca decía que hay principalmente dos: no sucumbir ante ella y no cometer barbaridades. La primera consiste en luchar contra las causas (siendo la principal la sensación de agravio); y la segunda, es por creer que se ha cometido una injusticia con nosotras. Decía que, a menudo, lo falso tiene apariencia de verdad y que lo que nos desagrada oír nos lo creemos de buena gana, y de ese modo la ira se adueña de nosotras sin que nos dé tiempo a razonar. Por ello, pongamos en duda aquello que parece verdad.

La ira también se despierta por aquello que consideramos inmerecido, porque lo imprevisto nos resulta injusto, y nos olvidamos de que en cualquier momento puede suceder cualquier cosa. Por tanto, la manera de lidiar con esto será aceptar que siempre puede haber algo que nos enoje.

La ira es tan violenta que alcanza su punto álgido apenas despierta. Con lo cual, lo ideal es eliminarla controlando cómo reaccionamos ante aquello que nos ofende. Hay una falsa creencia con la ira: a menudo se confunde con la sinceridad y se considera un espíritu libre a quien se deje llevar por ella, cuando no es así.

Siguiendo en la línea clásica, decía Demócrito que para los que se cargan de obligaciones no pasa un día sin que algo o alguien despierte su ira, ya que la vida ajetreada está llena de obstáculos y contratiempos. Y, a la que se nos tuercen cuatro cosas, perdemos la paciencia y nos enfadamos por cualquier trivialidad con una persona, cosa, lugar o con nosotras mismas. Por ese motivo, si quieres paz en tu vida, no te pases de obligaciones molestas, excesivas y superiores a tus fuerzas. Antes de emprender algo, mide tus fuerzas, la magnitud de la tarea y tu propia preparación, pues la frustración del fracaso es una causa habitual del enojo. Además, esfuérzate en que la ofensa no te afecte, pues es un sentimiento difícil de gestionar, y ten cuidado con el agotamiento físico, el hambre y la sed: «El cansado busca pelea».

Ser conscientes de nuestras pasiones es vital para actuar sobre ellas antes de que se extiendan. Puede que te ofendan las palabras, los hechos, que no se respete tu forma de ser, no sentirte escuchada, o puede que no soportes la arrogancia o la soberbia. Todas tenemos nuestro punto débil y a todas nos molesta algo. Es así.

Si quieres vencer a la ira, no te dejes dominar por ella. Pero para ello necesitarás esforzarte al máximo. Busca recursos para refrenar las pasiones y prepárate para que la ira no te trastorne.

Si quieres hacer como Séneca y buscar soluciones en el silencio de tu dormitorio, antes de acostarte, pregúntate: «¿Qué defecto he superado hoy? ¿Qué vicio he combatido? ¿En qué soy mejor?». La ira se amansa cuando sabe que al final del día se someterá a juicio.

> ¿Es la ira una piedra que pesa en tu mochila? Si es así, coge una de las piedras que recopilaste, ponle el nombre, colócala dentro y escribe en tu libreta tus reflexiones sobre ella. ¿En qué situaciones sueles perder los papeles? ¿Cuáles son los indicadores que activan tu ira?

## 60
## FOMO

> Párate y serás libre. Lo que te mantiene en movimiento es lo mismo que te mantiene atrapado. [...] Aprende a no querer saberlo todo.
>
> BENJAMÍN PRADO

Imagina que estás tomando algo con tus amigas, sentada en una terraza, disfrutando de una conversación agradable. Como tienes tu teléfono encima de la mesa, de repente ves que salta una notificación. Lo coges al instante, sin dudarlo, y, en lugar de seguir disfrutando del rato, te dejas llevar por aquello que ha interrumpido tu momento, quedando totalmente aislada de lo que está sucediendo.

FOMO es un acrónimo de la expresión en inglés *fear of missing out,* y, concretamente, se refiere a la ansiedad que muchas personas experimentan al sentir que se están perdiendo algo emocionante o interesante que está sucediendo en otro lugar. Yo sufría muchísimo FOMO. Es como un miedo difuso, una inquietud constante por saber al momento. Es el miedo a perderse algo.

Ahora te estarás preguntando: ¿cómo puedo saber si sufro de FOMO? Aunque no es tan fácil reconocerlo, porque siempre dependerá de la intensidad o ansiedad con la que lo vivas, sí hay ciertas señales que pueden ayudarte a identificarlo. Por ejemplo, si te encuentras a menudo consultando el teléfono mientras estás realizando otra actividad, puedes estar experimentando FOMO. Si te sientes inquieta cuando no puedes consultar tu WhatsApp o las redes sociales o tienes la sensación de que siempre estás perdiéndote algo, incluso cuando estás disfrutando de tu tiempo, también puede ser una señal. El FOMO puede manifestarse en comportamientos compulsivos en torno a las redes sociales, la necesidad constante de estar «conectada», y un sentimiento crónico de insatisfacción o inquietud, incluso en momentos de diversión o relajación. Si aún tienes dudas, prueba a dejar tu teléfono en un cajón y fíjate en cuánto rato tardas en ir a buscarlo.

Superar el FOMO requiere de una intencionalidad consciente y ciertas estrategias. En primer lugar, tienes que entender y asumir que siempre vas a perderte algo, ya que es imposible no perderse nada. Quizá aceptar esta idea aligere un poco tu tensión. A mí me sirve.

¿Es el FOMO una piedra que pesa en tu mochila? Si es así, coge una de las piedras que recopilaste, ponle el nombre, colócala dentro y escribe en tu libreta tus reflexiones sobre ella. ¿Qué miedo se esconde detrás del FOMO? ¿Cómo sería vivir una vida desinformada? ¿Te atreves a probar un día? ¿Cuáles crees que serían los beneficios?

## 61
## CREER QUE LA FELICIDAD VA LIGADA A LAS CIRCUNSTANCIAS

> La felicidad no es algo que dependa de nuestras circunstancias, sino de la fuerza de nuestro interior.
>
> MAHATMA GANDHI

A mí también me ha pasado. He deseado un trabajo mejor, una casa más grande, un novio más guapo y no sé cuántas cosas más, pensando que cuando eso llegara, todo se pondría en su lugar y yo sería muy feliz. Pero ¿y si te digo que la felicidad no está en esto, sino en ti? ¿Cuántas veces has leído esta idea en este libro? La verdad es que no creo que me canse de repetirla porque es muy necesario que lo integres para avanzar de verdad en tu crecimiento.

Desde mi experiencia puedo decirte que aprender a transitar en una situación complicada ha sido el proceso más difícil de aceptación por el que he pasado en mi vida. Al final se trata de entender que, a pesar de que las cosas no estén bien, puedes escoger tu estado.

De esto sabe mucho Viktor Frankl, neurólogo y superviviente del Holocausto, del que ya te he hablado. Frankl argumenta que nuestra felicidad no está ligada a nuestras circunstancias. Si él, atrapado en los campos de concentración, despojado de absolutamente todo lo que tenía, viviendo aberraciones a diario, pudo encontrar la manera de apreciar la vida, ¿por qué no iba a poder yo? Visto así, cuesta digerirlo, pero es cierto. Y pensar que la felicidad va ligada a las circunstancias es no haber entendido nada de la vida.

En su libro *El hombre en busca de sentido,* Frankl escribe: «Todo puede serle arrebatado a un hombre menos una cosa: la última de las libertades humanas, la elección de la actitud personal que debe afrontar frente al destino». Y es en esta elección donde reside tu capacidad para encontrar la felicidad.

Vincularla a las circunstancias externas puede sumergirte en una vorágine de ansiedad y estrés. Si tu estado de ánimo o felicidad depende de lo que pase a tu alrededor, estarás siempre pendiente de aquello que vendrá, atrapada en un intento constante de prever y querer controlar lo incontrolable.

Es un enfoque que sí o sí te hará sufrir porque, independientemente de los logros que acumules o de los objetivos que alcances, siempre habrá otro horizonte que perseguir y nunca nada será «suficiente».

Además, poner la fuente de tu felicidad fuera de ti misma y, por lo tanto, vivir sujeta a los imprevistos que pueda traerte la vida hace que te vuelvas más vulnerable. Mientras que, si trabajas la idea de que tu felicidad está en tu interior, tomarás las riendas de tu vida emocional, serás capaz de mirar más allá de las circunstancias y podrás vivir de una forma más auténtica. Personalmente, las enseñanzas budistas me han ayudado mucho a entender esto.

Este es un enfoque que fomenta vivir en una actitud de agradecimiento. Al dejar de buscar algo más, podrás apreciar el presente, lo que te mantendrá más equilibrada cuando sucedan elementos externos negativos que no puedas controlar.

Por tanto, al liberarte de la idea de que tu felicidad depende de tus circunstancias, te das la oportunidad de crear tu propia felicidad. Consiste en apreciar aquello que tienes y en encontrar la satisfacción en el presente, en lugar de buscar constantemente algo mejor. Basa tu felicidad en quién eres y no en lo que tienes.

Hace un año vino Martina a verme. Se sentía agobiadísima y no entendía por qué. Me contaba que, a pesar de que siempre conseguía todo aquello que se proponía, no se sentía feliz ni satisfecha del todo. Pero lo peor llegó cuando se quedó sin trabajo ni casi dinero para pagar el alquiler. Entonces su mundo se derrumbó. Sentía que era injusto que tuviese que vivir aquello, y el propio agobio con el que vivía a diario le impedía pensar con claridad para buscar soluciones. Además, como no ganaba dinero ni encontraba trabajo, le costó un montón solicitar mi ayuda.

No fue fácil cambiar el chip. Pero, finalmente, Martina entendió que la situación era la que era y que si ella seguía con esa actitud de negatividad, poco podría hacer para mejorar su situación. Poco a poco fue tranquilizándose y encontró la manera de valorar aquello que sí tenía. Mientras fue mejorando su estado de ánimo y aprendió a vivir en el presente, su ansiedad fue desapareciendo y entendió que, por muy agobiada que estuviese, eso no cambiaría su situación y que lo que sí estaba en sus manos era mejorar su estado de ánimo y actitud.

No te engañaré: desarrollar esta mentalidad requiere esfuerzo, práctica y muchas ganas, pero la recompensa es inmensa. En lugar de esperar a que las circunstancias correctas te hagan feliz, puedes encontrar la felicidad aquí y ahora, en tus propias respuestas y actitudes.

¿Alguna vez has notado que tu estado de ánimo cambia drásticamente en función de lo que sucede a tu alrededor? ¿Te encuentras a menudo esperando un cambio de circunstancias (un nuevo trabajo, una relación, un logro) para sentirte finalmente feliz? Si la respuesta es sí, te invito a que escribas en tu libreta y reflexiones sobre ello.

¿Es la idea de que la felicidad va ligada a las circunstancias una piedra que pesa en tu mochila? Si es así, coge una de las piedras que recopilaste, ponle el nombre, colócala dentro y escribe en tu libreta tus reflexiones sobre ella. ¿Crees que tu vida será mejor cuando...?

# 62
# SENTIMIENTO DE CULPA

La culpabilidad es una trampa inútil. No cambia el pasado y, a menudo, afecta al futuro. Solo tiene sentido en el momento exacto en que te das cuenta de que has cometido un error. Después de eso, debes dejarla ir.

Deepak Chopra

—Oye, Carmen, ¿te apuntas a tomar algo el jueves?

—Quiero, pero no puedo, tengo un montón de trabajo pendiente. Si vengo, me sentiré mal.

—Pues no vengas.

—Quiero venir.

—Pues ven.

—Pero me sentiré mal, porque me parece una irresponsabilidad por mi parte.

—¿Qué es lo que te parece una irresponsabilidad exactamente? Bueno, pues no vengas.

—Ya, claro, pero quiero ir, es lo que me apetece en realidad.

...

Esta conversación podría durar horas. ¿Alguna vez has sido protagonista o testigo de un diálogo de este tipo? Si vas, te sentirás mal porque no estás cumpliendo con tu obligación. Si no vas, te sentirás mal porque no estás atendiendo tus deseos.

¿Eres capaz de asumir la responsabilidad de tu decisión y hacer lo que quieras sin sentirte culpable?

Muchas mujeres vivimos o hemos vivido inmersas en el sentimiento de culpa. Si es tu caso, sentirás que tu dolor está totalmente justificado y que no puedes hacer nada para dejar de sentirte así. Amiga mía, déjame decirte que estás muy equivocada, así que abre la mente y despeja tus oídos porque lo que voy a contarte va a cambiarte la vida, si tú así lo deseas.

Es más cómodo sentirse culpable que ponerse las pilas para hacer el gran cambio que necesitamos.

¿Qué? ¿Cómo te has quedado? El sentimiento de culpa es como un arma de destrucción masiva, puede llegar a arruinarte la vida por completo y situarte en una posición de victimismo desde la que no podrás hacer nada que valga la pena, más allá de lamentarte por lo desgraciadita que eres.

Está claro que todas nos hemos sentido culpables en algún momento de nuestra vida. Pero debes tener muy claro que este sentimiento es, en realidad, una creación de tu mente. Porque hay dos tipos de sentimiento de culpa, el que surge como consecuencia de algo que has hecho mal y el que surge fruto de un juicio interno.

El sentimiento de culpa, al igual que todas nuestras emociones, es en gran medida una creación de nuestra mente. La forma en que interpretamos nuestras acciones, las acciones de los demás y las expectativas que nos hemos marcado nosotras mismas juegan un papel fundamental en la generación de este sentimiento.

Hace muy poco que logré entender esto, y te aseguro que ha sido un antes y un después en mi vida. Perdí la cuenta de todo el tiempo que invertí en alimentar mi sentimiento de culpa. Toda mi vida me he sentido culpable por casi todo, un sentimiento que se hizo monstruoso con la llegada de mi hija, Chloe, hace poco más de once años (madre mía, once años ya). El tiempo vuela, hay que ponerse las pilas. Coincidiendo con su nacimiento llegó una expatriación a París. Dejé mi trabajo y me centré en exclusiva en cuidarla. A pesar de convertirla en el centro de mi mundo, y de pasar todo mi tiempo con ella, sentía culpa por querer tener mi espacio. Sentía culpa por la posibilidad de disponer de una canguro para poder descansar. Sentía culpa por dejarla en la guardería, sin atenderla yo personalmente. Sentía culpa si la dejaba más rato de la cuenta mirando la televisión. Sentía culpa si había tardado demasiado en darme cuenta de que necesitaba un cambio de pañal. Sentía culpa si se hacía daño estando conmigo. Sentía culpa por no tener siempre ganas de jugar con ella. Sentía culpa por desear que una noche me diese tregua y pudiese dormir de tirón. Y, fíjate tú qué curioso, a pesar de estar cien por cien entregada a ella, había miles de pequeñas cosas que me hacían sentir culpable cada minuto que pasaba.

Lo peor de todo es que yo no era consciente de ello. Estas pequeñas cosas fueron alimentando al pequeño monstruo que crecía en mi interior. Y así fui renunciando cada vez a más cosas, haciendo crecer un vacío inmenso dentro de mí, el vacío de no atenderme, no escucharme y no aceptarme. Era feliz, pero llevaba una mochila enorme en mi espalda que cada vez me costaba más levantar. El sentimiento de culpa era una piedra que ocupaba casi todo el espacio en mi mochila.

Así, con la separación, y más culpa, llegó la ansiedad. Culpa, culpa y más culpa. ¿Quién puede vivir así? Nadie.

Nadie puede ni se merece vivir cargando una losa tan grande y, además, sin ningún motivo. Ahora, después de muchos años, mucha terapia y trabajo personal, por fin puedo decir que me siento libre y feliz, aunque procuro no bajar la guardia porque soy consciente de que mi tendencia va hacia allí. Y ahora quizá te preguntes cómo lo he conseguido, o puede que no. Pero te lo diré igualmente, porque ha sido algo tan sencillo que me entran ganas de reír. Ha sido aprendiendo cómo funciona el mecanismo que se desencadena en mi mente, poniendo mucha conciencia a cada pensamiento y decisión para no machacarme injustamente y entendiendo que sentirme así solamente depende de mí.

Vamos a ello. Vas a permitirme que en este capítulo me dirija directamente a ti, mujer, ya que, aunque he hablado con muchos hombres, no he descubierto nunca el sentimiento de culpa en ninguno de ellos. No digo que ningún hombre lo experimente, digo que en mi experiencia es algo que solamente he identificado en mujeres, fruto del patriarcado, imagino.

Al lío. Lo primero que tienes que hacer es entender que la que permite que el sentimiento de culpa se convierta en un monstruo eres tú. Sí, tú. No hay excusas. Lee lo que te digo y, cuando termines, si quieres, cuestiónalo todo lo que quieras. En mi caso, darme cuenta de esto me produjo dos sentimientos encontrados. Por un lado, sentí una tristeza enorme al darme cuenta de todo el malestar que había creado yo solita. Y, por otro lado, sentí una alegría tremenda al ver que la solución a tanto sufrimiento que había ido acumulando durante años, especialmente con la maternidad, solamente dependía de mí.

El proceso es muy sencillo de entender:

1. Sucede un hecho.
2. Hay un autojuicio negativo.
3. Se despierta una sensación dolorosa en el cuerpo.
4. La autoritaria que hay en ti aplica un castigo.
5. Empieza el sentimiento de culpa.

Para liberarte de la culpa tienes que poner atención al juez interno que hay en ti. Tienes que estar muy atenta al juicio que estableces, y una manera de evitarlo es expresar cómo te sientes al hacer algo que crees que no deberías estar haciendo.

El único camino posible es asumir la responsabilidad de tus decisiones. Si, en cambio, aceptas la culpabilidad, te sitúas en una posición muy pobre desde la que es imposible la transformación.

Ten clara una cosa: no es lo mismo ser culpable que sentirse culpable. Actúa en coherencia con lo que sientes y no habrá culpa que se resista.

Recuerda: nadie puede hacerte sentir culpable EXCEPTO TÚ porque tus sentimientos son responsabilidad tuya. Y la culpa es un sentimiento falso, fruto de las creencias o de la propia autoexigencia. Responsabilizarte de tu vida es hacer lo que deseas actuando en coherencia con tus sentimientos y mandando a paseo al juez interno.

Haz un dibujo que represente la culpa y cuélgalo en la puerta de tu casa. Cada día, cuando te vayas, le dices: «¡Aquí te quedas!».

¿Es el sentimiento de culpa una piedra que pesa en tu mochila? Si es así, coge una de las piedras que recopilaste, ponle el nombre, colócala dentro y escribe en tu libreta tus reflexiones sobre ella y sobre todo lo que has leído en este apartado.

## 63
## DESESPERANZA

La desesperanza está fundada en lo que sabemos, que es nada, y la esperanza sobre lo que ignoramos, que es todo.

MAURICE MAETERLINCK

¿Alguna vez te has sentido como si estuvieras encerrada en un túnel sin salida? ¿Has experimentado esa sensación de que, hagas lo que hagas, los resultados serán los mismos? ¿Te has sentido desesperanzada? Si es así, este apartado es para ti. Incluso si nunca has sentido estas emociones con tal intensidad, sigue leyendo.

La desesperanza es esa sensación de no ver una solución a los problemas, una sensación de impotencia ante los retos de la vida, de creer que nuestros esfuerzos son en vano. Es como estar atrapada en una espesa niebla de pesimismo y derrota. Pero ¿alguna vez te has preguntado cuándo surge esta desesperanza? ¿Cuáles son las causas y las consecuencias de su aparición?

La desesperanza puede surgir en cualquier momento. No discrimina. Aparece en momentos de estrés extremo, en medio de la pérdida, durante periodos de cambio y transición, o incluso puede ser la sombra residual de un trauma pasado. Y, aunque estoy segura de que te gustaría evitarla, conocerla, como siempre, es el primer paso para superarla.

Identificarla puede ser más difícil de lo que piensas. A veces se disfraza de frustración, o de tristeza. Otras veces se manifiesta como apatía o resignación. Es un lobo con piel de oveja y, como tal, requiere una mirada atenta y compasiva hacia una misma para poder descubrirla. Pero, aunque los signos pueden ser sutiles y, a menudo, se mezclan con otras emociones o estados de ánimo, hay ciertas actitudes y pensamientos que pueden indicar la presencia de esta piedra en tu mochila.

Primero, si notas que estás atrapada en un patrón de pensamiento pesimista y recurrente, podría ser un signo de desesperanza. Este patrón puede manifestarse en la forma de un enfoque constante en los aspectos negativos de la vida, una anticipación de fracasos futuros o un sentido general de fatalidad. La desesperanza, en su esencia, es una falta de fe en un futuro mejor.

En segundo lugar, la desesperanza a menudo viene acompañada de un sentimiento de impotencia. Puedes sentir que, hagas lo que hagas, las cosas no cambiarán, que tus esfuerzos no tienen ningún impacto. Esta sensación de impotencia puede manifestarse en tu vida cotidiana, desde tu trabajo hasta tus relaciones personales, y es un signo claro de desesperanza.

Otro signo puede ser dejar de lado actividades que solías disfrutar. Si encuentras que te has desvinculado de tus pasatiempos favoritos, o que las cosas que antes te brindaban alegría ya no lo hacen, podrías estar sufriendo de desesperanza.

Esto son solo indicadores posibles. Si sospechas que podrías estar sufriendo de desesperanza, es crucial buscar ayuda profesional que pueda proporcionarte una evaluación precisa y guiarte a través del proceso de superación.

Las causas de la desesperanza son tan diversas como nosotras mismas. Puede desencadenarse por un evento traumático, como la pérdida de un ser querido o un despido inesperado. O puede ser el resultado de años de luchas no resueltas, como vivir en una relación tóxica o en un ambiente laboral hostil. En cualquier caso, la desesperanza surge cuando te sientes impotente ante las circunstancias de la vida.

Elisa era madre soltera y trabajaba incansablemente para mantener a su familia, siempre procurando hacer lo mejor para sus hijos. Pero, después de perder su trabajo en plena pandemia, comenzó a sentirse muy desesperada. Enfrentarse a la posibilidad de no poder proporcionar a sus hijos las necesidades básicas provocó en Elisa una sensación de desesperanza abrumadora. La desesperanza se manifestaba en su vida diaria, le robaba la energía y la motivación. Aunque solía ser una persona activa, ya nada le brindaba alegría. Incluso los días soleados le parecían grises. Sentía que no importaba cuánto se esforzara, pues su situación no mejoraría. La desesperanza había envuelto su vida, oscureciendo su visión del futuro. Pero Elisa aprendió que, incluso en la desesperación más profunda, siempre hay un camino hacia la esperanza.

En el caso de Elisa es muy fácil acabar sufriendo desesperanza debido a su situación personal, pero ¿qué hay de aquellas personas que experimentan desesperanza sin tener problemas significativos en su vida? La desesperanza no siempre está vinculada directamente a las circunstancias externas. En ocasiones es el resultado de procesos internos, creencias y patrones de pensamiento. De hecho, la mayoría de las veces que se vuelve tóxica es por eso.

Decía Enrique Pichon-Rivière que en tiempos de incertidumbre y desesperanza es imprescindible gestar proyectos colectivos desde donde planificar la esperanza junto a otros. Te dejo unos minutos para que pienses si te identificas con esta piedra.

¿Es la desesperanza una piedra que pesa en tu mochila? Si es así, coge una de las piedras que recopilaste, ponle el nombre, colócala dentro y escribe en tu libreta tus reflexiones sobre ella. ¿Cómo te sientes actualmente en tu vida? ¿Reconoces la desesperanza en este momento de tu vida? ¿Cómo crees que puede sentirse una persona que carga esta piedra?

## 64
## VERGÜENZA

Si el alma está preocupada en sentir vergüenza y en superarla, no puede sentir placer.

STENDHAL

Según el diccionario, la vergüenza es ese sentimiento de incomodidad producido por el temor a hacer el ridículo ante alguien, o a que alguien lo haga.

Voy a contarte algo. Desde que empecé primero de BUP, soñaba con el viaje de fin de curso de tercero. Ya entonces tenía mucho interés en viajar y descubrir mundo, y tener la oportunidad de hacerlo de la mano de mis compis de clase era la motivación que me hacía aguantar lo que me parecían unas pesadas y soporíferas clases que nunca terminaban y se hacían eternas.

Llegó, por fin, tercero de BUP. Empezamos a hablar del viaje. Para costearlo realizábamos una serie de actividades, una iniciativa que en su momento me pareció muy natural y que ahora valoro como un gran aprendizaje. Una de las actividades que hacíamos era un desfile de moda en una de las pocas discotecas que había en mi ciudad. Instint, se llamaba.

Así llegó el día de las elecciones. Entre todos votábamos a los candidatos. Los más guaperas serían los modelos y los más cachondos harían de presentadores. Nunca destaqué por ser de las más guapas ni por tener una figura esbelta, pero nadie puede quitarme el título de la alegre, simpática y divertida. No había duda, todo el mundo votó a los que sabía que harían un buen espectáculo, y yo salí elegida para ser la presentadora del evento, junto a otro compañero.

Pues bien, llegó el gran día. No recuerdo cómo viví ser la elegida ni los momentos previos al evento. Supongo que me quedé un poco sorprendida, no lo sé. No recuerdo si lo viví con ilusión o con miedo, si sentía vergüenza por lo que tenía que hacer o me sentía con ganas. Pero lo que nunca olvidaré es el pánico escénico que sentí al verme encima del escenario con el foco en la cara. Creo que nunca en mi vida había estado más seria, sosa y tensa. Fue un desastre. Todo el mundo pensaba que lo haría de lujo y se me comió la vergüenza. En cambio, mi compañero lo hizo genial, como era de esperar. Supo suplir mis lagunas de no saber qué decir y mi poca gracia presentando a mis compañeros. Supo ser él mismo encima del escenario con cientos de personas mirándole. Yo no.

No fue hasta años después que me di cuenta de cómo esta experiencia había marcado mi vida. Porque es verdad que nadie me criticó, pero tampoco nadie me felicitó. Al cabo de unos años, un día me llamó un amigo de la universidad y me propuso hacer de reportera en el programa de TV que dirigía. A pesar de que yo trabajaba en una agencia de medios, él tenía clarísimo que yo era la candidata perfecta para ese puesto, pero yo, después de haber vivido esa experiencia durante mi adolescencia, dije que no. Sentí que se repetía la historia, pero como esta vez no quería fracasar, dije que no. Hoy en día yo también pienso lo mismo, que era la mejor candidata para ello, pero en su momento dije que no una y todas las veces en que mi amigo insistió, hasta el punto de enfadarme y pedirle que respetara mi decisión. Y no sabes la de veces que me he arrepentido de ello. Por eso ahora, cuando me proponen algo que implica salir de mi zona de confort, siempre digo que sí. En su momento no me di cuenta de que era algo que quería hacer y de que lo que me hacía decir que no era la vergüenza de ponerme delante de la cámara y no hacerlo bien.

Por eso, cuando me llamaron para una tertulia en la tele, dije que sí. Cuando me propusieron hacer de entrevistadora en *Alex Comunica,* también dije que sí, y ahora digo que sí a todo o a casi todo, como diría Ferran Cases. Y si no lo hago bien del todo, sigo intentándolo. Sin sentir vergüenza, sin sentir que he decepcionado a nadie y, sobre todo, orgullosa de mí misma.

A diferencia de otras emociones que hemos visto anteriormente, la vergüenza es muy fácil de identificar. Sabemos perfectamente las situaciones que la ponen de manifiesto. Lo veo continuamente con mi hija de once años. ¿No te parece curioso ver la de mecanismos que es capaz de emplear nuestra mente para convencernos de que hay algo que no queremos, porque lo que queremos en realidad es evitar la emoción que va asociada a ello? Es un poco rebuscado, pero es así.

La conclusión es que quien tiene vergüenza ni come ni almuerza, como solía decir un amigo mío. Por eso la identifico como tóxica, porque es una emoción que hace que nos perdamos muchas cosas maravillosas que tiene la vida. La vergüenza te limita, atormenta y te hace perder oportunidades.

La de veces que mi hija no ha querido hacer algo, llegando incluso a llorar inventándose no sé cuántas historias, y después me ha dado las gracias por animarla a hacerlo. La vergüenza nos hace sentir pequeñas e incapaces, y está estrechamente relacionada con nuestro deseo de querer hacer las cosas bien. Por eso, el primer paso es aceptarla. No pasa nada por sentir vergüenza. El otro día bajé a tirar la basura en pijama, calcetines y chanclas. Es algo que nunca habría hecho años atrás y que me pareció superdivertido. Además, lo hice lentamente por ponerle más emoción si me encontraba a alguien conocido.

Enviar a la vergüenza de paseo es de las mejores cosas que he hecho en la vida. ¿Quieres hacerlo? Para ello te propongo un ejercicio muy divertido: convierte a Ms. Vergüenza en un personaje al que vas a entrevistar. Prepara unas preguntas para hacerle y pide a alguien que te las haga mientras te grabas en vídeo. No necesitas ser actor para hacer este ejercicio. Venga, hazlo, déjate llevar, y después observa cómo se comporta Ms. Vergüenza. ¿Qué necesita Ms. Vergüenza para convertirse en Ms. SIN-Vergüenza?

¿Es la vergüenza una piedra que pesa en tu mochila? Si es así, coge una de las piedras que recopilaste, ponle el nombre, colócala dentro y escribe en tu libreta tus reflexiones sobre ella.

## 65
## SOLEDAD

La soledad no es la ausencia de caras. Es un vacío en el corazón.

ANTHONY LICCIONE

¿Alguna vez te has encontrado en una habitación llena de gente y, sin embargo, te has sentido absolutamente sola? ¿O quizá has tenido esos momentos de aislamiento autoimpuesto, en los que prefieres estar sola a estar con los demás, pero la soledad te pesa como una losa? La soledad es como un fantasma que aparece sin que le avises y que puede quedarse pegado a ti durante mucho tiempo. Pero ¿qué es exactamente la soledad?

La soledad es un estado emocional que se manifiesta cuando sentimos una desconexión con los demás, una falta de cercanía o intimidad. No se trata simplemente de estar físicamente sola, sino más bien de un sentimiento de aislamiento emocional que puede ser tanto un síntoma como una causa de varios problemas psicológicos y emocionales. Puede surgir en cualquier momento, a cualquier edad y en cualquier situación, porque no es lo mismo estar sola que sentirse sola.

La soledad puede manifestarse de diferentes maneras: como un deseo de conexión, como una sensación de vacío o un sentimiento de tristeza que permanece. Es posible que te encuentres evitando el contacto social, o, por el contrario, buscando desesperadamente a alguien con quien conectarte. En cualquier caso, creo que algo muy importante que debemos tener en cuenta sobre la soledad es que tiende a tener un efecto autoamplificador: cuanto más solas nos sentimos, más nos aislamos y más aumenta nuestra sensación de soledad.

Puede aparecer como resultado de un cambio en nuestras circunstancias vitales, como empezar a vivir en un lugar nuevo, la pérdida de un ser querido, una ruptura amorosa o incluso al vivir un proceso de crecimiento personal, que puede hacernos sentir desconectadas de nuestros viejos amigos y familiares.

También puede ser consecuencia de circunstancias externas que pueden afectar a un grupo de personas o a la sociedad de manera global, como sucedió con la pandemia, una experiencia que resonó en todo el mundo y que cada uno experimentó a su manera, siendo aquellos que vivían solos los que pudieron experimentar la soledad de manera más aguda. La pandemia no solo exacerbó la soledad existente, sino que también creó nuevas formas de soledad.

Las consecuencias de la soledad pueden ser graves. No solo se relaciona con la depresión, la ansiedad y el estrés, sino que también puede tener efectos perjudiciales en nuestra salud física, como problemas del corazón, problemas de sueño y un sistema inmunológico debilitado.

Esto me lleva a reflexionar sobre cómo la soledad puede convertirse en una piedra pesada que podemos arrastrar a lo largo de nuestras vidas, afectando no solo a nuestra salud mental, sino también a nuestro bienestar físico. ¿Alguna vez has notado que cuando te sientes sola, tu energía disminuye, tu motivación se desvanece y te vuelves más susceptible a enfermar? Esto no es coincidencia.

Investigaciones científicas han demostrado que la soledad crónica puede llevar a inflamación en el cuerpo, lo cual está asociado con una variedad de enfermedades. Además, cuando nos sentimos solas, es probable que tengamos malos hábitos de sueño, lo cual afecta a nuestro estado de ánimo, nuestra capacidad de concentración y nuestro rendimiento general.

El corazón también sufre. Sentirnos crónicamente solas puede aumentar la presión arterial y el nivel de cortisol, la hormona del estrés, lo que a su vez aumenta el riesgo de enfermedades cardíacas. Además, la falta de conexiones sociales y de apoyo emocional pueden hacer que seamos menos propensas a cuidar nuestra salud y a buscar ayuda médica cuando la necesitamos.

En un nivel más profundo, la soledad también afecta a nuestra identidad y sentido de pertenencia. Cuando nos sentimos desconectadas de los demás, podemos empezar a cuestionar nuestro propio valor y lugar en la sociedad. Esto puede generar un ciclo vicioso en el que la baja autoestima conduce a un mayor aislamiento, y este aislamiento refuerza nuestros sentimientos negativos sobre nosotras mismas.

Es importante reconocer la soledad como una piedra en nuestro camino que necesitamos abordar con urgencia. Para deshacernos de esta piedra, es fundamental buscar maneras de reconectarse, ya sea acercándose a amigos y familiares, buscando el apoyo de un terapeuta o un *coach*, o involucrándose en actividades comunitarias.

Considera esto: tu necesidad de conexión es tan fundamental como tus necesidades básicas de alimento y refugio. En un mundo donde las conexiones auténticas pueden parecer cada vez más escasas, ¿qué pasos estás dispuesta a dar para construir puentes sobre la brecha de la soledad y forjar un camino hacia un futuro más conectado y pleno?

Lo bueno de todo esto es que, a pesar de cómo nos hace sentir la soledad, no estamos solas en el mundo. Todas, en algún momento, experimentamos la soledad. Es una parte universal de la experiencia humana y puede ser una oportunidad para el autodescubrimiento y el crecimiento personal. En la quietud de la soledad, podemos aprender a escucharnos a nosotras mismas con más claridad, a entender nuestras necesidades y deseos con más profundidad, y a fortalecer nuestra capacidad de autocompasión. Al final, la solución a la soledad no es evitarla, sino abrazarla, comprenderla y trabajar con ella.

¿Es la soledad una piedra que pesa en tu mochila? Si es así, coge una de las piedras que recopilaste, ponle el nombre, colócala dentro y escribe en tu libreta tus pensamientos sobre ella. ¿Te sientes o te has sentido sola en algún momento de tu vida? ¿Cómo ha sido esa sensación? Reflexiona sobre ello.

## 66
## FRACASO

El fracaso es simplemente la oportunidad de comenzar de nuevo, esta vez de forma más inteligente.

Henry Ford

Aunque muchas veces vivamos el fracaso como un callejón sin salida, en el fondo no es más que una desviación. Piénsalo por un momento: ¿qué es el fracaso? ¿Cómo lo definirías? ¿Es simplemente la ausencia de éxito? ¿O es, tal vez, un final inesperado, un resultado que no estaba en tus planes? ¿Es acaso una muestra de tu incompetencia, o una señal de que estás en el camino, intentando, aprendiendo, creciendo?

El fracaso es una de esas palabras que no deja a nadie indiferente y se relaciona con decepción, miedo, vergüenza o no estar a la altura. Además, puede surgir en cualquier momento de tu vida, tanto en los grandes proyectos como en las pequeñas tareas cotidianas.

A menudo, reconocemos el fracaso por los sentimientos que nos provoca: frustración, desilusión, quizá hasta desesperación. Pero lo curioso del fracaso es que, en gran medida, es algo que nos construimos subjetivamente. Ante un mismo hecho, dos personas pueden digerirlo de maneras completamente diferentes: una puede verlo como un fracaso devastador, mientras que la otra puede sentirlo simplemente como un obstáculo en el camino, o incluso como una lección de vida valiosa.

En su famoso discurso de graduación en la Universidad de Harvard en junio de 2008, J. K. Rowling habló sobre los beneficios del fracaso. Describió su propia experiencia con el fracaso, que alcanzó su punto máximo cuando se encontraba sin trabajo, recién divorciada y con una hija pequeña a su cargo. Sin embargo, ella sostuvo que fue precisamente ese periodo de fracaso profundo el que le permitió concentrarse en su escritura, de donde salió su primer libro de Harry Potter.

Rowling afirmó que el fracaso significó despojarse de lo no esencial. En su caso, al haber tocado fondo, ya no tenía nada que perder y se sintió libre para seguir su verdadera vocación. Además, ella considera que su fracaso la hizo una persona más fuerte y resiliente. Como dijo en su discurso: «El fracaso me enseñó cosas sobre mí misma que no podría haber aprendido de otra manera. Descubrí que tengo una fuerte voluntad y más disciplina de la que sospechaba».

Este es un ejemplo poderoso de cómo el fracaso, a pesar de ser doloroso en el momento, puede ser una fuente incalculable de aprendizaje y crecimiento. De hecho, muchas personas exitosas argumentan que no podrían haber logrado lo que hicieron sin los fracasos que experimentaron en el camino.

Dicho esto, es importante diferenciar entre el fracaso y la sensación de fracaso. El fracaso se puede definir como la ausencia de éxito en una tarea o meta particular. Es una situación objetiva en la que no se logran los resultados esperados o deseados. El fracaso es un evento o un resultado, no una característica personal. Es algo que ocurre, no algo que eres. En otras palabras, experimentar un fracaso no te convierte en una «fracasada».

Por otro lado, la sensación de fracaso es una experiencia subjetiva y emocional. Es la sensación interna de no haber cumplido con las expectativas propias o ajenas, independientemente de los resultados objetivos. Esta sensación puede no corresponderse con la realidad externa; puedes sentirte como una fracasada incluso cuando, desde una perspectiva objetiva, has tenido éxito en muchas áreas de tu vida.

Ambos conceptos están interrelacionados, pero no siempre se alinean de manera directa. Puedes experimentar un fracaso objetivo sin sentirte una fracasada, especialmente si consideras el fracaso como una oportunidad para aprender y crecer. Del mismo modo, puedes sentirte una fracasada incluso cuando no has experimentado un fracaso objetivo, especialmente si tienes expectativas poco realistas o una tendencia a juzgarte duramente.

En el *coaching* y en la psicología, una de las claves para manejar tanto los fracasos como la sensación de fracaso es cambiar la forma en que interpretamos y respondemos a estas experiencias. En lugar de ver el fracaso como una prueba de nuestra inadecuación, podemos aprender a verlo como una oportunidad para aprender, crecer y mejorar. Y en lugar de permitir que la sensación de fracaso nos desanime, podemos aprender a tratarnos a nosotras mismas con más compasión y amabilidad, reconociendo que todas cometemos errores y que estos errores no disminuyen nuestro valor como personas.

Ni el fracaso ni la sensación de fracaso definen quién eres. Son simplemente experiencias, momentos en nuestro viaje. No son indicadores de nuestro valor ni de nuestro potencial, ni deben limitarnos en la vida.

Para terminar, me gustaría invitarte a reflexionar: ¿cómo estás interpretando tus fracasos? ¿Te permites aprender de ellos, o te quedas atrapada en la autocrítica? Recupera tu libreta y escribe sobre ello revisando todos los momentos en tu vida en los que ha aparecido.

Recuerda, tienes la capacidad de crecer y evolucionar a partir de cada experiencia de fracaso. Y puedes aprender a manejar la sensación de fracaso de una manera que apoye tu bienestar y tu crecimiento. Esta es tu oportunidad. ¿Estás lista para dar el siguiente paso?

¿Es el fracaso una piedra que pesa en tu mochila? Si es así, coge una de las piedras que recopilaste, ponle el nombre, colócala dentro y escribe en tu libreta tus reflexiones sobre ella. ¿Qué relación tienes con el fracaso? ¿Te has sentido así alguna vez? ¿Cómo ha sido?

## 67
# QUERER SER EL CENTRO DEL UNIVERSO

El egoísmo no es vivir como uno desea vivir, es pedir a los demás que vivan como uno quiere vivir.

OSCAR WILDE

A esta piedra la he bautizado como «querer ser el centro del universo». Quizá al leer esta frase experimentes cierto rechazo. Puede que incluso te sientas inclinada a decir: «¡Yo no soy así! Esto no va conmigo». Pero te animo a que sigas leyendo y te permitas explorar por si acaso esta piedra ha encontrado un lugar secreto en tu mochila y no te das cuenta de que la llevas.

Yendo al grano, con esta piedra estoy hablando de egocentrismo, autocomplacencia y protagonismo excesivo. Me refiero a un deseo desbordado de atención, reconocimiento y querer ser la primera en cualquier situación o relación. Visto en más detalle, consiste en una percepción distorsionada de la realidad en la que te ves a ti misma como el eje alrededor del cual el resto del mundo debe girar. Y es también una necesidad de validación que va más allá de la simple autoafirmación.

Detectarlo en la sociedad moderna puede llegar a ser un gran desafío. Las redes sociales nos han puesto en el centro: permiten compartir nuestra vida y logros en primera persona, transformando nuestras experiencias cotidianas en el centro de nuestro universo digital.

Pero ¿cómo identificarlo? En un contexto así, ¿cómo saber si está dentro de la normalidad mi manera de actuar? A menudo, la señal más clara es la frustración que sentimos cuando el mundo no se comporta de acuerdo con nuestras expectativas, de las que ya he hablado en este libro.

Además, es necesario que prestes atención a tus hábitos de comunicación. Si te encuentras a menudo interrumpiendo a los demás, dominando las conversaciones, o te irritas cuando no eres el centro de atención, entonces es probable que esta piedra esté presente. Si tienes sospechas, pero no estás segura, reflexionar sobre estas preguntas quizá te ayude:

¿Siento una constante necesidad de atención y reconocimiento en mis interacciones sociales?
¿Tiendo a dominar las conversaciones, haciéndolas girar en torno a mis experiencias o puntos de vista?
¿Me molesta o me siento amenazada cuando alguien recibe más atención o reconocimiento?
¿Espero que los demás se adapten a mis necesidades y deseos sin tener en cuenta los suyos?
¿Me siento a menudo frustrada o decepcionada cuando las cosas no salen exactamente como quiero?
¿Mi bienestar emocional depende en gran medida de cómo los demás me perciben o me responden?

Si has respondido afirmativamente a varias de estas preguntas, es posible que estés queriendo ser el centro del universo. Pero recuerda, el reconocimiento de esta piedra no es motivo de vergüenza. Al contrario, es un paso importante hacia la liberación y el crecimiento personal. En el reconocimiento está el crecimiento.

Eliminar esta piedra requiere tiempo y compromiso. Intenta, en lugar de buscar siempre el protagonismo, comprender y apreciar las perspectivas de los demás. Es vital celebrar los logros de las personas de tu alrededor y comprender que no todo el mundo gira en torno a ti. Céntrate en desarrollar una identidad sólida basada en la autoestima y el autoconocimiento para liberarte de la necesidad de buscar la validación externa, al mismo tiempo que practicas la gratitud y la humildad.

Es importante recalcar que tener un sentido de importancia personal no es malo. De hecho, tener una autoestima saludable es imprescindible para tu bienestar. El problema surge cuando te desequilibras y querer ser el centro del universo se convierte en una demanda constante de atención que eclipsa las necesidades y sentimientos de los demás.

Vanesa era una persona increíblemente eficiente que tenía una gran capacidad para inspirar y motivar a los demás. Pero, con el tiempo, su deseo de ser el centro del universo empezó a crear tensión entre sus compañeros de trabajo y su entorno más cercano.

Durante el proceso de *coaching* que hicimos, Vanesa pudo ver cómo su necesidad de estar siempre en el centro estaba afectando negativamente a su vida. Comenzó a practicar la escucha activa, a celebrar los logros de los demás y a respetar la diversidad de experiencias en su entorno. Empezó a fortalecer su identidad interna, no basada en el reconocimiento externo, sino en su autoestima y autoconocimiento. Y aprendió a practicar la gratitud y la humildad, lo que la ayudó a cambiar su perspectiva de vida.

Al liberarse de la necesidad de ser el centro del universo, se abrió a la posibilidad de disfrutar de relaciones más auténticas y satisfactorias, y de vivir una vida llena de respeto mutuo, gratitud y humildad.

¿Es querer ser el centro del universo una piedra que pesa en tu mochila? Si es así, coge una de las piedras que recopilaste, ponle el nombre, colócala dentro y escribe en tu libreta tus reflexiones sobre ella. ¿Qué pasa cuando no eres el centro? ¿Te sientes afectada de alguna manera?

## 68
## BAJA AUTOESTIMA

> No es lo que eres lo que te detiene, es lo que piensas que no eres.
>
> DENIS WAITLEY

La baja autoestima es un problema muy común en la actualidad. La autoestima es la forma en que nos percibimos y valoramos a nosotras mismas, afecta a muchos aspectos de nuestra vida, por lo que tenerla baja implica tener una percepción negativa de una misma, algo que afecta a la confianza, debilita la resiliencia y puede llevarte a la autocrítica destructiva.

Silvia Congost, psicóloga experta en dependencia emocional, autoestima y terapia de pareja, define la autoestima como «el valor que nos damos a nosotros mismos». Según Congost, cuando nuestro valor propio es bajo, tendemos a sentirnos inseguras, indecisas y temerosas de los desafíos o las críticas. Nos resulta difícil aceptarnos, nos apegamos a relaciones insatisfactorias y nos esforzamos por cumplir con las expectativas de los demás en lugar de perseguir nuestras propias metas y deseos. En otras palabras, la baja autoestima es como un ancla que nos mantiene atrapadas en un puerto seguro, pero limitante, impidiéndonos navegar en las aguas abiertas de la vida.

Es cierto, la piedra de la baja autoestima es una de las más fundamentales y complejas con las que podemos lidiar, ya que afecta profundamente a cómo interactuamos con el mundo. Sin una autoestima saludable, tendemos a empequeñecernos, dudamos de nuestras capacidades y evitamos correr riesgos o buscar nuevas oportunidades.

Sin autoestima, nos volvemos vulnerables a la crítica y al rechazo. El miedo a no ser lo suficientemente buenas puede hacernos sentir ansiosas y deprimidas, y puede limitar nuestro crecimiento personal y profesional.

Sin autoestima, podemos caer en patrones de relaciones poco saludables. Podemos tolerar comportamientos tóxicos y dañinos porque no creemos merecer algo mejor, o podemos buscar constantemente la aprobación y validación de los demás para sentirnos valoradas.

Sin autoestima, podemos perder nuestra autenticidad. Podemos pasar tanto tiempo y energía intentando encajar en las expectativas de los demás que nos perdemos a nosotras mismas en el proceso.

Pero no tiene por qué ser así. Al trabajar con la piedra de la baja autoestima, puedes aprender a valorarte a ti misma, a confiar en tus capacidades y a desarrollar resiliencia ante la adversidad. Puedes aprender a establecer límites saludables en tus relaciones y a buscar lo que te hace estar feliz y satisfecha. Y, lo que es más importante, puedes aprender a abrazar a tu auténtico yo, con todas tus fortalezas y debilidades, y a navegar por la vida con confianza y autoafirmación.

En la misma línea, Walter Riso dice que la autoestima no es solo una parte fundamental de tu salud mental y emocional, sino también una parte esencial de tu capacidad para amar y ser amada de manera saludable. Tener una autoestima sana te permite establecer límites claros y asertivos en tus relaciones. Te ayuda a evitar la dependencia emocional y a buscar relaciones basadas en el respeto mutuo y la equidad, en lugar de la necesidad y el miedo al abandono.

Para Riso, la autoestima es también un componente esencial de nuestro bienestar general. Una autoestima saludable puede aumentar nuestra resiliencia ante la adversidad, mejorar nuestra confianza en nuestras habilidades y permitirnos perseguir nuestros sueños y objetivos con determinación y coraje.

Riso también destaca la importancia de cultivar una autoestima «inteligente», es decir, tener una autoestima que esté basada en una evaluación realista y de aceptación de ti misma, y no en comparaciones externas o en la búsqueda de la perfección. Una autoestima inteligente reconoce que todas somos imperfectas y que estos defectos no disminuyen nuestro valor.

Mejorar la autoestima comienza con un acto de autoobservación. Presta atención a la manera en la que te hablas a ti misma. Si te das cuenta de que a menudo eres autocrítica o castigas tus errores en lugar de aprender de ellos, ha llegado el momento de cambiar. Comienza por practicar la autocompasión. Trátate a ti misma con la misma amabilidad y comprensión que le ofrecerías a un amigo en una situación similar. Acepta que todas cometemos errores y que estos son oportunidades para crecer.

Además, considera tus fortalezas y logros. Muchas veces, cuando nuestra autoestima es baja, nos centramos solo en nuestras debilidades y olvidamos reconocer nuestras habilidades y logros. Haz una lista de tus fortalezas y de las cosas que has logrado, por pequeñas que sean, y revísala regularmente.

Recupera tu libreta y reflexiona: «¿Cómo es mi diálogo interno? ¿Soy amable y comprensiva conmigo misma o, a menudo, me critico duramente? ¿Cómo me siento con respecto a mis habilidades y capacidades? ¿Siento que merezco amor y respeto, tanto de mí misma como de los demás?». Las respuestas a estas preguntas pueden proporcionarte una visión valiosa de tu nivel de autoestima. Sigue así, avanzando, sin prisa ni pausa.

¿Es la baja autoestima una piedra que pesa en tu mochila? Si es así, coge una de las piedras que recopilaste, ponle el nombre, colócala dentro y escribe en tu libreta tus reflexiones sobre ella. ¿Has experimentado síntomas de ansiedad que crees que podrían estar relacionados con cómo te sientes contigo misma? ¿Sientes que tienes un sentido positivo de tu valía personal?

## 69
# MIEDO

El mayor error que puedes cometer en la vida es estar siempre temiendo que cometerás uno.

Elbert Hubbard

El miedo es una respuesta emocional a una amenaza percibida. Es una reacción instintiva que nos prepara para la lucha, la huida o la congelación cuando nos enfrentamos a un peligro. Evolutivamente, el miedo ha jugado un papel crucial en nuestra supervivencia, alertándonos de los peligros y protegiéndonos de daños potenciales. Sin embargo, en nuestra sociedad moderna, el miedo a menudo se activa en respuesta a amenazas percibidas que no son inmediatamente mortales, y se producen el miedo a hablar en público, el miedo al rechazo o el miedo al fracaso... Este tipo de miedos son los que pueden limitarte.

Puede que vivas con miedo si a menudo te encuentras evitando ciertas situaciones o actividades debido a la ansiedad o la preocupación. Pero aquí está la parte intrigante: aunque el miedo puede parecer un enemigo, también puede ser un poderoso aliado.

¿Cómo puede ser esto posible? El miedo, cuando se comprende y se maneja de manera efectiva, puede actuar como una brújula que nos señala dónde necesitamos poner la atención. El miedo puede mostrarte dónde te sientes más vulnerable, dónde necesitas desarrollar habilidades o confianza, y en qué puedes tener la oportunidad de aprender y crecer. Al enfrentar nuestros miedos, no solo podemos liberarnos de su dominio, sino también descubrir nuevas fortalezas y capacidades en nosotras mismas. En esta perspectiva, el miedo no es un final, sino un comienzo.

Imposible hablar de miedo sin mencionar a Michelle Poler. Michelle, conocida por su proyecto «100 Days Without Fear» («Cien días sin miedo»), tiene una visión muy inspiradora sobre el miedo. En 2015 decidió enfrentar y documentar sus miedos durante cien días, una gran iniciativa que la llevó a crear un movimiento global.

Poler sostiene que el miedo es una reacción natural y humana que puede ser increíblemente limitante si no aprendemos a manejarlo. En lugar de ver el miedo como algo que debe evitarse, ella anima a las personas a «enfrentarlo», a «hacer del miedo tu mejor amigo», tal y como hizo ella. Poler enfatiza que el verdadero crecimiento y desarrollo personal ocurren cuando nos enfrentamos a nuestros miedos y nos empujamos a salir de nuestras zonas de confort.

Además, Poler diferencia entre miedos que nos mantienen seguros (como el miedo a tocar el fuego, por ejemplo) y miedos que nos mantienen estancados (como el miedo a hablar en público, cambiar de carrera, etcétera). Es esta segunda categoría de miedos la que Poler sugiere que debemos abordar y superar para vivir una vida más plena y satisfactoria.

Mantener el miedo a raya para que no se vuelva tóxico requiere un enfoque multifacético, y la primera parte de ese enfoque es el autoconocimiento. Es importante identificar tus miedos y comprender su origen. ¿Están basados en experiencias pasadas, preocupaciones sobre el futuro, o creencias irracionales o limitantes sobre nosotras mismas?

La segunda parte es la gestión emocional. Aprender técnicas de manejo del estrés, como la meditación, la respiración profunda, el yoga, y otros ejercicios de atención plena, puede ayudarnos a manejar la respuesta física y emocional del miedo.

La tercera parte es la acción. A menudo, los miedos se mantienen a raya cuando nos enfrentamos a ellos de manera proactiva, en lugar de evitarlos. Esto no significa que debamos correr imprudentemente hacia situaciones peligrosas, sino más bien que debemos enfrentar conscientemente aquellos miedos que nos limitan. Cada pequeña victoria sobre nuestros miedos construye confianza y resiliencia.

Por último, mantener una perspectiva positiva también puede ser útil. Recordarnos a nosotras mismas que el miedo es una emoción normal y una parte natural de la vida. Al final del día, es nuestra respuesta al miedo lo que realmente importa.

Personalmente, siempre he sido alguien con muchos miedos. De pequeña tenía miedo a la oscuridad, a quedarme sola en casa, a volver a casa por la noche, a subirme en una montaña rusa, a las alturas, a viajar sola y a no sé cuántas cosas más, lo cual me limitaba en exceso. Ahora, de mayor, sigo teniendo más miedos de los que querría y, aunque voy superándolos poco a poco, siento que me limitan más de lo que quiero. Y me da mucha rabia.

Por suerte, como soy muy consciente de ello, los trabajo a mi ritmo. Si quieres hacer como yo, tendrás que empezar por lo básico: haz una lista en la que enumeres todos tus miedos, desde los más triviales hasta los más profundos. Después, organízalos de menos aterradores a más, para que puedas empezar con los más pequeños y manejables.

Ahora, crea un plan de acción, un desafío que te permita enfrentarte a cada uno de ellos, comenzando, insisto, por los que te provocan menos ansiedad. Cuando te enfrentes a estos miedos, es importante que te tomes tiempo para reflexionar sobre cómo te sentiste antes, durante y después del evento. La incomodidad inicial es natural, ya que estás saliendo de tu zona de confort. Sin embargo, a medida que continúas exponiéndote a tus miedos, deberías empezar a notar que se vuelven menos intimidantes. Al final, descubrirás que ya no te controlan, sino que tú los controlas a ellos.

¿Es el miedo una piedra que pesa en tu mochila? Si es así, coge una de las piedras que recopilaste, ponle el nombre, colócala dentro y escribe en tu libreta tus reflexiones sobre ella. ¿Qué harías si no tuvieses miedo? ¿Cómo crees que te condiciona el miedo? ¿Qué podrías hacer para superarlo?

## 70
## ENVIDIA

La envidia es una declaración de inferioridad.

Napoleón Bonaparte

«Un día mi vecino me vio acostada en una hamaca y me dijo: “La pereza es pecado”. Y yo le dije: “La envidia también”.»

¿Conoces el cuento de la luciérnaga y la serpiente? Había una vez una serpiente que empezó a perseguir una bonita luciérnaga. A pesar de que la luciérnaga centraba sus esfuerzos en huir a gran velocidad, la serpiente no desistía. Huyó día tras día hasta que la luciérnaga, exhausta, le dijo a la serpiente:

—¿Puedo hacerte unas preguntas?

—No acostumbro a dar este privilegio, pero como te voy a devorar, te lo concederé como un último deseo.

—¿Pertenezco a tu cadena alimenticia? —preguntó la luciérnaga.

—No.

—¿Te hice algo malo? —insistió la luciérnaga.

—No.

—Entonces ¿por qué me quieres devorar?

—Porque no soporto verte brillar —sentenció la serpiente.

Así es la envidia: mala, negativa y tóxica. Saca lo peor de cada una de nosotras. Una persona envidiosa es capaz de hacer cualquier cosa para impedir que otra pueda brillar. Te podría contar miles de anécdotas y ejemplos, pero siento que, en cuestión de envidia, todos sabemos perfectamente de lo que hablamos.

Hay un dato importante para tener en cuenta: la envidia está mal vista socialmente. ¿Serías capaz de reconocer públicamente que sientes envidia de alguien? A veces, lo disfrazamos diciendo que sentimos envidia sana. Por ese motivo, lo normal es que, en general, se oculte o se intente disimular.

Tengo que confesarte que he tenido que rehacer esta parte del texto. En la primera versión te contaba que no recordaba haber sentido envidia en ningún momento de mi vida, que eso no quería decir que no la hubiera sentido, simplemente que no lo recordaba. Tiendo a observar el talento desde la admiración y cuando veo a alguien que ha conseguido cosas que están en mi lista, pienso en cómo podría conseguir yo lo mismo e intento seguir sus pasos.

A pesar de esto, a medida que avanzaba en mi texto, me di cuenta de que sí había sentido envidia en algunas ocasiones y decidí indagar un poco más. Observé que, al fijarme en personas que considero que están por encima de mí, sentía admiración y quería imitar su comportamiento. Pero, por el contrario, cuando me comparaba con personas que habían conseguido objetivos que yo no lograba y a las que, por algún motivo, consideraba menos capacitadas, sí podía sentir envidia. La sentía, vamos.

Esto mismo puede que te pase a ti, porque tendemos a negar algunos sentimientos, hechos o conductas sin darnos cuenta, porque nos avergonzamos y porque cuesta reconocer que eres envidiosa o has sentido envidia en algunas ocasiones.

Por lo tanto, te recomiendo que no descartes la envidia tan rápidamente, porque las personas más envidiosas pueden esconderse detrás de grandes sutilezas. Si te pasa como a mí, prueba a responder estas preguntas e indagar un poco.

¿Alguna vez te has visto criticando a alguien sin ninguna justificación aparente? ¿Tienes la sensación de que nadie se da cuenta de lo mucho que vales? ¿Has hablado mal alguna vez de una persona que tiene éxito, restándoles mérito a sus logros? ¿Has infravalorado los méritos de alguien?

La envidia se viste de muchas maneras: críticas, defensas, rechazo, difamación, agresión, rivalidad, venganza. Es la no aceptación de que las cosas le vayan bien al vecino y a ti, no. Y el primer paso para poder reducirla es reconocerla.

Darte cuenta de que sientes envidia por alguien es difícil de digerir, no nos vamos a engañar. Pero te animo a que seas sincera contigo misma, te observes con lupa y aceptes lo que descubras. La envidia es un sentimiento humano, no tienes que castigarte por ello, pero sí es importante que la identifiques para poder transformarla en algo bueno. Reconozco que aceptar que he sentido envidia en algunas ocasiones me hace sentir bien, por lo que te animo a que hagas lo mismo.

Te estarás preguntando: ¿cómo puedo convertir la envidia en mi aliada? Para ello, la única cosa que debes hacer es enfocarte desde la curiosidad, con el deseo de descubrir. Porque sentir envidia puede darte información sobre aquello que deseas y no te atreves a expresar. Por lo tanto, si la reconoces con humildad y valentía, puede reconducirte hacia otro camino mucho más gratificante y, en lugar de perder el tiempo criticando a la vecina, podrás invertirlo en el esfuerzo que te acercará a conseguir aquello que deseas.

Ser envidiosa dificultará que vivas en paz y, por supuesto, contribuirá a aumentar tu sufrimiento. Verás como tu vida pasa por delante de tus narices mientras tú estás enfocada en otras personas.

La envidia perjudica tu bienestar y afecta al modo en el que te relacionas con tu entorno. De verdad, no es saludable. Además, las personas envidiosas producen rechazo y nadie quiere tener a una cerca. Si no haces algo con la envidia, corres el riesgo de convertirte en una persona amargada. Observa, identifica y transforma.

¿Te animas a pasar a la acción? Te sugiero que hagas una lista con todas aquellas personas, situaciones y cosas que envidies, con un objetivo en concreto: el de identificar tus deseos ocultos. Vamos a darle la vuelta a la tortilla y convertir la envidia en una palanca de cambio. Una vez que tengas el listado, revisa cada una de ellas dedicándole un tiempo de reflexión para asegurarte de que es algo que quieras tener en tu vida y, una vez que estés segura, piensa en una pequeña acción que puedas hacer para acercarte a aquello que causa tu envidia.

En conclusión, la envidia es un sentimiento que corroe por dentro y puede ser el desencadenante de otras emociones como la rabia, la ira, la desesperanza, etcétera, por lo que puedes estar bien segura de que, si no la digieres desde la conciencia, te hará sufrir. Recuerda que es mucho más bonito alegrarse de las cosas buenas que suceden a quienes te rodean y compartir con ellos la felicidad por sus logros.

No se puede ser envidiosa y feliz al mismo tiempo. Tú eliges.

¿Es la envidia una piedra que pesa en tu mochila? Si es así, coge una de las piedras que recopilaste, ponle el nombre, colócala dentro y escribe en tu libreta tus reflexiones sobre ella. ¿Qué papel tiene la envidia en tu vida actualmente? ¿Has identificado si sueles envidiar a otras personas?

## 71
# INSATISFACCIÓN CRÓNICA

Siempre pienso que lo mejor aún está por venir.

VINCENT VAN GOGH

¿Alguna vez has sentido que, hagas lo que hagas, no te sientes satisfecha? ¿Te resulta familiar esa constante necesidad de más, esa sensación persistente de que algo siempre falta? Si alguna vez has mirado tu vida y has sentido un vacío inexplicable a pesar de tus logros, es posible que estés lidiando con esta piedra a la que he decidido llamar «insatisfacción crónica».

La insatisfacción es una respuesta emocional que surge cuando nuestras expectativas, deseos o necesidades no se cumplen. Es una sensación de descontento, una percepción de que algo en nuestra vida no está bien o no es suficiente. Todas las personas experimentamos insatisfacción en diferentes momentos; es una parte normal y saludable de la experiencia humana que puede impulsarnos a crecer, cambiar y buscar lo que nos hace felices.

Sin embargo, puede haber momentos en los que esta insatisfacción se convierta en el estado emocional predominante, y es entonces cuando parece que no hay nada que puedas hacer que alivie esta sensación persistente de que falta algo. Si esta es tu situación, estás cargando con la piedra de la insatisfacción crónica.

Y es que, aunque parezca que todo lo que nos pasa es culpa de la sociedad, es necesario que observes el mundo en el que vives. ¿No tienes la sensación de que todo te impulsa hacia este «nunca es suficiente»? ¿Te has dado cuenta de cuántas veces *te dicen* aquello que necesitas más para ser feliz? Más dinero, más éxitos, más amor, más reconocimiento. Todo ello ha contribuido a que la insatisfacción crónica se convierta en una epidemia silenciosa de nuestra era.

Las personas que luchan contra la insatisfacción crónica, a menudo, presentan comportamientos y actitudes específicas. Puede que parezca que siempre están en busca de algo más, siempre buscando el siguiente gran logro, el siguiente gran salto, que, en su mente, les traerá la satisfacción que anhelan. Esto puede manifestarse en una variedad de formas, desde una constante necesidad de cambio hasta un impulso por acumular bienes materiales, logros académicos o profesionales, o incluso relaciones.

¿Alguna vez has sentido que estás en una carrera constante, siempre buscando, pero nunca realmente satisfecha? Si es así, te invito a reflexionar: ¿cuál es el coste de esta búsqueda perpetua? ¿Cómo está afectando a tu capacidad para apreciar y disfrutar de las cosas buenas que ya existen en tu vida?

Por otro lado, la antítesis de la insatisfacción crónica no es la complacencia o la falta de ambición, como algunos podrían pensar. En su lugar, se trata de la satisfacción consciente. Esto implica tener objetivos y aspiraciones, pero también la capacidad de apreciar lo que ya tienes, de vivir plenamente en el presente y de disfrutar de tu vida tal como es, aquí y ahora.

¿Te has tomado un momento para mirar a tu alrededor y apreciar todo lo que ya tienes? Las cosas que das por sentadas podrían ser exactamente las cosas que otras personas están soñando tener. Entonces ¿qué sucedería si comenzaras a valorar tus logros, tus relaciones, tus talentos tal como son en este preciso momento?

Pero no todo es negativo, ya que incluso la insatisfacción crónica tiene su lado brillante. Las personas que experimentan esta insatisfacción a menudo tienen una gran capacidad para el trabajo y la automejora. Su constante búsqueda puede llevarlas a alcanzar metas y logros significativos. Además, su descontento con el *statu quo* puede impulsarlas a buscar cambios e innovaciones.

La clave, sin embargo, está en equilibrar esta insatisfacción con la gratitud y el contentamiento. ¿Cómo puedes usar tu descontento como combustible para el crecimiento sin dejar que te robe la alegría de vivir el momento presente? Este es el desafío al que te enfrentas, y estoy aquí para ayudarte a enfrentarlo.

El primer paso es observarte. Presta atención a tus pensamientos y emociones. ¿Cuándo sientes insatisfacción? ¿Qué situaciones o pensamientos desencadenan esta emoción? Por ejemplo, si te das cuenta de que tiendes a sentirte insatisfecha cuando te comparas con los demás, puedes trabajar en cambiar tu enfoque. En lugar de compararte con los demás, trata de compararte con tu «yo» anterior. Mira cuánto has crecido y cambiado. Celebra tus logros y valora tus fortalezas.

Además, practica la gratitud, algo tan simple como agradecer por un nuevo día, por la comida en tu plato, por la risa de un amigo, por una nueva oportunidad para aprender y crecer. Al centrarte en lo que tienes, en lugar de en lo que te falta, puedes cambiar gradualmente tu mentalidad de insatisfacción a una de gratitud y satisfacción.

Finalmente, toma tiempo para ti misma. Dedica tiempo a las actividades que disfrutas, ya sea leer un buen libro, pasear por la naturaleza, practicar yoga, meditar o pasar tiempo con tus seres queridos, asegúrate de hacer espacio para lo que te nutre y te satisface.

Recuerda, la satisfacción no se encuentra en el exterior, sino en cómo te relacionas contigo misma y con el mundo que te rodea. Con conciencia, gratitud y autocuidado, puedes deshacerte de la piedra de la insatisfacción crónica y abrirte camino hacia una vida más plena y satisfactoria. ¿Estás lista para seguir con tu viaje?

> ¿Es la insatisfacción crónica una piedra que pesa en tu mochila? Si es así, coge una de las piedras que recopilaste, ponle el nombre, colócala dentro y escribe en tu libreta tus reflexiones sobre ella. ¿De qué manera vives esta piedra? ¿Te sientes insatisfecha en este momento de tu vida?

## 72
## ESTAR A DISGUSTO CON TU CUERPO

> Entonces se desnudó, y donde ella aseguraba que sobraban kilos yo juré que le faltaban besos.
>
> Ernesto Pérez Vallejo

La obsesión con el físico está a la orden del día. Las imágenes de cuerpos «perfectos» inundan nuestras vidas a través de los medios de comunicación, las redes sociales y la publicidad, construyendo un estándar irreal y a menudo inalcanzable de belleza. Este bombardeo constante puede llevarte a la piedra número 72: estar a disgusto con tu cuerpo. Pero ¿qué significa realmente estar a disgusto con tu cuerpo y cómo puede este sentimiento convertirse en una piedra que aumente tu sufrimiento?

Estar a disgusto con el cuerpo es una lucha interna, una confrontación entre cómo percibimos nuestro cuerpo y cómo creemos que debería ser. Se manifiesta como una desaprobación constante, una crítica interna que se centra en nuestros defectos percibidos y que, a menudo, ignora nuestras fortalezas y cualidades.

Ser crítica con una misma hasta cierto punto puede ser saludable. Podría motivarte a hacer cambios positivos en tu vida, como adoptar una alimentación más saludable o hacer más ejercicio.

Uno de los momentos más claros en los que se vuelve insano es cuando esta situación te lleva a comportamientos autodestructivos o dañinos, como una dieta extrema, el ejercicio excesivo o el uso de sustancias perjudiciales para alterar la apariencia física. También puede ser perjudicial cuando te impide disfrutar de las actividades diarias, como ir a la playa o a una fiesta, porque nos sentimos demasiado conscientes o avergonzadas de nuestro cuerpo.

Cuando estar a disgusto con tu cuerpo se convierte en una obsesión, en lugar de un descontento ocasional, es el momento de reconocer que esta piedra está pesando demasiado y hay que ponerse manos a la obra.

Es cierto que los estándares de belleza actuales tienden a favorecer los cuerpos delgados, pero no siempre ha sido así. A lo largo de la historia, la idea de lo que constituye un cuerpo «hermoso» o «deseable» ha cambiado drásticamente. En el Renacimiento, por ejemplo, se valoraban los cuerpos más llenos, considerados como signo de prosperidad y salud. En la década de 1950, las figuras curvilíneas eran el ideal de belleza. Estas variaciones históricas ponen de manifiesto que los ideales de belleza son en gran parte constructos culturales, y no reflejos objetivos de lo que es atractivo o saludable.

Las influencias culturales y sociales desempeñan un papel crucial en cómo percibimos y evaluamos nuestros cuerpos. Los medios de comunicación y las redes sociales están inundados de imágenes de cuerpos delgados y tonificados, promoviendo una imagen que es inalcanzable para muchas de nosotras. Estas imágenes pueden instalar en nuestra mente una «norma» de cómo deberíamos lucir, llevándonos a comparar nuestros cuerpos con estos ideales y a sentirnos insatisfechas si no alcanzamos esa «perfección».

La presión por alcanzar estos ideales de belleza puede llevar a comportamientos extremos y dañinos. Los trastornos alimentarios, las dietas peligrosas y las cirugías estéticas innecesarias son cada vez más comunes, ya que muchas personas buscan desesperadamente ajustarse a estos estándares.

Es importantísimo entender la influencia que estos factores externos tienen en tu vida y desafiar la idea de que hay un solo tipo de cuerpo «hermoso» o «deseable». Tu valoración personal no debería estar ligada a cómo se ajusta tu cuerpo a ciertos ideales estéticos. Cada cuerpo es único, con sus propias formas y tamaños, y merece ser celebrado y amado tal como es. El camino hacia la aceptación del cuerpo y el amor propio implica liberarse de estos estándares externos y cultivar una aceptación radical de tu cuerpo.

Y soy muy consciente de que es fácil de decir y difícil de cambiar, pero es necesario hacerlo. Me ha costado horrores aceptar mi cara con manchas cada vez que me miro al espejo sin maquillaje. Al principio decía: «¡Qué horror!». Y no era capaz ni de mirarme. Hasta que, poco a poco, me fui aceptando, mirando con cariño e incluso viéndome guapa con ellas.

Cuando reflexiono sobre estos temas, algo que hago a menudo, me viene a la cabeza Alba, una antigua compañera de colegio. Alba, de la noche a la mañana, tuvo un cambio físico espectacular. Pasó de que le sobrara algún kilito a estar extremadamente delgada. Yo, que en aquella época tampoco me sentía muy a gusto con mi cuerpo, pero que no sabía ni lo que era una dieta, aluciné con el cambio. Al cabo de los años, un día me confesó que sufría bulimia y que era incapaz de salir de ahí. Me contaba que ella siempre pensó que su vida sería mejor al estar delgada, pero una vez que lo consiguió, no era así. Se sentía tremendamente infeliz, se veía gorda, y mantener el peso que ella consideraba ideal le costaba mucho sacrificio. Y es que poco tiene que ver el quererse tal y como una es con estar delgada, es un tema interior. Porque si tú te sientes guapa, la gente te verá guapa. La belleza es un estado mental, no un estado del cuerpo.

Estoy segura de que llevas años criticando tu cuerpo. Lo sé porque lo veo continuamente. Parece que no hay nada más importante que estar delgada. Pero, ya que esto no te está funcionando, ¿por qué no intentas hacer algo diferente? Está claro que el peso que necesitas perder no está en tu cuerpo. Y, recuerda, puedes amar tu cuerpo y, aun así, querer mejorarlo.

¿Es estar a disgusto con tu cuerpo una piedra que pesa en tu mochila? Si es así, coge una de las piedras que recopilaste, ponle el nombre, colócala dentro y escribe en tu libreta tus reflexiones sobre ella. ¿Cómo te sientes con tu cuerpo? ¿Te gusta o desearías que fuera diferente?

## 73
## FRUSTRACIÓN

Si puedes encontrar un camino sin obstáculos, probablemente no lleve a ninguna parte.

FRANK A. CLARK

Solemos sentirnos frustradas cuando nos vemos rodeadas constantemente por obstáculos en nuestra vida, o cuando hacemos continuos esfuerzos sin obtener las recompensas que esperamos. Pero ¿alguna vez te has detenido a considerar el impacto que la frustración constante puede tener en tu vida? ¿Has notado cómo se acumula, cómo se infiltra en tus pensamientos y emociones, y cómo afecta a tu capacidad para disfrutar de la vida?

Sin levantar mucho la cabeza, percibo el gran nivel de frustración que hay en la vida. Nos frustramos en el coche a causa del tráfico, por no encontrar aparcamiento, nos frustramos con la tecnología, con las personas, con nuestros hijos y, sobre todo, nos frustramos con nosotras mismas. A medida que esta frustración se acumula, se convierte en un peso que llevamos con nosotras, desgastándonos y alejándonos cada vez más de una vida de plenitud y satisfacción.

La frustración es una emoción que todas experimentamos, pero que a menudo malinterpretamos y manejamos de manera inadecuada. La acumulamos sin darnos cuenta y se convierte en una carga silenciosa que llevamos a cuestas día tras día, sin ser conscientes de cómo afecta a nuestras vidas. Muchas veces no nos damos cuenta de la magnitud de nuestra frustración hasta que estalla en forma de ira, resentimiento o desesperación. ¿Te resulta familiar?

Normalmente, la frustración surge de una discrepancia entre tus expectativas y tu realidad. Esperamos ciertos resultados, tenemos ciertas metas y aspiraciones, y cuando la realidad no se alinea con estas expectativas, nos sentimos frustradas. Y en esta era de gratificación instantánea, de la que ya he hablado a lo largo de este libro, en la que tenemos acceso a todo con un clic, la paciencia y la tolerancia a la espera se han vuelto cada vez más escasas, haciendo crecer así nuestra frustración.

Y es que no hace falta que venga yo a decirte que la vida no siempre se despliega como tú quieres o esperas, porque estoy segura de que eso ya lo sabes de sobra. Los obstáculos y los contratiempos son parte integral del viaje de la vida. Al resistirnos a estos «baches en el camino», al aferrarnos a nuestras expectativas y resistirnos a adaptarnos a la realidad, solo alimentamos nuestra frustración.

La frustración, a pesar de ser una experiencia emocional incómoda, también puede tener su lado positivo. En su mejor versión, puede actuar como una señal que nos indica que algo en nuestra vida requiere nuestra atención y acción. Si surge al enfrentarnos a un obstáculo, puede impulsarnos a buscar soluciones alternativas, a esforzarnos más o a ser más creativas. Puede empujarnos a cambiar, a crecer y a mejorar. En este sentido, irías por la vida ligera como una pluma.

Sin embargo, como todo en la vida, el equilibro es la clave. Mientras que un poco de frustración puede ser productivo, demasiada frustración puede convertirse en una piedra pesada en tu mochila emocional.

Puedes detectarlo si observas que te sientes constantemente irritable, estresada y desmotivada, o si tu frustración te está llevando a comportamientos no saludables. Además, si está afectando a tu estado de ánimo, tus relaciones o tu bienestar emocional, es hora de abordarla.

Déjame que te cuente la historia de Clara. Ella solía estar constantemente frustrada. Tenía un trabajo muy exigente y a menudo se encontraba estresada y abrumada por las demandas de su carrera. A pesar de sus esfuerzos incansables, sentía que no estaba avanzando tan rápido como le gustaría, y la frustración se estaba apoderando de su vida. Notaba cómo su irritabilidad aumentaba, su energía disminuía y su alegría por la vida parecía estar desvaneciéndose.

Acudió a mí cuando se dio cuenta de que necesitaba hacer un cambio y que no podía hacerlo sola. Con ella fue relativamente fácil porque tenía clarísimo cuál era su objetivo y estaba dispuesta a hacer lo que fuera necesario para salir de esa situación, aunque generalmente no es tan fácil. No siempre puedes cambiar de manera inmediata. Enseguida, Clara comenzó a enfrentar su frustración. Empezó por reconocer su presencia y por aceptar que era una parte normal de la vida, pero no algo con lo que debía cargar constantemente. Aprendió a liberar sus expectativas y a aceptar la realidad tal como es, sin juzgarla ni resistirse a ella. Con cada obstáculo que enfrentaba, en lugar de permitir que la frustración se acumulara, comenzó a verlo como una oportunidad para aprender y crecer.

Ahora, quiero que te tomes un momento para imaginar cómo sería tu vida sin la pesada piedra de la frustración. Imagina que te despiertas sintiéndote ligera y en paz, libre de la constante tensión de la frustración, enfrentando cada desafío con calma y equilibrio. No hay resistencia, no hay lucha, solo aceptación y fluidez. ¿No te gustaría vivir así? Si te sientes atrapada en un ciclo de frustración, piensa: ¿cuál es el primer paso, por pequeño que sea, que podrías dar?

> ¿Es la frustración una piedra que pesa en tu mochila? Si es así, coge una de las piedras que recopilaste, ponle el nombre, colócala dentro y escribe en tu libreta tus reflexiones sobre ella. ¿Cómo vives la frustración en tu vida? ¿Con qué frecuencua te sientes así?

## 74

## PREOCUPARTE POR COSAS QUE NO ESTÁN A TU ALCANCE

> Preocuparse es como estar en una mecedora: te mantiene ocupado, pero no te lleva a ninguna parte.
>
> Erma Bombeck

Junto a la culpabilidad, la preocupación es, con gran diferencia, una de las emociones más inútiles que existen. Volviendo a *Tus zonas erróneas,* Dyer describe la preocupación como el mecanismo que te mantiene inmovilizada ahora por algo que está en el futuro y sobre lo que a menudo no tienes ningún control. El miedo a lo que nos pueda pasar el día de mañana puede llegar a bloquearte totalmente. Pierdes el presente pensando en el futuro.

La palabra *preocupación* proviene del latín y se compone de dos partes: *pre-* y *-ocupare.* Al combinarlas, originariamente se referirían a la acción de ocuparse o tomar algo de antemano, en el sentido de anticiparse a situaciones. Con el tiempo, la palabra evolucionó para referirse al estado mental de estar inquieto o ansioso acerca de algo que aún no ha ocurrido. Esto se alinea con la idea de ocuparse mentalmente de algo antes de que realmente suceda. Así pues, etimológicamente, *preocupación* refleja el hecho de estar mentalmente ocupada o consumida por pensamientos y temores sobre eventos o circunstancias futuras.

¿Eres consciente del tiempo que pierdes pensando en cosas que *podrían* pasar, pero que quizá nunca pasen? ¿Cuántas veces te has encontrado revolviendo en tu cabeza como un hámster que corre en su rueda sin llegar a ningún lado?

Preocuparse es normal. Todas nos preocupamos de vez en cuando por diversas razones, ya sean exámenes, presentaciones de trabajo, relaciones en general o por problemas de salud. Como otras muchas piedras que hemos visto, es parte de la naturaleza humana. Sin embargo, es esencial poder diferenciar si se trata de una preocupación *normal* o de algo excesivo que pueda dañar nuestra salud mental.

Darte cuenta de si tus niveles de preocupación están fuera de lo normal puede ser complicado, y más aún teniendo en cuenta que vivimos en una sociedad que fomenta la preocupación como una especie de mérito a la responsabilidad o al cuidado. Nos bombardean con noticias alarmantes, expectativas de rendimiento y la presión constante de estar conectadas y disponibles. Todo esto crea un caldo de cultivo para la preocupación.

La manera más fácil de detectar si te preocupas en exceso es si sientes que la preocupación está interfiriendo significativamente con tu capacidad para funcionar en tu vida diaria. Tu caso puede ser parecido al de Elena, una profesora que se despierta cada mañana con una sensación de pesadez en el pecho, pensando en todas las tareas que tiene que hacer durante el día. A lo largo de la jornada, se preocupa constantemente por no cumplir con las expectativas, por cómo sus alumnos la perciben, y por si está dando lo mejor de sí misma. Al final del día, está tan agotada mentalmente por preocuparse que apenas tiene energía para interactuar con su familia.

O puede ser el caso de Carlos, un empresario que tiene problemas para dormir porque está constantemente pensando en el peor de los escenarios para su negocio. Incluso cuando las cosas van bien, su mente siempre se dirige a «¿qué pasaría si?». Esto le impide disfrutar de sus logros y pasar tiempo de calidad con sus seres queridos.

Si te identificas con Elena o Carlos, y sientes que la preocupación consume gran parte de tu energía mental, te impide concentrarte, afecta a tu capacidad para tomar decisiones, o te hace sentir físicamente agotada o tensa, entonces es probable que te estés preocupando en exceso. De hecho, cuando una se preocupa en exceso, lo sabe. Lo sabe porque eso no la deja disfrutar de su vida.

Es importante ser consciente de que la preocupación, en un nivel adecuado, es una respuesta natural ante la incertidumbre y los retos que enfrentamos, y puede ayudarnos a anticipar problemas y encontrar soluciones. Sin embargo, cuando se convierte en una fuente constante de angustia y afecta negativamente a nuestra vida, es momento de tomar medidas.

Muchas personas tienen el vicio de preocuparse en exceso porque hacerlo las hace sentir vivas, en contacto con la realidad. La preocupación en este sentido puede ser una forma de respuesta cuando nos sentimos inseguras, indecisas, en contradicción con nosotras mismas, temerosas. Pero, aunque podemos tener la sensación de que preocupándonos atendemos el problema, no es así. Solo cuando pasamos a la acción estamos haciendo algo al respecto.

Me parece imprescindible hablar del concepto del *círculo de control* de Stephen Covey, conocido por su libro *Los 7 hábitos de la gente altamente efectiva*.[1] El autor introduce la idea de que tenemos dos círculos: el de control y el de influencia. El círculo de control contiene aquellas cosas sobre las cuales tenemos un control directo, como nuestras acciones, nuestras decisiones y cómo reaccionamos ante diferentes situaciones. Por otro lado, el círculo de influencia incluye aquellos aspectos sobre los que no tenemos control total, pero en los que podemos influir de alguna manera, como nuestras relaciones con los demás. Además, fuera de estos dos círculos existe un área con cosas que están com-

1. Barcelona, Paidós, 2015.

pletamente fuera de nuestro control e influencia, como desastres naturales o decisiones tomadas por gobiernos.

Ahora, ¿cómo se relaciona esto con la preocupación? A menudo, las preocupaciones están enfocadas en cosas que están fuera de nuestro círculo de control. Por ejemplo, podrías preocuparte por la economía global o por el clima. Si bien estos son temas importantes, preocuparse constantemente por ellos no cambia la situación y puede ser agotador. En cambio, si te centras en tu círculo de control, puedes redirigir esa energía hacia acciones y decisiones que realmente puedes manejar. Si estás preocupada por la seguridad de tu empleo, en lugar de consumirte por la incertidumbre de la economía global, podrías enfocarte en mejorar tus habilidades o en buscar nuevas oportunidades, cosas que están dentro de tu control.

En cuanto al círculo de influencia, es útil reconocer que, aunque no tengas control total sobre ciertas situaciones, puedes ejercer alguna influencia. Si te preocupa el bienestar de un amigo, aunque no puedas tomar decisiones por él, puedes ofrecerle tu apoyo.

En resumen, al utilizar el concepto del *círculo de control* de Covey, puedes gestionar tus preocupaciones de manera más efectiva. Pregúntate si lo que te preocupa está dentro de tu control. Si es así, enfócate en acciones y decisiones que puedas tomar. Si está fuera de tu control, considera liberarte de esa preocupación o enfócate en cómo puedes influir positivamente en la situación sin permitir que consuma tu bienestar mental y emocional.

Siguiendo en esta línea, en *Aprendiz de sabio,* Bernabé Tierno argumenta que el secreto está en preocuparte de aquella parte de la situación que puedas controlar. No hay nada mejor que enfrentarte de forma directa a aquello que te preocupa. Para ello, sugiere seguir estos pasos:

1. Céntrate en el presente, en el aquí y ahora.
2. Date una orden imperiosa de calma y control.
3. Visualízate triunfante y victoriosa.
4. Mira de frente aquello que temes con decisión y coraje.
5. ¡Lánzate a la acción: hazlo sin más miramientos!
6. Acompaña la acción de mensajes positivos y de éxito, dando por hecho que lo estás logrando.
7. Saborea tu éxito, has vencido lo que tanto temías, ahora eres más fuerte.
8. Prométeme hacer siempre lo que temes, en el futuro.

Ten claro que ni un solo momento de preocupación hará que tu vida mejore. ¿Te has dado cuenta de que, por mucho que te preocupes, nunca cambiarás nada? Y lo peor de todo, insisto, es que un 90 por ciento de las cosas que nos preocupan nunca acaban sucediendo. Además, muchas veces nos preocupamos por cosas que ni tan solo están a nuestro alcance. Ahora reflexiona, ¿cuántas de tus preocupaciones actuales están dentro del círculo de control?

¿Es preocuparte por cosas que no están a tu alcance una piedra que pesa en tu mochila? Si es así, coge una de las piedras que recopilaste, ponle el nombre, colócala dentro y escribe en tu libreta tus reflexiones sobre ella. ¿Las cosas que te preocupan están dentro o fuera de tu círculo de control? ¿Qué pequeña acción te ayudaría a mejorar esto?

## 75
# CELOS

Los celosos son problemáticos para los demás, pero un tormento para sí mismos.

William Penn

Si alguna vez has experimentado celos, sabrás que, si no sabes gestionarlos, acaban siendo una cruz en tu vida. Los celos pueden hacer que te sientas insegura, angustiada y atrapada en un torbellino de emociones negativas. ¿Alguna vez has sentido que tu estómago se retorcía cuando veías a tu pareja interactuando con una persona que no era de tu agrado? ¿O puede que lo hayas experimentado al ver que tu madre hacía más caso a tu hermana? ¿O quizá has tenido este sentimiento al ver el éxito de un compañero?

Los celos son una emoción compleja que surge cuando una persona siente temor o inseguridad de perder una relación o una posesión frente a la presencia de otra persona. Los celos pueden surgir en diferentes contextos, como relaciones románticas, amistades, hermanos, compañeros de trabajo, entre otros. Y es una reacción motivada por el miedo a perder algo.

Albert Ellis, uno de los pioneros de la terapia cognitivo-conductual, de quien ya he hablado, argumentó que los celos a menudo surgen de creencias irracionales sobre una misma y las relaciones. Dice que son una forma de neurosis, una falta de madurez y de confianza en uno mismo.

La falta de madurez que reflejan los celos es uno de los pilares de las ideas de Ellis. En su opinión, la persona celosa tiende a tener expectativas poco realistas y absolutas sobre las relaciones. Por ejemplo, alguien podría creer que su pareja debe darle toda su atención todo el tiempo, y que cualquier desviación de esto es una amenaza inaceptable. Esta forma de pensar es inmadura porque no tiene en cuenta la complejidad y la dinámica de las relaciones humanas.

Además, Ellis identificó la falta de confianza en una misma como un factor clave en los celos. Esto se manifiesta en inseguridades y en la creencia de que una no es lo suficientemente buena, lo que puede llevar a la percepción de que la pareja podría encontrar a alguien «mejor». Esta inseguridad puede hacer que la persona celosa busque constantemente la validación y se preocupe obsesivamente por lo que su pareja está haciendo o pensando. Esta actitud puede, a su vez, generar tensiones y conflictos en la relación.

Te habrás dado cuenta de que muchas de las piedras que menciono en este libro están relacionadas entre sí, y a menudo se superponen y alimentan unas a otras. En este caso, por ejemplo, vemos como uno de los componentes clave es la falta de confianza en uno mismo, a la que podemos referirnos como *inseguridad*, la cual puede estar alimentada por la comparación. Y así sucesivamente.

En definitiva, Ellis te invita a reflexionar sobre tus patrones de pensamiento y a desarrollar una mayor confianza y madurez emocional. Al hacerlo, no solo podrás liberarte de la pesada carga de los celos, sino también construir relaciones más saludables y satisfactorias.

Las personas que experimentan celos a menudo son víctimas de una profunda inseguridad relacionada con la imagen que tienen de ellas mismas, lo que las lleva a un miedo constante de ser reemplazadas o abandonadas en las relaciones. Esta inseguridad puede manifestarse en una necesidad de control sobre su pareja, amigos o familiares. Además, la falta de confianza es una característica común, y las personas con celos tienden a desconfiar de las intenciones y acciones de los demás, incluso cuando no hay evidencia de un comportamiento perjudicial. También es probable que estén en un estado de hipervigilancia, siempre atentas a cualquier señal, por pequeña que sea, que pueda ser interpretada como una amenaza a su relación.

No me gusta etiquetar a nadie de «celosa» ni hablar de «personas celosas», ya que los celos son una emoción que puede ser experimentada por cualquiera bajo ciertas circunstancias. Al hablar de «personas celosas» se corre el riesgo de definir a la persona únicamente por esta emoción, lo cual es simplista y no tiene en cuenta la complejidad de la naturaleza humana. Así que te animo a que no te refieras ni a ti misma ni a nadie en estos términos.

Sabemos que los celos se vuelven tóxicos cuando empiezan a tener un impacto negativo significativo en la vida de una persona y en sus relaciones, que normalmente es desde el inicio. Cuando los celos llevan a comportamientos controladores, invasivos, manipuladores o abusivos, o cuando consumen de manera excesiva los pensamientos y emociones de una persona, se convierten en un problema que necesita ser abordado. Además, los celos tóxicos pueden tener efectos perjudiciales en la persona que los experimenta, así como en aquellas que están en una relación con ella. Es esencial buscar apoyo y estrategias de afrontamiento para abordar los celos cuando se vuelven tóxicos.

El primer paso es admitirlo, algo que puede parecer simple, pero que a menudo es un gran obstáculo, ya que los celos pueden estar envueltos en negación o justificación. Observa y reflexiona sobre si hay posibles inseguridades, experiencias pasadas o creencias que puedan estar alimentándolos. Trata de ser honesta contigo misma y ponte manos a la obra. Escribe en tu libreta todo lo que hayas descubierto sobre este tema.

¿Son los celos una piedra que pesa en tu mochila? Si es así, coge una de las piedras que recopilaste, ponle el nombre, colócala dentro y escribe tus reflexiones sobre ella.

# 76
# INMADUREZ EMOCIONAL EN LA EDAD ADULTA

La madurez del hombre es haberse reencontrado, de grande, con la seriedad que de niño tenía al jugar.

NIETZSCHE

Ser inmaduro, especialmente en un contexto emocional, nos lleva a reflexionar sobre qué significa realmente crecer. ¿Es crecer simplemente una acumulación de años, o implica un desarrollo más profundo de quiénes somos como individuos?

Al hablar de inmadurez, me refiero a un conjunto de comportamientos y reacciones que no corresponden a lo que se esperaría de alguien en una etapa particular de la vida. ¿Alguna vez has observado a alguien que reacciona ante un pequeño inconveniente como si fuera el fin del mundo? En momentos como estos, es posible que estemos presenciando una forma de inmadurez emocional, en que la capacidad de regular las emociones y responder de manera proporcionada aún no está desarrollada.

Hay muchos «adultos niños» porque la madurez no depende de la edad, sino de cómo actúas y cómo piensas. Pensemos en algunos ejemplos. Hay personas que, aunque tienen más de treinta o cuarenta años, reaccionan a la crítica con berrinches y rabietas, similares a los de un niño pequeño. No son capaces de aceptar que pueden estar equivocadas o que hay espacio para mejorar. Por otro lado, algunos adultos dependen excesivamente de la aprobación de sus padres o amigos, y son incapaces de tomar decisiones por sí mismos. En este caso, la falta de autonomía y la necesidad de validación constante son indicativos de inmadurez emocional.

Otro ejemplo es cuando una persona no puede empatizar o ponerse en el lugar de otra. Este tipo de comportamiento, a menudo considerado egoísta, es típico de los niños pequeños, quienes aún no han desarrollado la capacidad de entender las perspectivas de los demás. Pero cuando un adulto muestra esta falta de empatía, impide la construcción de relaciones significativas y equitativas.

En contraste, existen jóvenes en sus veinte años que muestran un alto grado de madurez emocional. Son capaces de manejar conflictos de manera calmada, tienen metas claras, y entienden la importancia de la empatía y la compasión.

Entonces ¿qué nos dice esto? Que madurar no es simplemente ir sumando años a nuestra vida, sino un proceso continuo de autoconocimiento, desarrollo y crecimiento personal. Con esfuerzo y reflexión, podemos deshacernos de la piedra de la inmadurez emocional y forjar un camino de entendimiento, empatía y resiliencia.

Escuchaba el otro día en el *podcast* de Enric Sánchez, *Vidas contadas,* una conversación con José María Sánchez Navarro en la que hablaban de que vivimos en una sociedad muy *niña:* emocional, desconfiada, insegura, infantil, en la que la gente se enfada, es reactiva, se queja, culpa a los otros, etcétera. Pero ¿qué significa esto?

Vivir en una sociedad infantilizada significa que muchos adultos en la sociedad exhiben comportamientos y actitudes que, generalmente, se asocian con niños, en lugar de asumir la responsabilidad y la reflexión que se espera de los adultos maduros. Esto puede manifestarse de diversas formas, como la impaciencia y la demanda de la ya famosa gratificación instantánea. Además, en una sociedad infantilizada, es común ver un sentido de derecho exagerado, por el que las personas sienten que merecen ciertas cosas sin haber trabajado por ellas o sin haber contribuido de una manera significativa. Esto también viene acompañado de una tendencia a quejarse cuando las cosas no salen como se desea, en lugar de tomar medidas proactivas para mejorar la situación o adaptarse a ella.

Otro rasgo común en una sociedad infantilizada es el hábito de culpar a los demás por los problemas personales. En lugar de hacer un examen de conciencia y asumir responsabilidades por las propias acciones, decisiones y sus consecuencias, es más fácil señalar con el dedo y atribuir la culpa a factores externos o a otras personas.

Además, la evitación del compromiso y la responsabilidad también es observable. Muchas evitan comprometerse con el trabajo, las relaciones o las causas a largo plazo y prefieren opciones más fáciles y menos exigentes. Esto también se refleja en la evitación de enfrentar y resolver conflictos de manera constructiva.

¿Qué pasa con esto? Que como todo el mundo actúa de una forma parecida, es más difícil identificar que quizá nuestro comportamiento no es lo sano que podría ser. La falta de resiliencia, la incapacidad para mantener relaciones significativas y saludables y una disminución en la capacidad de contribuir positivamente a la comunidad y la sociedad en general son algunas consecuencias de ello. Al cultivar la madurez emocional, la responsabilidad y un enfoque más reflexivo hacia la vida, los individuos pueden trabajar hacia un cambio positivo, tanto a nivel personal como colectivo.

Tómate un tiempo para reflexionar y comprender de dónde surgen tus emociones o comportamientos. Esto implica hacer preguntas difíciles y estar dispuesta a enfrentar verdades incómodas sobre una misma. Ten en cuenta que el autoconocimiento no es un destino, sino un viaje continuo. ¿Seguimos?

¿Es la inmadurez emocional en la edad adulta una piedra que pesa en tu mochila? Si es así, coge una de las piedras que recopilaste, ponle el nombre, colócala dentro y escribe en tu libreta tus reflexiones sobre ella.

## 77
## ORGULLO

A través del orgullo nos engañamos a nosotros mismos.

CARL JUNG

A menudo, se dice que el orgullo es como un traje de dos caras; puede ser una fuente de fortaleza y confianza, pero también puede ser una jaula que te encierra a ti misma. En una sociedad en la que la imagen y el estatus a menudo tienen un valor desmedido, el orgullo puede tomar un asiento en primera fila en tu vida. Pero ¿a qué precio?

El orgullo es un sentimiento de satisfacción, dignidad y autoestima que experimenta una persona por sus logros o características personales y que puede manifestarse en diversos aspectos de la vida. Está estrechamente relacionado con el reconocimiento y la valoración positiva de uno mismo y de las propias capacidades. Es una emoción positiva que te impulsa a valorar y celebrar tus logros.

Cuando nos sentimos orgullosas de algo que hemos logrado o de una parte de nuestra identidad, este orgullo puede proporcionarnos confianza, autoestima y motivación para seguir adelante. Esto es lo que a menudo se conoce como orgullo sano o constructivo. Es ese sentimiento cálido y satisfactorio que nos envuelve cuando sabemos que hemos hecho algo bien y hemos contribuido positivamente a nuestro entorno. Pero el orgullo también tiene otra cara.

Cuando el orgullo se lleva al extremo, puede transformarse en arrogancia. En este punto, deja de ser un reconocimiento saludable de los propios méritos y se convierte en una sobrevaloración de una misma, muchas veces a expensas de los demás. Una persona con un orgullo desmedido puede tener dificultades para aceptar críticas, admitir errores o ver el valor en los demás. Este tipo de orgullo puede aislar a las personas y dañar tus relaciones.

Al entender el orgullo en sus diversas manifestaciones, podemos ser más conscientes de cómo se presenta en nuestras vidas. Es importante que te preguntes: «¿Mi orgullo me está ayudando a crecer y conectar con los demás de manera positiva? ¿O se ha convertido en una barrera que me impide ver más allá de mí misma?».

Reflexiona sobre cómo el orgullo se manifiesta en tu vida y considera cómo puedes nutrir un orgullo sano que fortalezca tu sentido de valía sin cerrarte a las maravillosas posibilidades que la vida y las relaciones te pueden ofrecer.

En la vida cotidiana, el orgullo desmedido puede manifestarse de varias maneras y convertirse en una barrera para nuestras relaciones. Puedes sentirte herido porque tu jefe sugiere que puedes mejorar en ciertos aspectos de tu trabajo, porque una amiga dice algo que no te gusta o porque tu pareja te propone hacer terapia como posible solución a vuestros problemas, pero sientes que tu orgullo está en juego, por lo que no quieres admitir que necesitas ayuda.

Hay muchas situaciones en la vida en las que el orgullo puede ser una barrera que te impida crecer y fomentar relaciones sanas, por lo que es necesario que aprendas a reconocer cuándo este está tomando el control y que hagas los ajustes necesarios para abrirte a las oportunidades y conexiones que la vida te puede ofrecer, ¿no crees?

El orgullo, cuando se vuelve desmedido, puede ser una pesada piedra que pesa en la mochila y hace crecer tu sufrimiento. Nada bueno se puede esperar del orgullo extremo, el cual nos impide ver más allá de nosotras mismas, y, como resultado, podemos perder la capacidad de empatizar, ceder y construir puentes con los demás.

Te cuento la historia de Mónica. Mónica y Montse habían sido amigas desde la infancia. A lo largo de los años, habían compartido miles de momentos juntas y se consideraban más que amigas; eran como hermanas. Como puedes imaginar, un día tuvieron una discusión sobre un tema que, aparentemente, no era muy grave. Sin embargo, con el subidón del momento, Mónica dijo cosas hirientes que afectaron a Montse, por lo que ella se sentía herida, aunque estaba dispuesta a reconciliarse.

En cambio, en el caso de Mónica, aunque sabía que había sido injusta y debía disculparse, su orgullo le impidió hacerlo. Y fueron pasando los días y las semanas, por lo que su amistad empezó a desmoronarse. Mónica no acudió a mí por este tema, pero como estábamos haciendo un proceso de *coaching* juntas, pudimos abordarlo y, por suerte, todo volvió a su sitio. Con el tiempo, Mónica tomó la difícil decisión de acercarse a Montse para disculparse. Aunque la relación no pudo ser como era antes, ambas pudieron encontrar cierto cierre al asunto.

Esta experiencia fue una lección valiosa para Mónica sobre el poder destructivo del orgullo y la importancia de la humildad en las relaciones.

Como Mónica, es crucial que reflexionemos sobre cómo nuestro orgullo puede estar alimentando el sufrimiento en nuestras vidas, y cómo, al dejarlo de lado, podemos abrirnos a relaciones más auténticas y satisfactorias. Puede que el orgullo te dé la razón, pero nunca te dará la felicidad.

¿Es el orgullo una piedra que pesa en tu mochila? Si es así, coge una de las piedras que recopilaste, ponle el nombre, colócala dentro y escribe en tu libreta tus reflexiones sobre esta piedra. ¿Cómo de identificada te has sentido al leer este texto? ¿En qué situaciones sientes que el orgullo toma las riendas de tu vida? ¿Te consideras una persona orgullosa?

## 78
## JUSTIFICARTE TODO EL TIEMPO

Casi todos los absurdos sobre los que uno se siente culpable o trata de justificarse provienen de la imposición de la voluntad de alguien más sobre uno mismo.

HERMAN HESSE

Hay personas que se pasan la vida justificando todo aquello que hacen, como si cada paso que dan hubiera un juez invisible al que tienen que rendirse. ¿Alguna vez te has detenido a pensar en cuántas veces al día te encuentras justificándote ante los demás o incluso ante ti misma?

Detrás de una persona que se justifica todo el tiempo puede haber varios motivos, como inseguridad, miedo o la baja autoestima, entre otras. Una persona que no tiene seguridad en sí misma o en sus acciones puede sentir la necesidad de justificar constantemente lo que hace en un intento por buscar aprobación o evitar críticas. O una persona que tiene miedo al rechazo y vive con el deseo constante de pertenecer al grupo y ser aceptada, también puede vivir bajo la sombra de esta piedra, ya que cuando alguien teme ser rechazado, puede caer en el hábito de justificar su comportamiento como una forma de intentar encajar o ser aceptado por los demás.

Otra piedra que puede llevar a que te justifiques siempre es la del perfeccionismo. Las personas con tendencias perfeccionistas suelen sentir una enorme presión para realizar todo de manera impecable. Si perciben que no han alcanzado este ideal, pueden sentirse obligadas a justificar sus acciones. Este perfeccionismo suele estar vinculado a un temor subyacente de cometer errores y ser juzgado negativamente por ellos.

La necesidad de control sobre el entorno y la percepción de los demás también puede ser un factor en la justificación constante. Esto puede derivarse de experiencias pasadas en las que una persona se sintió impotente o fuera de control. Al justificar sus acciones, estas personas pueden sentir que están ejerciendo algún grado de control sobre cómo los demás las ven.

Por último, es importante mencionar el concepto de *disonancia cognitiva,* introducido por el psicólogo social Leon Festinger, y que describe el malestar que siente una persona cuando mantiene dos creencias contradictorias o cuando su comportamiento está en desacuerdo con sus creencias. En un intento por reducir esta disonancia, las personas pueden justificar su comportamiento para reconciliar la discrepancia entre sus acciones y sus valores o creencias. Esto es algo que pasa a menudo, y lo veo muy frecuentemente entre mis clientas.

Las personas que sienten la necesidad de justificarse constantemente pueden estar experimentando disonancia cognitiva en múltiples formas. Por ejemplo, si alguien realiza una acción que está en desacuerdo con sus valores personales, podría experimentar disonancia. En un esfuerzo por reducir esta disonancia, la persona puede justificar su comportamiento al racionalizar por qué era necesario o adecuado en ese momento.

Del mismo modo, si alguien recibe críticas o comentarios negativos sobre una acción o creencia, y esto entra en conflicto con su autopercepción o creencias existentes, puede sentir la necesidad de justificar su posición para resolver la disonancia interna. Al hacerlo, están tratando de alinear su comportamiento externo con sus creencias internas, o viceversa.

En resumen, la teoría de la disonancia cognitiva de Leon Festinger sugiere que cuando las personas enfrentan inconsistencias entre sus creencias, actitudes y acciones, buscan formas de resolver esta tensión interna. La justificación constante puede ser una estrategia que las personas emplean para reducir la disonancia cognitiva y restablecer un sentido de coherencia y armonía interna.

Aunque yo no le veo muchas ventajas a justificarse todo el tiempo, podría tener algún beneficio en una situación en la que quieras afirmar tus propios límites, por ejemplo, o cuando necesitas clarificar un malentendido. Sin embargo, lo más importante aquí es entender que el acto de justificarse constantemente puede ser un indicador de ciertas inseguridades o la necesidad de validación externa. Puede señalar una dificultad a la hora de aceptar críticas o de manejar conflictos de manera asertiva sin sentirse atacada. Asimismo, puede reflejar un temor al rechazo o un deseo de controlar la percepción que los demás tienen de una misma. Es esencial reconocer qué emociones o necesidades internas están impulsando este comportamiento.

Para identificar y abordar la tendencia a justificarse en exceso, es útil practicar la autoobservación y la reflexión, prestar atención a cómo una reacciona en diferentes situaciones y cuestionar si la justificación es realmente necesaria o no.

Es fundamental reconocer que esta necesidad constante de justificarse puede ser el resultado de una combinación de estos factores, y que cada individuo es único, por lo que es la propia indagación la que te llevará a identificarlo de manera clara. Te sugiero que utilices tu libreta para reflexionar sobre ello. Hubo un tiempo en el que yo también me justificaba todo el tiempo. Era algo que me resultaba agotador y, encima, sentía que no tenía ninguna necesidad de hacerlo porque, básicamente, lo hacía para la aprobación externa de algo que a mí ya me parecía bien. Al detectarlo, empecé a poner conciencia y, poco a poco, observé que dejaba de hacerlo. Por suerte, después de mucho trabajo de autoconciencia, ha dejado de ser una piedra que pesa en mi mochila. Pero, ojo, no hay que bajar la guardia nunca.

¿Es justificarte todo el tiempo una piedra que pesa en tu mochila? Si es así, coge una de las piedras que recopilaste, ponle el nombre, colócala dentro y escribe en tu libreta tus reflexiones sobre ella.

## 79
## DESCONFIANZA

El peor de los males es la desconfianza que nos impide gozar de las ventajas de la sociedad.

VOLTAIRE

Imagina que te encuentras en un bosque precioso, lleno de espacios bonitos, pero en lugar de explorarlo libremente, avanzas con pasos cautelosos y temerosos, dudando de cada sombra que se mueve. Esto es lo que la desconfianza hace en tu vida: te mantiene atrapada en una cárcel de dudas y temores, impidiéndote abrazar plenamente el mundo y las relaciones que te rodean. ¿Alguna vez te has preguntado cómo sería tu vida si pudieras confiar más en los demás? ¿Te has detenido a pensar en cuántas oportunidades y conexiones valiosas podrías estar perdiendo debido a la desconfianza?

Piensa en todas las veces que la desconfianza ha condicionado tu vida, convirtiendo lo que podría haber sido un cielo despejado en un día sombrío. Visualiza la calidez y la conexión que surge cuando te acercas a alguien con un corazón abierto y una mente abierta. ¿Puedes sentirlo?

Crecí con la idea de que no podía confiar en nadie, una creencia grabada en mi mente que se convirtió en una gran causa de sufrimiento porque condicionaba totalmente la relación con mis amigas. Con el tiempo me di cuenta de que era más grande la necesidad de confiar que el miedo a que alguien me traicionara. Y, por supuesto, me han traicionado más de una vez y es cierto que en cada una de las ocasiones me he disgustado bastante. Pero nada que ver con vivir pensando que nadie es de fiar. Porque, incluso en los momentos más intensos de traición, hay una especie de alivio, un sentimiento de estar viva que es mucho más satisfactorio que la soledad de no confiar en nadie.

Sin dudarlo ni un segundo, prefiero el sabor amargo ocasional de la traición, si eso significa que puedo saborear también las dulzuras de la amistad genuina y el apoyo. Al final del día, confiar te permite vivir a todo color, con todas las emociones y experiencias que hacen que la vida sea tan increíblemente rica.

Puede que seas desconfiada porque tienes creencias irracionales al respecto, como en mi caso, o puede que sea porque tengas tu capacidad de confiar dañada debido a alguna experiencia de tu pasado.

Cuando la capacidad de confiar en alguien está dañada, el impacto en la vida de una persona puede ser profundamente perjudicial. Esto, generalmente, no ocurre de la noche a la mañana; a menudo, es el resultado de experiencias pasadas, como traiciones, decepciones o relaciones abusivas, que han erosionado la capacidad de ver a los demás como dignos de confianza.

Estas personas tienden a protegerse a sí mismas construyendo barreras emocionales, lo cual les permite mantener cierto nivel de control y minimizar el riesgo de ser lastimadas nuevamente. Sin embargo, esta protección también actúa como un muro que impide el establecimiento de relaciones significativas. Los vínculos que logran formar suelen ser superficiales, ya que evitan revelar sus verdaderos sentimientos y pensamientos por temor a ser vulnerables ante los demás.

La falta de confianza también afecta a la autoimagen de la persona. La desconfianza continua puede generar la creencia de que hay algo inherentemente erróneo con una misma, lo cual puede afectar a la autoestima. Las personas pueden empezar a cuestionar su propio juicio y tomar decisiones basadas en el miedo en lugar de en sus propios valores y deseos.

Además, esta desconfianza constante puede crear un ciclo de autosabotaje. Al asumir que los demás son deshonestos o tienen malas intenciones, pueden surgir conductas defensivas o desafiantes que, a su vez, pueden provocar reacciones negativas de los demás. Esto refuerza la creencia de que no se puede confiar en las personas.

Para las que cargan esta piedra, es importante que busquen formas de recuperar la capacidad de confiar. En mis sesiones trabajo con mi clienta para que entienda y procese las experiencias que contribuyeron a su desconfianza, la acompaño en el desarrollo de habilidades para construir relaciones saludables, con el objetivo de reconstruir la capacidad de confiar y que pueda disfrutar de una vida más satisfactoria y libre de sufrimiento.

Así que te pregunto: «¿Qué es mejor, ver la peli a todo color y en alta definición o en blanco y negro?». La decisión de liberarte de la carga de esta piedra puede ser el primer paso hacia un mundo más abierto, vibrante y enriquecedor.

Si te identificas con la desconfianza, es esencial que tomes medidas concretas para abordarla. Puedes empezar por hacer un poco de introspección. Tómate un momento para reflexionar sobre las siguientes preguntas: «¿Qué experiencias del pasado han contribuido a mi desconfianza hacia los demás? ¿Cómo ha afectado mi desconfianza a mi calidad de vida y a mis relaciones? ¿Qué pasaría si empezara a dar pequeños pasos para abrirme a los demás?».

Finalmente, recuerda que la confianza es como un músculo: cuanto más lo ejercitas, más fuerte se vuelve. Comienza con pequeñas metas, como compartir algo personal con un amigo, y ve aumentando poco a poco. ¿Por dónde empiezas, entonces?

¿Es la desconfianza una piedra que pesa en tu mochila? Si es así, coge una de las piedras que recopilaste, ponle el nombre, colócala dentro y escribe en tu libreta tus pensamientos sobre ella. Reserva un rato en tu agenda para reflexionar sobre esta piedra.

## 80
## INSISTENCIA EXCESIVA

El ser muy insistente conduce a veces al éxito, pero más frecuentemente al aborrecimiento de los demás.

BALTASAR GRACIÁN

Hay quienes no pueden dejar de ser insistentes, como si la persistencia, y no la razón, fuera la forma de ser escuchado.

MICHEL DE MONTAIGNE

¿Alguna vez te has encontrado repitiendo una y otra vez lo mismo, tratando de convencer a alguien o, simplemente, intentando que las cosas salgan a tu manera? ¿Has sentido alguna vez como si estuvieras golpeando una pared una y otra vez, esperando que se convierta en una puerta? Ah, amiga mía, si eres de las mías, este capítulo es para ti.

Vamos a verlo un poco más en detalle. La insistencia excesiva se refiere a la perseverancia obstinada y la repetición de acciones o palabras más allá de lo que es razonable o aceptable, cuando te aferras a algo con tanta fuerza que te olvidas incluso de por qué lo estabas haciendo en primer lugar.

Pero ¿cómo son las personas insistentes o que tienden a la insistencia? Algo que define a este tipo de personas es que a menudo sienten una necesidad urgente de que las cosas salgan de una cierta manera. Están enfocadas en aquello que quieren conseguir y muchas veces sienten que deben controlar la situación.

La verdad es que hace poco que he sido consciente de que la insistencia podía convertirse en una piedra en la mochila. En lo que a insistente se refiere, reconozco que me llevo la palma, por lo que, como te puedes imaginar, siempre he visto la insistencia como una cualidad y no como una desventaja. Y es verdad que es una maravilla cuando es medida. Tanto la tenacidad como la determinación, asociadas a la insistencia, son cualidades increíbles que nos llevan hacia nuestras metas. Sin embargo, cuando cruzamos esa delicada línea y nos volvemos excesivamente insistentes, esto puede convertirse en un obstáculo.

Cuando la insistencia se vuelve excesiva, puede alejar a las personas, crear estrés y, en última instancia, ser contraproducente. Además, corres el riesgo de perder de vista las alternativas y las oportunidades que podrían haber surgido si hubieras estado más abierta y menos enfocada en una sola solución. Llegadas a este punto, hay algo que debes preguntarte: «¿Estoy utilizando mi insistencia como un motor para alcanzar mis sueños, o se ha convertido en una pesada piedra que aleja a los demás y limita mis perspectivas?».

La insistencia puede abrir puertas, pero también cerrar oídos. Cuando una persona está en modo insistente porque quiere conseguir un objetivo, sus mensajes van a volverse repetitivos y cada vez más intensos. Además, puede que utilice la presión emocional como táctica, haciendo sentir, de manera inconsciente, culpable o responsable a la otra persona por no atender sus deseos, por lo que la falta de escucha activa es otra característica que define a la persona insistente.

Aunque lo más probable es que la persona insistente no sea consciente, a menudo la falta de flexibilidad se hace evidente. Poco a poco podrá ir dándose cuenta de que quizá se está pasando. Es vital, tanto para la persona que insiste como para aquellas que la rodean, reconocer cuándo es saludable y darse cuenta de cuándo toca parar. Un buen indicador se da cuando las relaciones comienzan a verse afectadas negativamente. Si las personas empiezan a distanciarse o muestran frustración y agotamiento debido a la constante presión, es una señal de que la insistencia ha cruzado un límite.

Otro aspecto a considerar es la autoconciencia. Si una persona se da cuenta de que está consumiendo demasiada energía y tiempo en un tema sin avances significativos, o si su bienestar emocional se ve afectado, es importante dar un paso atrás.

En última instancia, encontrar el equilibrio entre la perseverancia y el respeto por los límites propios y ajenos es crucial para relacionarte de un modo saludable y alcanzar objetivos de manera efectiva.

Lograr un equilibrio entre la perseverancia y el respeto por los límites requiere autoconciencia, empatía y habilidades de comunicación efectiva. Como siempre, lo primero es la autorreflexión. Es importante que seas capaz de analizar tu comportamiento. Pregúntate si la insistencia está realmente alineada con un objetivo valioso o si, por el contrario, se ha convertido en una lucha de poder o un deseo de tener la razón. Esto implica evaluar honestamente el impacto que la insistencia está teniendo en los demás y en una misma.

También es necesario aprender y practicar habilidades de comunicación efectiva. Esto significa aprender a expresar ideas y deseos de manera clara y respetuosa, pero también ser una buena oyente. Escuchar activamente lo que los demás tienen que decir y estar dispuesta a considerar sus puntos de vista puede conducir a soluciones más equilibradas y beneficiosas para todas las partes involucradas. Igual que adoptar una mentalidad abierta y flexible también es crucial. Esto significa estar dispuesta a adaptarse y, si es necesario, a ceder en algunos aspectos.

¿Es la insistencia excesiva una piedra que pesa en tu mochila? Si es así, coge una de las piedras que recopilaste, ponle el nombre, colócala dentro y escribe tus reflexiones sobre ella. ¿Identificas momentos en los que eres demasiado insistente?

# 81
# LAMENTARSE

De nada sirve al hombre lamentarse de los tiempos en que vive. Lo único bueno que puede hacer es intentar mejorarlos.

THOMAS CARLYLE

¿Te ha pasado alguna vez que, tras tomar una decisión que resultó ser equivocada, te has consumido en el lamento? Quizá elegiste una carrera que no te hizo feliz, o terminaste una relación que, en retrospectiva, valoras. En lugar de reconocerlo como una lección aprendida y avanzar, te encuentras atrapada en un bucle interminable de «si tan solo hubiera...». Si es así, déjame decirte que estás cargando la piedra de la lamentación en tu mochila, una piedra que pesa y te impide ver las oportunidades y crecer. Por suerte, soltar esta piedra puede ser el primer paso hacia una vida más plena y feliz.

Lamentarse es expresar pena, arrepentimiento o descontento de manera prolongada y, a menudo, excesiva. Una respuesta emocional a situaciones o decisiones pasadas que se consideran desfavorables. Es normal lamentarse puntualmente por algo que suceda en tu vida, pero ¿qué pasa cuando el lamento se vuelve crónico? ¿Qué pasa cuándo después de veinte años sigues lamentándote por aquello que hiciste o no hiciste?

Lamentarse puede ser una respuesta natural ante situaciones complicadas, ya que permite liberar emociones y procesar el dolor emocional. Sin embargo, es importante tener en cuenta que el lamento prolongado o excesivo puede ser perjudicial para la salud mental y emocional.

En lugar de quedarse en el lamento, es recomendable tratar de encontrar maneras de superar la situación o buscar soluciones para mejorarla. Esto puede incluir aprender de los errores pasados, buscar apoyo emocional en amigos o seres queridos, buscar ayuda profesional o poner el foco en las nuevas oportunidades que puedan surgir a raíz de la situación.

Cuando te lamentas, es probable que te sientas atrapada en pensamientos de tristeza y remordimiento. Puede que te des cuenta de que repites en tu mente las mismas frases, como: «Ojalá hubiera hecho esto de otra manera» o «si tan solo no hubiera dicho eso». Esto también puede venir acompañado de sentimientos de frustración y, a veces, de impotencia.

Por ello, es importante estar atenta a cómo estos pensamientos y emociones afectan a tu vida diaria. ¿Estás dejando de lado el disfrute de los buenos momentos presentes por estar sumida en pensamientos del pasado?

En algunos casos, el lamentarse podría incluso afectar a las relaciones personales. Podrías encontrar que amigos y familiares se alejan, ya que el continuo lamento puede resultar agotador para quienes te rodean. El mundo sigue avanzando, y centrarse demasiado en los «hubiera» puede hacer que te quedes atrás. Lamentarse no solo es agotador para una misma, sino que también puede serlo para quienes nos rodean. Las lamentaciones continuas pueden generar un ambiente de negatividad insoportable. Al fin y al cabo, todas buscamos relaciones saludables y constructivas, y la constante negatividad puede ser una barrera para esto.

Está claro que nadie quiere vivir atrapado en un mar de lamentos y que todas las personas queremos vivir felices y en paz, pero tenemos que ser conscientes de que la mayoría de las veces tenemos que currárnoslo un poco. Vivimos en una sociedad que impulsa muchos comportamientos poco sanos, por lo que el proceso de toma de conciencia puede ser un poco más difícil al inicio. Si te encuentras constantemente compartiendo tus arrepentimientos y tristezas con tu entorno, podría ser útil pedirles su punto de vista. ¿Qué creen que podrías hacer para superar tus lamentaciones? Su visión puede aportarte un enfoque fresco y diferente.

Seguramente cultivar la gratitud sea la mejor estrategia para soltar la piedra del lamento. Aunque te parezca algo simple, el acto de agradecer puede tener un impacto muy profundo en tu vida. Al agradecer, reorientas tu mente hacia lo positivo y te alejas de los pensamientos de arrepentimiento y tristeza.

Puedes comenzar con un simple ejercicio de gratitud cada día. Toma un momento para reflexionar sobre algo por lo que te sientas agradecida. Puede ser algo grande, como tener un hogar y una familia que te apoya, o algo pequeño, como el café de la mañana. Este cambio de enfoque puede ayudarte a ver más allá de las lamentaciones y recordarte las cosas buenas de tu vida.

Soltar esta piedra es un viaje hacia la autoaceptación. Todas cometemos errores y tomamos decisiones equivocadas, pero cada uno de ellos es una oportunidad para aprender y crecer. Dejar de lamentarte no significa que tengas que dejar de expresarte; más bien se trata de aprender a no dejar que estos errores te definan y cambiar el enfoque. Eres mucho más que tus errores o tus elecciones pasadas. Eres una persona capaz de crecer, cambiar y ser feliz.

Recuerda que, como *coach*, estoy aquí para ayudarte en este viaje. Juntos, podemos trabajar para liberarte de esta piedra y abrir un camino hacia una vida más positiva y plena. ¡Vamos a hacerlo! Vivir de lamentaciones sale muy caro. Es una pérdida de tiempo y energía. No se puede construir nada sobre eso, solo sirve para revolcarse. ¿Cuándo empiezas?

¿Es lamentarse una piedra que pesa en tu mochila? Si es así, coge una de las piedras que recopilaste, ponle el nombre, colócala dentro y escribe en tu libreta tus reflexiones sobre ella. ¿Cómo sientes esta piedra en tu mochila? ¿Cómo crees que actúa una persona que se lamenta todo el tiempo? ¿Te gustaría estar cerca de ella o lejos?

## 82
## DESCONEXIÓN EMOCIONAL

La desconexión es una forma de autoprotección, nos desvinculamos emocionalmente para evitar que nos hieran.

Brené Brown

Una persona que vive desconectada emocionalmente es aquella a la que parece que todo le es indiferente o que se muestra desapegada de su vida diaria. En su interacción con otros, puede tener dificultades para expresar sus emociones, manteniendo una cara de póker incluso en situaciones que, normalmente, provocarían una respuesta emocional.

Son personas que, a menudo, evitan la intimidad y tienen dificultades para establecer relaciones profundas y significativas. Prefieren mantener a las personas a distancia, limitando sus interacciones a conversaciones superficiales y evitando compartir detalles personales sobre sí mismas. Este comportamiento puede interpretarse como una forma de autoprotección, diseñada para evitar la posibilidad de dolor o rechazo.

Además, pueden parecer desinteresadas en las experiencias emocionales de los demás. Pueden no responder con empatía o comprensión cuando alguien comparte un problema o logro, y pueden evitar involucrarse en conversaciones que impliquen emociones o sentimientos. En su lugar, suelen centrarse en temas más prácticos o superficiales.

Brené Brown, en su extenso trabajo sobre la vulnerabilidad, la conexión y la empatía, ofrece una perspectiva valiosa sobre cómo la desconexión emocional puede actuar como un mecanismo de defensa para protegerse del dolor.

Cuando Brené habla sobre la desconexión emocional como una forma de autoprotección, se refiere al instinto humano de protegerse de experiencias dolorosas. Todas hemos experimentado dolor, traición o desilusión en relaciones o interacciones pasadas. Un dolor que puede crear una especie de «armadura» emocional; por miedo a ser heridas de nuevo, algunas personas pueden desconectarse emocionalmente. Al hacerlo, creen que están poniendo una barrera entre ellas y el potencial daño que podría venir de abrirse a otras.

Sin embargo, esta desconexión tiene un costo. Si bien puede proporcionar un sentido de seguridad a corto plazo, también impide la capacidad de experimentar conexiones profundas, significativas y enriquecedoras. Aquí están algunos de los efectos y consecuencias de la desconexión emocional como mecanismo de autoprotección:

- Relaciones superficiales. Al mantenerse emocionalmente distantes, las relaciones tienden a permanecer en la superficie. No se desarrolla un nivel más profundo de intimidad y entendimiento, lo cual es crucial para relaciones significativas.
- Pérdida de autenticidad. Al desconectarse emocionalmente, las personas también pueden perder la conexión con ellas mismas. Esto puede llevar a la pérdida de autenticidad, ya que una puede comenzar a suprimir o ignorar sus propias emociones y necesidades.
- Efectos en la salud mental. La desconexión emocional a largo plazo puede tener efectos negativos en la salud mental. Los seres humanos son inherentemente sociales y necesitan conexiones. La falta de estas conexiones puede contribuir a la soledad, la depresión y la ansiedad.
- Perder oportunidades de crecimiento. Al evitar el dolor, también se evita una de las fuentes más poderosas de

crecimiento personal. Las experiencias dolorosas a menudo ofrecen lecciones valiosas y oportunidades para desarrollar resiliencia.

- Falta de apoyo en tiempos difíciles. Cuando una se desvincula emocionalmente, es menos probable que tenga una red de apoyo durante tiempos difíciles. Esto puede intensificar los problemas y hacer que enfrentar desafíos sea aún más difícil.

Para contrarrestar la desconexión emocional, Brené Brown sugiere abrazar la vulnerabilidad. Esto significa aceptar que hay un riesgo en abrirse a otros, pero reconocer que este riesgo vale la pena por las conexiones y experiencias significativas que se pueden obtener. La vulnerabilidad, según Brown, es una de las claves para vivir una vida completa y conectada.

Requiere un compromiso consciente y un esfuerzo continuo para abrirse emocionalmente. Esto comienza con un reconocimiento interno de la importancia de las conexiones emocionales en tu vida y el valor que tiene compartir tus experiencias con los demás. También es esencial desarrollar la autoconciencia, ya que, al comprender cómo te afectan tus propias emociones, estarás mejor equipada para comunicarlas con los demás.

Necesitas aceptar que no siempre tienes el control, y que está bien. La vida está llena de incertidumbre, y nuestras emociones son una parte natural y valiosa de nuestras experiencias humanas. Al abrirnos a la vulnerabilidad, podemos aspirar a una vida más rica y conectada, libre de sufrimiento. Algo irónico es que, inconscientemente, te desconectas para no sufrir y acabas sufriendo aún más. ¿Cómo sería tu vida si, poco a poco, empezaras a conectar con tus emociones? ¿Cuál es el primer paso que te gustaría dar?

> ¿Es la desconexión emocional una piedra que pesa en tu mochila? Si es así, coge una de las piedras que recopilaste, ponle el nombre, colócala dentro y escribe en tu libreta tus reflexiones sobre ella. ¿Tienes dificultad para conectar con tus sentimientos y tus emociones?

## 83
## AUTOSABOTAJE

> Lo único que te separa de la vida que quieres es la historia que te cuentas una y otra vez sobre por qué no deberías conseguirlo.
>
> TONY ROBBINS

El autosabotaje es como una garrapata que se instala en tu mente y te pone todas las trampas posibles para que no puedas vivir en paz. En palabras de Bernardo Stamateas, son las trampas mentales que nos impiden realizarnos.

Todas, repito, todas nos hemos autosaboteado en algún momento de nuestra vida. Pero ¿por qué lo hacemos? ¿Por qué nos ponemos tantos problemas para conseguir aquello que, en teoría, queremos conseguir?

Voy a contarte cuántas veces intenté dejar de fumar y cómo lo conseguí finalmente. Desde que empecé con este horrible vicio, tuve claro que era malo y que lo tendría que dejar en algún momento de mi vida, lo que no me impidió encenderme el primer cigarrillo ni el segundo. Ser testigo de las dificultades que tuvo mi padre, y de cómo un fulminante cáncer de pulmón terminó con la vida de mi primer suegro, tampoco fueron motivos suficientes para dejarlo cuando aún era pronto.

Así acumulé años de vicio. Fumar formaba parte de mi personalidad. Llevaba más años fumando que sin fumar. Sabía que lo tenía que dejar y lo intentaba. Pero en dos días iba como una loca oliendo humo y volviendo al vicio.

Vivía en una contradicción. Había una parte de mí que disfrutaba fumando, sentía que formaba parte de quien yo era y me gustaba la persona en la que me convertía cuando tenía un cigarro encendido. Pero había otra parte de mí que sabía que fumar era malo, que tenía que dejarlo y que no tenía ningún sentido maltratar mi cuerpo de esa manera. Era algo así como... *me gustaría dejar de fumar como si nunca hubiese fumado.*

Llegó un momento en el que la ambivalencia desapareció y dejar de fumar se convirtió en algo que quería de verdad y, entonces, ya no hubo marcha atrás. Mis dos partes se pusieron de acuerdo y todo fue más fácil. Pero ¿qué pasa cuando sientes que deseas algo con todas tus fuerzas y no paras de poner excusas por el miedo a triunfar?

El autosabotaje es un estado en el que tu mente intenta evitar a toda costa que cumplas tus metas, valiéndose de argumentos racionales perfectamente elaborados que validamos como si fueran verdaderos. Es ponerse a dieta y comerse un pastelito. ¿Qué sentido tiene? Ninguno, pero lo hacemos continuamente.

Cambiar este tipo de patrones es un poco complicado, pero no imposible. Tienes que estar muy alerta para no autoengañarte y reforzar continuamente tu objetivo. Pasa a la acción poco a poco, dando pequeños pasitos, siguiendo el método Kaizen, y llegarás muy lejos. El autosabotaje está lleno de excusas y es imprescindible que las elimines todas.

Comprometerte a hacer algo y no cumplirlo, procrastinar, poner excusas y llevar el perfeccionismo al extremo son claros ejemplos de autosabotaje. Es esencial darse cuenta de que detrás de tus comportamientos hay obstáculos que te impiden avanzar y que, estos obstáculos, te los pones tu misma. A menudo, estos comportamientos están enraizados en el miedo al fracaso, la aversión al riesgo o la falta de confianza en nuestras propias habilidades.

Pero la verdad es que, al comprometernos con algo y no cumplirlo, procrastinar y buscar la perfección, estamos creando un ciclo de inacción y frustración que te paraliza. Para romper este ciclo, es imprescindible comenzar por establecer metas realistas y manejables, y luego comprometerse a tomar medidas consistentes hacia esas metas. Además, es útil practicar la autocompasión y entender que está bien cometer errores y que no todo tiene que ser perfecto. Al adoptar un enfoque más equilibrado y compasivo hacia ti misma y tus objetivos podrás reducir los comportamientos de autosabotaje y abrirte a mayores oportunidades de crecimiento y éxito.

En cuanto al compromiso, desarrollar integridad y responsabilidad en tus acciones es clave. Esto significa seguir adelante con lo que dices que vas a hacer, no solo para mantener tu palabra ante los demás, sino para construir una autoimagen positiva y confiable de ti misma.

Además, cuando demostramos integridad y cumplimos nuestras promesas, no solo mejoramos nuestra autoestima, sino que también cultivamos confianza en nuestras relaciones. Las personas comienzan a vernos como individuos fiables en quienes se puede confiar. Esta confianza es la base de las relaciones sólidas, tanto personales como profesionales.

Confía en el mundo real y aléjate de tu mente. La realidad es mucho más benevolente que la imagen que te has montado de ella en tu cabeza. Basamos nuestras decisiones en las representaciones mentales que hacemos de la realidad, no en la realidad en sí.

En fin, déjate de historias y empieza a soñar en grande. Recuerda las palabras de Tony Robbins y ponte las pilas. Ha llegado el momento de convertir tu objetivo en tu prioridad. ¡Vamos a crear un *vision board*! Describe tu vida ideal, recopila todo el material que necesites para crearla y monta un *collage* que colocarás en un lugar muy visible. Así, a cada momento recordarás que eso es por lo que cada día luchas.

¿Es el autosabotaje una piedra que pesa en tu mochila? Si es así, coge una de las piedras que recopilaste, ponle el nombre, colócala dentro y escribe en tu libreta tus reflexiones sobre ella. ¿Sueles encontrar obstáculos incluso cuando no los hay?

# 84
# DESMOTIVACIÓN

Cuando uno siente desmotivación, lo mejor es hacer una pausa y replantease los objetivos.

ZIG ZIGLAR

Todas hemos tenido alguna época en la que nos hemos sentido más o menos desmotivadas. ¿Sabes a qué me refiero? A ese peso que sientes cuando suena el despertador y eres incapaz de levantarte porque todo te parece insignificante, como si alguien hubiese desenchufado la energía de ti. A eso lo llamamos *desmotivación*.

Ahora, permíteme presentártela formalmente. La piedra número 84, la desmotivación, responde a un estado emocional y psicológico caracterizado por una falta de interés o entusiasmo hacia las actividades o metas, tanto a corto como a largo plazo. Suele estar acompañada por un sentimiento de apatía, desgana y, en algunos casos, desesperanza.

Lentamente, consume tu energía, creatividad y potencial, impidiéndote alcanzar la plenitud y la felicidad en tu vida. Pero no te desesperes, porque aquí estás a punto de descubrir cómo quitar ese peso de tu mochila.

El sufrimiento causado por la desmotivación es una especie de dolor sutil, pero persistente, que impregna todos los aspectos de nuestra vida. A diferencia de otros dolores más tangibles, no siempre es fácil de reconocer, pero su efecto debilitante es igualmente real.

Cuando perdemos el interés y el entusiasmo por nuestras actividades diarias, nuestros días pueden comenzar a parecer un tedioso bucle interminable. Ese sentimiento de estancamiento puede nublar nuestra capacidad de ver el valor y la belleza en las cosas más sencillas.

También puede afectar a tu autoestima. Sin objetivos a los que aspirar, o sin la energía para trabajar en ellos, puedes empezar a cuestionar tu valor y tus capacidades. Esta duda puede agravar la desmotivación, creando un ciclo vicioso de negatividad que es difícil de romper.

Por último, la desmotivación te priva de experimentar la alegría y la satisfacción que provienen de la realización personal y del crecimiento. No hay nada como el sentimiento de logro que viene con el trabajo duro y el esfuerzo dedicado. Pero, con la desmotivación, ese placer se desvanece, dejándonos con una sensación de vacío y descontento. Así pues, aunque esta puede parecer menos intensa que otras formas de sufrimiento, su impacto en nuestra felicidad y bienestar general puede ser profundo y duradero.

Una señal de alarma puede ser el aburrimiento. Cuando este empieza a ser frecuente y no se gestiona adecuadamente, puede ser un catalizador para la desmotivación. Imagina que regularmente te encuentras en situaciones que te aburren o te parecen poco significativas. Con el tiempo, esa sensación de aburrimiento puede empezar a filtrarse en otras áreas de tu vida, lo que te lleva a perder el interés en actividades que antes podrían haber sido gratificantes. Esto, en esencia, se produce cuando el aburrimiento se convierte en desmotivación. Y, como decía Voltaire, el aburrimiento es la enfermedad de los que no saben lo que quieren.

Zig Ziglar, uno de los oradores motivacionales y autores de desarrollo personal más influyentes, tenía mucho que decir sobre la motivación. Una de sus citas más famosas sobre el tema es: «La gente dice a menudo que la motivación no dura. Bueno, tampoco lo hace el baño, por eso lo recomendamos diariamente». Con esta frase enfatiza la importancia de mantener y renovar constantemente nuestra motivación. Sugiere que la motivación, al igual que la higiene personal, no es algo que se haga una sola vez y luego perdure por sí sola. En cambio, requiere un esfuerzo constante y un compromiso continuo.

Del mismo modo que Zig Ziglar decía que la motivación es un componente esencial para alcanzar el éxito y la felicidad en la vida, la desmotivación es un pedrusco en la mochila que puede desviar a las personas de los caminos que conducen a su verdadero potencial y realización y, por supuesto, provocar un gran sufrimiento.

Una de las características que reúnen mis clientas es, precisamente, la falta de motivación: se sienten sin energía, sin ganas, piensan que su vida no tiene sentido y les cuesta muchísimo afrontar las obligaciones del día a día, sin saber muy bien qué produce esto. Ya que normalmente inicio mis sesiones preguntando a la persona cuál es su objetivo, en este caso tengo que abordar el proceso de una forma totalmente diferente: con preguntas poderosas, identificación de valores, exploración del sufrimiento y análisis de la situación actual en los diferentes ámbitos.

Siempre acabamos descubriendo que la causa de su desmotivación es un profundo sentimiento de desconexión con sus propios deseos y ambiciones. Han estado viviendo en piloto automático, siguiendo las expectativas de otros o una rutina predeterminada, y han perdido de vista lo que verdaderamente les importa. Esta desconexión crea un vacío, un anhelo de propósito que, cuando no se satisface, desemboca en desmotivación. ¿Cuándo fue la última vez que te detuviste a reflexionar sobre lo que realmente enciende tu pasión y da un sentido de propósito a tu vida? Recupera tu libreta y escribe.

¿Es la desmotivación una piedra que pesa en tu mochila? Si es así, coge una de las piedras que recopilaste, ponle el nombre, colócala dentro y escribe en tu libreta tus reflexiones sobre ella. ¿Te resulta difícil concentrarte en tus tareas o proyectos actuales? ¿Has experimentado una sensación de apatía o falta de energía en tu día a día?

## 85
## CONSUMO EXCESIVO

El consumismo en exceso es un pasaporte hacia el vacío.

ANDREW O'HAGAN

Imagina el siguiente círculo vicioso: llegas a casa después de un largo día de trabajo y enciendes la televisión. Después de una hora haciendo *zapping* sin parar, decides abrir Netflix. Te sientes un poco ansiosa, así que abres una botella de vino. Luego, con el estómago vacío, devoras una *pizza* entera mientras, con la tele encendida, consultas tus redes sociales. Todo esto se conoce como vivir en un estado de consumo excesivo. Se trata de malgastar tu tiempo en actividades inútiles que generan un placer instantáneo. Es por eso por lo que la mayoría de la gente es adicta al consumo.

Pero ¿sabes qué le hace todo esto a tu cerebro? ¡Está acabando con todos tus receptores de dopamina! Voy a profundizar en esto. La dopamina es un neurotransmisor que juega un papel crucial en cómo experimentamos el placer y la recompensa. Es como el combustible que nos impulsa a buscar experiencias que nos hagan sentir bien. Pero aquí está el problema: cuando nos exponemos constantemente a estímulos gratificantes, como la comida basura, un maratón de Netflix o interminables horas en las redes sociales, nuestro cerebro se acostumbra a altos niveles de dopamina. Lo cual puede llevar a que los receptores de dopamina se vuelvan menos sensibles con el tiempo.

Esto significa que, cuando tus receptores de dopamina están siendo bombardeados, poco a poco necesitas más y más estimulación para sentir el mismo nivel de placer, lo que puede crear un ciclo de búsqueda de gratificaciones cada vez más intensas, lo cual es insostenible y potencialmente dañino. Es como si estuvieras gritando en un concierto: al principio, tienes que elevar la voz para ser escuchada, pero al final estás gritando a pleno pulmón y ni siquiera puedes oírte a ti misma.

Los humanos, evolutivamente, no estamos diseñados para ser expuestos a la inmensa cantidad de placer que el mundo moderno tiene para ofrecer. Nuestros antepasados enfrentaban desafíos y recompensas mucho más esporádicas, por lo que un impulso de dopamina era un evento raro y significativo. En el mundo de hoy, con una avalancha de placeres al alcance de la mano, corremos el riesgo de sobrecargar nuestros circuitos de dopamina, algo realmente peligroso.

Esto no solo afecta a nuestro sentido de satisfacción, sino que también puede afectar a nuestra capacidad de concentración, nuestras relaciones y nuestra salud mental. Puedes encontrarte menos satisfecha con las pequeñas alegrías de la vida, menos conectada con las personas que te importan, y atrapada en un torbellino de búsqueda de gratificación que nunca se satisface realmente.

Así que te invito a reflexionar: ¿crees que es el momento de encontrar formas más equilibradas de experimentar placer y satisfacción en la vida? Tu cerebro, y tu bienestar en su conjunto, te lo agradecerán.

Y ¿esto qué significa? ¿Qué no puedes ver Netflix, comer *pizza* y beber cerveza tirada en el sofá? Pues claro que no. Lo que significa es que tienes que encontrar un equilibrio sano en la moderación. «¿Y cómo sé cuándo es sano?», te preguntarás.

Bueno, permíteme ayudarte a navegar por este terreno. Imagina que tu bienestar es como un jardín. Si riegas las plantas con moderación, crecen y florecen. Pero si les echas demasiada agua, las ahogas. De la misma manera, disfrutar de tus programas favoritos, deleitarte con una *pizza* y tomar una cerveza de vez en cuando no es malo en sí mismo. El problema surge cuando estos comportamientos se convierten en la norma, dejando de lado actividades más enriquecedoras y saludables.

Para saber cuándo es sano, hazte algunas preguntas: «¿Están estos placeres impidiendo que persiga mis metas o mantenga relaciones significativas? ¿Estoy usando estos placeres como una forma de evadirme de problemas que debería enfrentar? ¿Me siento física o mentalmente agotada después de participar en estas actividades?». Si respondes «sí» a alguna de estas preguntas, es probable que estés cruzando la línea de la moderación hacia el exceso.

Pero ¡no temas! Tienes el poder de retomar el control. Aquí hay un par de sugerencias prácticas: establece límites de tiempo para las actividades de consumo, como ver la televisión o navegar por las redes sociales. Comprométete a realizar actividades que contribuyan a tu crecimiento personal y bienestar, como leer, hacer ejercicio o pasar tiempo de calidad con seres queridos.

La moderación es el arte de encontrar un equilibrio en nuestras acciones y decisiones, evitando caer en los extremos. Al practicar la moderación, podemos disfrutar de los placeres de la vida sin permitir que consuman nuestro tiempo, energía o recursos de manera desproporcionada.

Finalmente, recuerda que la moderación no es una restricción, sino una forma de libertad. Es la libertad de elegir lo que realmente te nutre y te hace feliz en lugar de quedar atrapada en un ciclo interminable de placeres fugaces. ¿No es emocionante pensar en todas las oportunidades y alegrías que esperan ser descubiertas cuando te liberas de la cadena del consumo excesivo?

¿Es el consumo excesivo una piedra que pesa en tu mochila? Si es así, coge una de las piedras que recopilaste, ponle el nombre, colócala dentro y escribe en tu libreta tus reflexiones sobre ella. ¿Sientes que consumes en exceso? Si es así, ¿cómo crees que eso afecta a tu vida?

# 85 + 1
# ANSIEDAD

Tener ansiedad es decisión tuya.

FERRAN CASES

Y llegamos a la ansiedad, una piedra que no es un peso más, sino el resultado de llevar demasiadas piedras en la mochila, piedras que se juntan las unas con las otras creando un cóctel al que podemos llamar *ansiedad*.

La acumulación de piedras en nuestra vida, tales como quejarse, culpar a los demás, criticar, procrastinar, vivir anclada al pasado, entre otras, genera un terreno fértil para el desarrollo de la ansiedad. Cada una de estas piedras añade peso a la mochila que llevas a la espalda, y a medida que se acumulan, la carga se vuelve cada vez más pesada, hasta que pesa tanto que no puedes avanzar.

La ansiedad es una respuesta natural a este exceso de carga emocional y psicológica. Nos sentimos inquietas, preocupadas, y a menudo nos encontramos atrapadas en un ciclo de pensamientos negativos. El corazón late más rápido y la mente parece no descansar nunca. La ansiedad no solo se manifiesta a nivel mental, sino también físicamente, y puede llegar a afectar a nuestras relaciones, trabajo y calidad de vida en general. Los síntomas son diferentes para cada una de nosotras.

Y ¿quién mejor para hablar de ansiedad que Ferran Cases? Ferran, escritor, conferenciante y creador del método

«Bye Bye Ansiedad», es un experto en el tema, por lo que, aprovechando que tenemos un amigo en común, decidí tomarme un café con él para saber más sobre ella y la relación que se puede establecer entre las diferentes piedras de las que he hablado a lo largo de este libro.

Con Ferran hablé largo y tendido sobre el gran tema del siglo XXI. Los dos hemos sufrido ansiedad, por lo que la conexión fue instantánea. Los dos estamos de acuerdo en que el principal problema que tenemos no es la ansiedad en sí, sino la capacidad de esquivar esas pequeñas molestias que van surgiendo en el día a día. Tenemos tanto miedo a sufrir y caer en el pozo que esto mismo es lo que nos acaba generando ansiedad. Cuando nos sentimos mal, hacemos un par de sesiones de terapia, un retiro y, a la que estamos un poco mejor, lo dejamos. Y no es hasta que explotamos que nos ponemos las pilas de verdad. De hecho, esto es lo que nos pasó a los dos. Cuando pasa, no hay marcha atrás. Tienes que atenderlo sí o sí.

Según Ferran, la clave está en darse cuenta de que probablemente nunca serás feliz del todo, y eso hay que aceptarlo. Hay que aceptarlo y trabajar cada día para conseguir la serenidad que deseas. Y es que la magia no existe, amiga, esto hay que currárselo, algo que, por cierto, no nos gusta lo más mínimo. Ferran, un tío que se lo ha currado a lo grande y que está recogiendo los frutos de su trabajo, sabe bien de lo que habla. A mí me gusta decir que la ansiedad no es cuestión de mala suerte, es el resultado de algunas decisiones equivocadas o de no haberse dado cuenta de que estás cargando demasiadas piedras en tu mochila.

Pero ¿por qué sabiendo que vivimos insatisfechas, no hacemos nada para remediarlo? ¿Por qué vivimos vidas mediocres llenas de sufrimiento y piedras pesadas? Porque nuestro cerebro no quiere trabajar. Quiere las cosas fáciles y que no lo molestemos mucho. Y para nuestro cerebro es más fácil sentarse en el sofá a ver Netflix y comer *pizza* que contratar una *coach*. ¿Sabes cuántas veces veo a personas que dicen que no tienen dinero para invertirlo en un proceso *coaching* llegar a casa con las bolsas llenas de ropa o gastarse medio sueldo saliendo de fiesta?

La realidad es que queremos el premio, pero no queremos invertir tiempo ni esfuerzo en el proceso, y esto es un gran problema. Queremos que pasen cosas maravillosas mientras estamos sentadas en el sofá. Me habla de la generación del ibuprofeno: lo queremos todo aquí y ahora.

Ferran lo tiene claro: él ha venido a esta vida a pasarlo bien. Cada día se pregunta: «¿A qué he venido a este mundo?». Divide sus hábitos en dos: fisiológicos y psicológicos. Tiene un plan que no se salta nunca para conseguir unos niveles óptimos de felicidad y tiene claro que hay cosas que tiene que hacer, aunque no le gusten, y las hace. Este es su secreto: currárselo.

A la conclusión a la que llego después de mi conversación con él es que, si hay una manera de poder vivir con serenidad, está detrás de aceptar el mundo tal y como es. Los dos coincidimos en que la actitud lo es todo en la vida; en que la ansiedad, al contrario de lo que opinan muchos profesionales, se supera, y en que, si te lo curras, puedes conseguirlo casi todo.

De nuestro rato juntos me quedo con su generosidad, buen rollo, sabiduría, sentido del humor y humildad. Y ahora, mientras escribo esto, me siento un poco Enric Sánchez en el cierre de *Vidas contadas*. Gracias, Ferran. Yo, como tú, también he venido a pasarlo bien.

Volviendo a las piedras que cargas en tu mochila, la buena noticia es que al trabajar para eliminar algunas de ellas por separado, podrás aligerar la carga y, con ello, reducir significativamente los niveles de ansiedad. Esto implica que adoptes una mirada holística, desde la que enfocarte en tus hábitos, creencias, emociones y conductas, y en cómo estas interactúan y afectan a tu bienestar.

Finalmente, es vital reconocer que, aunque la ansiedad puede ser el resultado de cargar con demasiadas piedras, también puede ser el catalizador que nos lleve a acumular más. La ansiedad misma puede hacer que busquemos refugio en conductas y creencias no saludables. Por eso es crucial abordarla como parte de un proceso más amplio de cambio y crecimiento personal en el que empezar a trabajar cada día sin pausa.

# 5

# HERRAMIENTAS PARA EL CAMBIO

Antes de seguir, quiero que recapitulemos. ¿Cuántas de las piedras que has visto crees que están sumando peso en tu mochila emocional? Márcalas con una *x*.

- ☐ 1. Quejarte.
- ☐ 2. Culpar a los demás de lo que te pasa.
- ☐ 3. Criticar.
- ☐ 4. Reprochar.
- ☐ 5. Esperar que las cosas pasen.
- ☐ 6. La inercia.
- ☐ 7. Juzgar.
- ☐ 8. Victimismo.
- ☐ 9. Falta de autocuidado.
- ☐ 10. Vivir anclada al pasado.
- ☐ 11. Querer tener siempre la razón.
- ☐ 12. Enfadarte a menudo.
- ☐ 13. Procrastinar.
- ☐ 14. Aislamiento social.
- ☐ 15. Rumiación.
- ☐ 16. Catastrofización.
- ☐ 17. Anticipación negativa.
- ☐ 18. Interpretación de la realidad

☐ 19. Búsqueda de la gratificación inmediata.
☐ 20. Necesidad de aprobación.
☐ 21. Querer tenerlo todo controlado.
☐ 22. Rigidez mental.
☐ 23. Perfeccionismo.
☐ 24. Autoexigencia.
☐ 25. Buscar defectos.
☐ 26. Arrogancia.
☐ 27. Compararse.
☐ 28. Impulsividad.
☐ 29. Castigar emocionalmente.
☐ 30. Expresar todo lo que piensas.
☐ 31. Resistencia al cambio.
☐ 32. Darle vueltas a un hecho que ya ha pasado.
☐ 33. Indigestión emocional.
☐ 34. Vivir sin propósito.
☐ 35. Mala gestión de la incertidumbre.
☐ 36. No saber perdonar.
☐ 37. Indecisión.
☐ 38. No saber desconectar.
☐ 39. Complicarse la vida sin necesidad.
☐ 40. No saber pedir ayuda.
☐ 41. No saber poner límites.
☐ 42. No saber identificar tus necesidades y deseos.
☐ 43. Querer cambiar a los demás.
☐ 44. Desorden.
☐ 45. No cumplir objetivos

- ☐ 46. Falta de autoconocimiento.
- ☐ 47. Pereza.
- ☐ 48. Querer que las cosas sean diferentes.
- ☐ 49. No autoaceptación.
- ☐ 50. No saber escuchar.
- ☐ 51. Tener expectativas irreales.
- ☐ 52. Creencias limitantes.
- ☐ 53. Creer que los demás están en tu contra.
- ☐ 54. Estrés.
- ☐ 55. Pensamientos negativos.
- ☐ 56. Inseguridad emocional.
- ☐ 57 Síndrome de la impostora.
- ☐ 58. Autoengaño.
- ☐ 59. Ira.
- ☐ 60. FOMO.
- ☐ 61. Creer que la felicidad va ligada a las circunstancias
- ☐ 62. Sentimiento de culpa.
- ☐ 63. Desesperanza.
- ☐ 64. Vergüenza.
- ☐ 65. Soledad.
- ☐ 66. Fracaso.
- ☐ 67. Querer ser el centro del universo.
- ☐ 68. Baja autoestima.
- ☐ 69. Miedo.
- ☐ 70. Envidia.
- ☐ 71. Insatisfacción crónica.
- ☐ 72. Estar a disgusto con tu cuerpo.

- ☐ 73. Frustración.
- ☐ 74. Preocuparte por cosas que no están a tu alcance.
- ☐ 75. Celos.
- ☐ 76. Inmadurez emocional en la edad adulta.
- ☐ 77. Orgullo.
- ☐ 78. Justificarte todo el tiempo.
- ☐ 79. Desconfianza.
- ☐ 80. Insistencia excesiva.
- ☐ 81. Lamentarse.
- ☐ 82. Desconexión emocional.
- ☐ 83. Autosabotaje.
- ☐ 84. Desmotivación.
- ☐ 85. Consumo excesivo.
- ☐ 85 + 1. Ansiedad.

## EL SUFRIMIENTO

Bien. Seguimos. Si han salido muchas, no temas, es normal. Creo que, a lo largo de mi vida, las he cargado casi todas. Ahora te propongo que las agrupes según si crees que pueden ser más o menos fáciles de eliminar. Una vez que lo tengas, ordénalas de más fácil a más difícil y léelas con calma, sintiendo el peso que cada una de ellas tiene en tu vida. Si has hecho el ejercicio de recopilar las piedras, vacía la mochila y ordénalas en el suelo o encima de una mesa.

Ahora que has identificado cuáles de estas ochenta y cinco piedras pesan en tu mochila emocional, quiero explicarte cuáles son las disciplinas que pueden ayudarte a aliviar esta carga. Abordaré el *coaching*, la programación neurolingüística (PNL), el *mindfulness* y la hipnosis ericksoniana, por el poder transformador de cada una de ellas. El *coaching* establece la base, ayudando a identificar objetivos y a desencadenar la acción, mientras que la PNL trabaja para reconfigurar patrones de pensamiento y cambiar hábitos o conductas. Con el *mindfulness* conseguimos cultivar la presencia, y con la hipnosis ericksoniana accedemos al inconsciente para reprogramarlo de forma efectiva. A través de estas cuatro disciplinas acompaño a todo tipo de personas que quieren transformar su vida, lo que me permite adaptar el enfoque a las necesidades individuales, y esto resulta en un camino personalizado hacia el bienestar y el crecimiento para cualquier persona que busque liberarse del sufrimiento y alcanzar su máximo potencial. Dicho esto, comencemos con el *coaching*.

## EL *COACHING*

El *coaching* consiste en un proceso de crecimiento en el que intervienen dos personas: la persona consultante y el *coach*. Como es una de las preguntas que más me hacen, me adelanto al decirte que, a diferencia de la terapia tradicional, que a menudo se enfoca en tratar trastornos psicológicos, el *coaching* se centra en ayudar a las personas a alcanzar objetivos y mejorar en diversas áreas de la vida.

La *coach* no actúa como una experta que dicta soluciones —aunque reconozco que soy un poco directiva a veces—, sino más bien como una facilitadora que ayuda a la consultante a descubrir sus propios recursos y capacidades. Mediante preguntas perspicaces y técnicas de comunicación, la *coach* guía al cliente en la exploración de sus creencias, valores y patrones de comportamiento.

Si estás un poco perdida con aquello que te hace sufrir, debes saber que el *coaching* puede ser especialmente útil para ayudarte a identificar cuáles de las piedras que cargas son innecesarias o dañinas. Algunas de estas piedras pueden estar relacionadas con creencias limitantes, miedos o comportamientos autodestructivos, como has visto a lo largo del libro.

Es importante tener en cuenta que el *coaching* requiere compromiso y esfuerzo por parte de la consultante. Es un proceso que puede ser desafiante, pero también increíblemente gratificante, ya que te empodera para tomar el control de tu vida y realizar cambios significativos en tu camino hacia la liberación emocional.

El *coaching* es especialmente potente porque activa la capacidad innata de la persona para el crecimiento y el cambio. Al enfocarse en el presente y el futuro, y al fomentar un enfoque proactivo y orientado a la acción, el *coaching* puede llevar a transformaciones rápidas y sostenibles en la vida de una persona. Además, al trabajar con una *coach,* no te sientes sola en este viaje. Tienes el apoyo de alguien que puede proporcionar una perspectiva objetiva y ayudarte a ver cosas que quizá no puedas ver por ti misma.

En el contexto de liberarte de las «piedras» en tu mochila emocional, el *coaching* es como tener una guía experta mientras trepas una montaña. No puede llevarte a la cima en sus hombros, pero puede acompañarte a que encuentres tu camino, apoyarte cuando tropieces y ayudarte a encontrar la fuerza y la determinación para seguir adelante.

Para que me entiendas, cuando decides embarcarte en un viaje de transformación, tener una *coach* a tu lado es como equiparte con el mejor mapa y la mejor brújula para explorar terrenos desconocidos. Recuerda que tanto la pereza como la indecisión, entre otras, son piedras que impiden tu crecimiento y aumentan tu sufrimiento.

## LA PROGRAMACIÓN NEUROLINGÜÍSTICA (PNL)

A pesar de que el *coaching* es muy potente, llegó un momento en el que sentí que algunas de mis clientas se encallaban en sus procesos y decidí buscar otra disciplina que me ayudase en el acompañamiento a superar estos bloqueos. Así descubrí la PNL, es decir, la programación neurolingüística, una disciplina que te permite reprogramar tu mente y cambiar tus conductas, patrones de pensamiento, emociones aflictivas y comportamientos para crear la vida que deseas. Richard Bandler, junto a John Grinder, creó la PNL en la década de los setenta, una disciplina que surge de la curiosidad y el deseo de entender cómo ciertos terapeutas eran excepcionalmente efectivos en su trabajo y cómo podían lograr cambios significativos en sus pacientes en un periodo relativamente corto de tiempo. Así pues, observaron patrones de comunicación y estrategias que estos terapeutas utilizaban para facilitar cambios en sus clientes. Su objetivo era descubrir técnicas para ayudar a las personas a lograr cambios positivos en el mínimo tiempo posible.

Pero, si hay alguien que ha sido importante en la popularización de la PNL, este es Tony Robbins, autor, conferenciante y *coach* que ayuda masivamente a personas a superar obstáculos y lograr sus objetivos. Gracias a la PNL, Tony Robbins ha ayudado a miles de personas a cambiar sus vidas. Aunque, evidentemente, no estuvo involucrado en su desarrollo inicial, es innegable que ha sido una figura clave en su popularización y en demostrar cómo puede ser utilizada para el crecimiento personal. Yo tuve la suerte de formarme con Anna Flores, una profesional como la copa de un pino.

La programación neurolingüística (PNL) ofrece varias técnicas y enfoques que pueden ser especialmente útiles para personas que cargan con la piedra de la autoexigencia, sufren del síndrome de la impostora o luchan con sentimientos de culpa, por poner algunos ejemplos.

El reencuadre cognitivo sería una técnica para alguien que es autoexigente, y la PNL puede ayudar a cambiar cómo perciben sus propias expectativas y logros. Mediante el reencuadre, la persona puede aprender a ver su autoexigencia no como una carga, sino como una fuerza que, cuando se modera, puede llevar a la excelencia. En el caso del síndrome del impostor, ayuda a que la persona vea sus logros de una manera más objetiva y reconozca su propio valor.

En el caso de alguien que experimente sentimientos de culpabilidad o inseguridad, el anclaje emocional sirve para invocar un estado emocional positivo, como la confianza o la calma, para contrarrestar los sentimientos negativos cuando surjan.

Además, la PNL enfatiza la importancia que tiene el lenguaje en la forma en que pensamos y nos sentimos. Al cambiar el diálogo interno y reemplazar palabras y frases negativas por afirmaciones más empoderadoras, una persona con baja autoestima puede comenzar a construir una imagen más positiva de sí misma.

Dos de las técnicas que más utilizo con mis clientas son el *swish* y la cura de fobias, ambas diseñadas para ayudar a las personas a superar patrones de comportamiento no deseados, miedos o fobias y hábitos negativos. El *swish* es especialmente útil para romper hábitos no deseados o para cambiar respuestas emocionales negativas asociadas a ciertas situaciones. Por otro lado, la cura de fobias se utiliza para ayudar a personas a superar fobias y miedos intensos, como, por ejemplo, el miedo a hablar en público, la fobia a los perros o el miedo a volar.

## HIPNOSIS ERICKSONIANA

Entre todas las personas que estudiaron y usaron como modelos Bandler y Grinder para crear la PNL está Milton Erickson, ya que muchas de las estrategias de lenguaje utilizadas en esta disciplina están inspiradas en él. Y de aquí, de mi formación en PNL, surgió la necesidad de formarme en hipnosis ericksoniana, que, te avanzo, nada tiene que ver con la hipnosis que vemos en las películas.

Mi interés por la hipnosis surgió de la mano de Marisa Peer durante la pandemia. La descubrí un día por casualidad y, enseguida, noté los beneficios de aplicarla con constancia. Por eso, cuando Anna Flores lanzó la formación en su escuela, no dudé ni un segundo en apuntarme. A diferencia de las formas tradicionales de hipnosis, que a menudo implican sugestiones directas, la hipnosis ericksoniana es más sutil y utiliza metáforas, analogías y patrones de lenguaje indirectos para ayudar a guiar la mente hacia un estado de conciencia relajado. En este estado, la mente se vuelve más receptiva a las ideas y sugestiones que pueden facilitar el cambio.

Pero ¿qué hace la hipnosis ericksoniana? Te guía suavemente hacia un estado de relajación profunda, en el que la *coach* o terapeuta utiliza metáforas y sugestiones indirectas para ayudarte a visualizar situaciones sociales con calma y confianza. Lo que hace es despistar a tu parte consciente, en la que están todos los miedos y limitaciones, para que tu parte inconsciente se ponga en marcha. Es una herramienta poderosa que, cuando se utiliza en conjunción con la PNL, puede ser altamente efectiva para ayudar a las personas a realizar cambios profundos y duraderos en sus vidas, porque trabaja tanto a nivel consciente como inconsciente.

Cada vez que explico que me formé en hipnosis ericksoniana, veo cómo se transforma la cara de la persona que tengo delante, por lo que corro a explicar enseguida que no tiene nada que ver con lo que vemos en las películas o la idea que tenemos de la hipnosis. No tiene que ver con perder el control y hacer cosas que no quieras, más bien todo lo contrario. Es un proceso en el que tú estás consciente y eres capaz de acceder a tus propios recursos internos para lograr cambios positivos en tu vida. A través de la hipnosis ericksoniana puedes explorar tu propia mente de manera segura y beneficiarte de su potencial para superar desafíos, cambiar patrones no deseados y alcanzar un mayor bienestar emocional y personal.

Una persona certificada en esta disciplina puede ayudar a su cliente a entrar en un estado de relajación profunda y luego usar sugestiones positivas para reforzar la autoestima y reducir la necesidad de compararse con los demás, por ejemplo. Es una técnica que se utiliza para ayudar a las personas a explorar opciones y soluciones alternativas en un estado relajado y sugestivo, facilitando la toma de decisiones. Una maravilla.

## *MINDFULNESS*

Y, por último, llega el turno del *mindfulness* o la atención plena, una disciplina que, a pesar de tener sus raíces en las prácticas meditativas budistas, ha ganado popularidad en nuestro día a día, y se ha convertido en una de las disciplinas que más pueden contribuir a eliminar el sufrimiento de tu vida. Así, el *mindfulness* consiste en estar consciente en el momento presente, sin juzgar ni reaccionar de forma automática a ningún pensamiento, emoción o sensación que surja.

El *mindfulness* se complementa y se integra perfectamente con las disciplinas anteriores, como el *coaching*, la PNL y la hipnosis ericksoniana. En primer lugar, el *mindfulness* puede ser una herramienta invalorable para desarrollar una mayor conciencia de una misma y de los patrones de pensamiento y comportamiento que contribuyen al sufrimiento. Al estar más atentas a nuestros propios procesos internos, podemos identificar las piedras que pesan en nuestra mochila emocional y comenzar a abordarlas de manera consciente.

Al cultivar la atención plena, podemos desarrollar una mayor claridad mental y una mayor capacidad para responder de manera consciente y deliberada, en lugar de reaccionar impulsivamente. Esto nos permite aplicar de manera más efectiva las herramientas y técnicas de estas disciplinas, ya que estamos más presentes y abiertas a la transformación.

Nos permite aplicar el minimalismo emocional: al practicar el *mindfulness,* aprendemos a dejar ir la tendencia de aferrarnos a los pensamientos y emociones negativas, y a no identificarnos con ellos. En lugar de alimentar el sufrimiento, cultivamos la capacidad de observarlos con compasión y dejarlos pasar. Esto nos permite soltar las piedras que nos causan sufrimiento, sin aferrarnos a ellas y sin permitir que nos definan.

Imagina un mundo donde tu mochila se disuelve. Un mundo en el que puedes liberarte de tus cargas y abrirte a una vida plena, vibrante y llena de posibilidades. Recuerda, el poder está en tus manos para elegir una vida sin sufrimiento. ¿Qué eliges? ¿Continuar cargando una mochila llena de piedras que te limitan o abrazar la oportunidad de soltarlas y caminar hacia una vida plena y libre? Tú decides.

# 6

# DECÁLOGO PARA UNA BUENA VIDA

Algo que me encanta del minimalismo emocional es que no solamente busca eliminar lo negativo, sino que el objetivo de eliminar lo que nos sobra es dejar espacio para lo bueno, es decir, fomentar lo positivo para crear nuevas conexiones neuronales.

No se trata de poner una vela y esperar que la vida cambie, ni de manifestarlo a diario esperando que pasen cosas buenas. Aquí venimos a currárnoslo porque por arte de magia nada cambia.

Y estoy totalmente de acuerdo con Mario Alonso Puig en que lo más importante en la vida no es el talento, sino el carácter, y el carácter se crea. El carácter es la capacidad de sostenerte según un propósito, una visión y unos valores. Esta perspectiva es tremendamente empoderadora, especialmente para quienes sienten que no poseen un talento particularmente destacable. Al entender que el carácter es algo que se puede desarrollar, se abre un abanico de posibilidades para crecer como persona y tener un impacto positivo en el mundo. Un carácter sólido puede ser la brújula que te guíe en tu viaje, permitiéndote navegar con integridad y propósito, incluso en mares agitados.

Invertimos tiempo y dinero en buscar el secreto de la felicidad y perdemos energía obsesionándonos porque las cosas no salen como queremos, sin darnos cuenta de que todo, o casi todo, depende de nosotros, de cómo interpretamos la realidad y cómo reaccionamos ante ella.

A estas alturas ya debes tener bastante claro que eliminar no es sencillo. Seguramente muchas de las cosas que hayas decidido reducir o suprimir de tu vida han estado contigo por un largo tiempo. Pueden ser hábitos, relaciones, pensamientos o comportamientos que, de una forma u otra, se han enraizado en tu día a día. Darte cuenta de su impacto y tomar la decisión de cambiar es un paso enorme, pero la implementación de estos cambios puede ser un desafío en sí mismo.

Es cierto que gran parte de este libro se ha centrado en identificar aquellas piedras que pueden causar malestar, con el objetivo de reducirlas al máximo y, en última instancia, eliminar el sufrimiento de tu vida a través de la aplicación de los principios del minimalismo emocional. Sin embargo, el viaje no termina al liberarte de lo negativo; también es fundamental que te centres en el cultivo de lo positivo.

Así como un jardinero arranca las malas hierbas, pero también planta semillas y cuida las flores, en nuestro jardín emocional es igualmente importante nutrir y cultivar aquellos aspectos que aportan plenitud y significado a nuestras vidas.

Con esto en mente, he creado un decálogo, una lista de diez pautas que considero esenciales para construir una buena vida.

Así que déjame presentarte mi decálogo para una buena vida:

1. **Sé la energía que quieres atraer.** Procura ser positiva y optimista. Actúa con bondad y generosidad. Recuerda

que las vibraciones que emites son las que a menudo recibirás de vuelta. Y, sobre todo, practica la gratitud agradeciendo todo lo que tienes.

2. **Si no te gusta algo, cámbialo.** Asume la responsabilidad de tu felicidad y bienestar. Si hay algo en tu vida que no te satisface o te hace infeliz, toma la iniciativa para cambiarlo o adaptarte de una manera que mejore tu calidad de vida.
3. **Quédate cerca de las personas que te hacen bien y huye de las que no.** Rodéate de gente que te inspire, te apoye y te haga feliz. Aléjate de las relaciones tóxicas que drenan tu energía y afectan tu bienestar.
4. **Recuerda todas las veces que pensabas que no podías y pudiste**. Utiliza tus logros y superaciones pasadas como fuente de motivación y confianza para enfrentar nuevos retos.
5. **Cuida tu salud física y mental.** Aliméntate de manera balanceada, haz ejercicio regularmente y no subestimes la importancia de una buena salud mental. Busca ayuda cuando la necesites.
6. **Continúa aprendiendo y creciendo.** Mantén tu mente activa y abierta a nuevas experiencias. Invierte en tu educación y desarrollo personal y cultiva tu curiosidad.
7. **Implementa el método Kaizen.** Las pequeñas mejoras con el tiempo pueden tener un impacto significativo en tu vida. Mejor poco que nada.
8. **Establece y respeta tus límites**. Aprende a decir «no» cuando sea necesario y establece límites que protejan tu tiempo, energía y bienestar emocional.
9. **Descubre aquello que te gusta y hazlo a menudo.** Encuentra las actividades y pasiones que te traen alegría

y satisfacción, y dedícales tiempo regularmente. Hacer lo que amas es fundamental para una vida plena.

10. **Vive el presente y planifica el futuro con moderación.** Disfruta el momento presente sin preocuparte en exceso por el futuro. Sin embargo, ten metas y planes para guiar tu camino hacia una vida plena.

Este es el decálogo que me sirve de guía y de brújula para navegar a través de la vida con una visión clara y un propósito firme. Aunque estos principios pueden ser de gran ayuda, es importante recordar que cada persona tiene su propio camino y conjunto de valores. Ahora te propongo que recuperes tu libreta y crees tu propio decálogo. Deja que sea tu brújula personal, ayudándote a tomar decisiones y a construir una vida llena de propósito, satisfacción y bienestar.

7

# CONCLUSIONES

Si has llegado hasta aquí, te felicito, has recorrido un largo camino. Un camino que, aunque en este libro ha empezado con la queja y terminado con la ansiedad, no tiene un orden específico ni un número determinado de piedras que debas enfrentar.

Es crucial entender que no es el número asignado a cada piedra ni el orden en que las he escrito lo que importa. Lo que verdaderamente es significativo es el reconocimiento de que cada piedra, sin importar cuál sea, tiene el potencial de impactar en tu vida de diversas maneras. Puede que cargues con una única piedra o varias de ellas. Tal vez, para algunas, la desmotivación esté estrechamente vinculada con el consumo excesivo, mientras que para otras la queja puede ser una fuente de ansiedad. Aquí todo vale y solamente tú puedes responder a la pregunta: «¿Reconoces esta piedra en tu mochila?».

Como sabes, estas piedras, en la práctica, no están aisladas; se entrelazan y, a menudo, se alimentan mutuamente, o unas pueden ser consecuencias de otras. Lo esencial es comprender cómo interactúan en tu vida y cómo te afectan en tu viaje personal.

Por lo tanto, la clave está en reconocer y entender las piedras que cargas, independientemente de su orden o número. Es un proceso de autodescubrimiento y crecimiento en el que vas tomando conciencia sobre cómo estas piedras afectan a tu bienestar y cómo, al liberarte de ellas, puedes construir una vida más plena y significativa.

Piensa en todas las piedras como partes de un todo complejo que conforma tu experiencia de vida. Al abordarlas de manera integral, te das la oportunidad de liberarte de cargas que quizá no sabías que estabas llevando y abrirte a un estado de mayor libertad y realización.

Pero esto no termina aquí, amiga, ahora quiero que sigas. Quiero que sigas adelante con esa misma pasión y curiosidad que te ha acompañado a lo largo de este libro. Y no importa si has tardado más o menos tiempo en leerlo, lo que importa es que has dedicado un tiempo de tu vida a comprender aquello que he querido transmitirte. El hecho de que hayas llegado hasta aquí demuestra tu dedicación y compromiso con tu crecimiento y aprendizaje continuo, lo cual estoy feliz de celebrar junto a ti.

No olvides que leer este libro no es lo que te cambiará la vida. Leer no transforma, lo que transforma es pasar a la acción. Si piensas que puedes darle una vuelta a tu vida en un solo día, estás muy equivocada.

Y, aunque ahora hayas conseguido vaciar tu mochila, no cantes victoria. La vida está llena de incertidumbres, de subidas y bajadas, por lo que sigue trabajando en ti y no dejes este libro muy lejos. Sigue manteniéndote alerta, pues ya sabes que el camino del crecimiento no tiene fin, y las piedras que has soltado pueden reaparecer o pueden surgir de nuevas. No debes desanimarte si te encuentras con obstáculos, más bien tómalos como oportunidades de aprendizaje y crecimiento. Cada piedra que encuentres en tu camino te enseñará algo nuevo, y cada vez que superes una, te volverás más fuerte y resiliente.

Recuerda lo importante que es rodearte de personas y ambientes que te apoyen en este camino. Comparte tus experiencias con amigos y seres queridos, y no tengas miedo de buscar ayuda profesional si lo necesitas. A veces, una perspectiva externa puede ayudarte a ver las piedras que no habías notado y a encontrar formas más efectivas de manejarlas.

No olvides que no hay un único «camino correcto» en este viaje. Lo que funciona para una puede no funcionar para otra. La clave está en ser honesta contigo misma, ser paciente, y estar dispuesta a experimentar y adaptar estrategias que te ayuden a lidiar con tus piedras personales.

Ten presente el método Kaizen y no subestimes el poder de pequeños cambios y acciones diarias. Muchas veces es la acumulación de pequeños esfuerzos lo que genera un cambio significativo a largo plazo. Celebra cada pequeña victoria y sé amable contigo misma en los momentos difíciles.

Si algo tenemos en común tanto tú como yo es que somos seres en constante evolución. Tu mochila puede cambiar con el tiempo, así como las piedras que cargas, pero si mantienes una mente abierta y nunca dejas de explorar y curiosear lo que vas cargando, tendrás un viaje placentero, alejado del sufrimiento que se enquista.

Incluso puede que te encuentres con piedras que no estén descritas en este libro. Si es así, no te preocupes, lo importante es que ya tienes las herramientas y la mentalidad para enfrentarte a ello. Identifica la piedra, ponle un nombre y trabaja en ella como has aprendido a hacer a lo largo de este libro. También te agradeceré que, si encuentras una que consideras que debería ser conocida por más personas, me lo cuentes, porque tu experiencia y tus aprendizajes pueden ser muy valiosos para quienes estén en un camino similar. No subestimes el poder de compartir y construir colectivamente. Así como espero que este libro haya sido una guía para ti, tu contribución puede convertirse en una luz para alguien más.

Si has llenado tu mochila con las piedras que has ido identificando, ha llegado el momento de sopesarla y tratar de comprender el peso que has estado cargando. Quiero que las revises, una por una, y reflexiones sobre ellas. Después de haber reflexionado sobre cada piedra, elige una con la que te sientas lista para trabajar. Puede ser útil comenzar con una que sientas que tiene un impacto significativo en tu vida, o tal vez prefieras comenzar con una más pequeña para ganar confianza en el proceso.

Una vez que hayas elegido la piedra con la que comenzar, pregúntate: «¿Qué tengo que hacer para eliminarla de mi mochila?». Define acciones concretas. Estas pueden incluir cambiar patrones de pensamiento, ajustar comportamientos, establecer límites, buscar apoyo o desarrollar nuevas habilidades.

Trabaja de manera constante y enfocada en esa piedra. Sé amable contigo misma y recuerda que a veces el progreso no es lineal. Habrá días buenos y días malos, pero lo importante es no rendirse.

Cuando, finalmente, sientas que has logrado liberarte de esa piedra, tómate un momento para reconocer y celebrar tu logro. Esto no solo es un éxito, sino también una valiosa experiencia de aprendizaje que te equipará con conocimientos y habilidades para enfrentar las siguientes piedras.

Luego, elige la siguiente piedra y repite el proceso. Con cada piedra que saques de tu mochila notarás cómo aumenta tu capacidad de enfrentar desafíos y cómo te vuelves más ágil y ligera en tu caminar por la vida.

Que este libro sea el comienzo de un viaje maravilloso. Te deseo toda la fuerza, sabiduría y coraje en tu travesía hacia una vida más feliz y realizada.

¡Adelante, valiente! El mundo te espera con infinitas posibilidades y oportunidades.

GRACIAS.

8

# BIBLIOGRAFÍA

Álava, M. J. (2010). *La inutilidad del sufrimiento: claves para aprender a vivir de manera positiva*. Madrid, La Esfera de los Libros.

Alonso Puig, M. (2015). *Vivir es un asunto urgente*. Barcelona, Penguin Random House.

—, (2021). *Resetea tu mente: descubre de lo que eres capaz*. Barcelona, Espasa.

Brown, B. (2016). *El poder de ser vulnerable: ¿qué te atreverías a hacer si el miedo no te paralizara?* Barcelona, Urano.

—, (2020). *Los dones de la imperfección: libérate de quien crees que deberías ser y abraza quien realmente eres*. Madrid, Gaia.

Bucay, J. (2009). *Déjame que te cuente*. Barcelona, RBA Bolsillo.

Cala, I. (2022). *Fluir para no sufrir: 11 principios para transformar tu vida*. Barcelona, Diana.

Carnegie, D. (2016). *Cómo ganar amigos e influir sobre las personas*. Barcelona, Elipse.

—, (2021). *Descúbrete como líder: cómo ganar amigos, influir sobre las personas y tener éxito en un mundo cambiante*. Barcelona, Elipse.

Cases, F. (2023). *El pequeño gran libro de la ansiedad:*

*una guía práctica para vencerla paso a paso*. Barcelona, Diana.

Chödrön, P. (2005). *Cuando todo se derrumba: palabras sabias para momentos difíciles*. Barcelona, Oniro.

Congost, S. (2015). *Autoestima automática: cree en ti y alcanza tus metas*. Barcelona, Zenith.

—, (2019). *A solas: descubre el placer de estar contigo mismo*. Barcelona, Zenith.

David, S. (2020). *Agilidad emocional: rompe tus bloqueos, abraza el cambio y triunfa en el trabajo y la vida*. Málaga, Sirio.

De Mello, A. (2011). *Despierta: los peligros y las posibilidades de la realidad*. Madrid, Gaia.

Dolan, S. (2012). *Coaching por valores*. Barcelona, LID.

Dyer, W. (2015). *Tus zonas erróneas. Guía para combatir las causas de la infelicidad*. Barcelona, Debolsillo clave.

Epstein, M. (2010). *Pensamientos sin pensador: psicoterapia desde una perspectiva budista*. Madrid, Gaia.

Frankl, V. (2015). *El hombre en busca de sentido*. Barcelona, Herder.

Gilbert, P. (2019). *Terapia centrada en la compasión: características distintivas*. Bilbao, Desclée De Brouwer.

Goleman, D. (2021). *Inteligencia emocional*. Barcelona, Kairós.

Hayes, S. C. (2013). *Sal de tu mente, entra en tu vida: la nueva terapia de aceptación y compromiso*. Bilbao, Desclée De Brouwer.

Kabat-Zinn, J. (2013). *Vivir con plenitud las crisis: cómo utilizar la sabiduría del cuerpo y de la mente para enfrentarse al estrés, el dolor y la enfermedad*. Barcelona, Kairós.

Kishimi, I. (2018). *Atrévete a no gustar: libérate de tus miedos y alcanza la verdadera felicidad*. Barcelona, Zenith.

Maurer, R. (2015). *Un pequeño paso puede cambiar tu vida. El método Kaizen*. Barcelona, Urano.

Miedaner, T. (2002). *Coaching para el éxito: conviértete en el entrenador de tu vida personal y profesional*. Barcelona, Urano.

Mischel, W. (2015). *El test de la golosina: cómo entender y manejar el autocontrol*. Barcelona, Debate.

Neff, K. (2016). *Sé amable contigo mismo: el arte de la compasión hacia uno mismo*. Barcelona, Paidós.

Poler, M. (2022). *Hola, miedos: rompe tu zona de confort y conviértete en tu mejor versión*. Barcelona, Diana.

Poynton, R. (2020). *Pausa: no eres una lista de tareas pendiente*s. Badalona, Kōan.

Rickman, C. (2022). *El pequeño libro de la serenidad*. Madrid, Gaia.

Riso, W. (2020). *Enamórate de ti: el valor imprescindible de la autoestima*. Barcelona, Zenith.

Rosenberg, M. (2016). *Comunicación no violenta: un lenguaje de vida*. Barcelona, Acanto.

Santandreu, R. (2018). *El arte de no amargarse la vida: las claves del cambio psicológico y la transformación personal*. Barcelona, Grijalbo.

—, (2022). *Sin miedo: el método comprobado para superar*

*la ansiedad, las obsesiones, la hipocondría y cualquier temor irracional*. Barcelona, Grijalbo.

Séneca (2020). *El arte de mantener la calma: un manual de sabiduría clásica sobre la gestión de la ira*. Badalona, Kōan.

Singer, M. A. (2014). *La liberación del alma: el viaje más allá de ti*. Móstoles, Gaia.

Tierno, B. (2006). *Aprendiz de sabio*. Barcelona, Debolsillo.

Tolle, E. (2007). *El poder del ahora: un camino hacia la realización espiritual*. Madrid, Gaia.

Tracy, B. (2022). *Si lo crees, lo creas: elimina tus dudas, cambia tus creencias y suelta el pasado para alcanzar todo tu potencial*. Barcelona, Debolsillo.

Vilaseca, B. (2023). *Qué harías si no tuvieras miedo: claves para reinventarte profesionalmente y prosperar en la nueva era*. Barcelona, Conecta.

# AGRADECIMIENTOS

No puedo despedirme del viaje que ha significado la escritura de este libro sin dar las gracias a todas las personas que, de alguna manera, lo han hecho posible.

En primer lugar a Eduard Solé, por animarme en un momento en el que andaba en la cuerda floja y sembrar semillas en terreno pantanoso. A Chloe, Teo y Adri, por su paciencia y comprensión durante los meses de gestación, entendiendo siempre mis necesidades de silencio, concentración y espacio. Doy gracias por la familia que hemos creado.

Quiero agradecer a mi editora, Toñi Ramiro por confiar en mí y darme la oportunidad de plasmar en palabras un enfoque nuevo hacia el sufrimiento con el que teorizaba desde hacía tiempo. Las dos, junto con Adrià, descubrimos que la piedra 23 sigue pesando en mi mochila. Gracias por vuestra paciencia con el diseño de la portada y gracias al Grupo Planeta y Luciérnaga por transformar mi texto en una obra tangible que puedo compartir con el mundo.

A mi familia. A mis padres Salvador y Rosa María, mi hermano David, su mujer Judit, y mis sobrinos, Martí y Clara. A mi padre por tener el don de mandarme ese WhatsApp justo en el momento en el que lo necesitaba, creer en mí, ilusionarse con la idea, apoyarme incondicionalmente y hacerme sentir que soy más que suficiente siempre. A la *iaia* Pilar porque el recuerdo de su cariño durante mi infancia sigue manteniéndome alegre en los momentos bajos. Y a todos los Fargas (incluyendo a Geòrgia, Paco y todas las parejas), en especial a mi prima Gemma, a la que siempre me he sentido unida de un modo especial. *Us estimo.*

Doy las gracias a Xavi Roig por ponerme en contacto con Ferran Cases y a Ferran por su amabilidad, generosidad y un prólogo lleno de intenciones. A Laura Baena, por abrirme las puertas de su casa, atreverse a compartir sus pensamientos más íntimos y formar parte de mi libro.

También quiero agradecer a mis mejores amigas Marta Estruch y Laia Recasens por tantos años caminando a mi lado, por su apoyo incondicional y su generosa amistad. A Anna March por sostenerme y escucharme desde la universidad. A Anna Martínez, Marta Carnicé y Noe por tantos momentos vividos y preguntar siempre. A mi mejor amigo, Marc Aubeso por estar siempre cerca y ser mi red de seguridad. También a Irene Cantos y a Victor Forcada, por estar y formar parte de mi vida. A Albert San Martín, por las risas en los momentos de estrés, el tiempo dedicado a escuchar mis pájaras y apoyarme en los momentos bajos. A Anna Espina por inspirarme con su trayectoria. A Silvia Bosch y Lidia Filgaira por ser especiales. A Marta Leg, por ponerle la ilusión de la primera vez, y a todos mis compis de pádel: Patri, Ferran, Montse, Nat, Eva, Dani, por mencionar a algunos, con los que he compartido estrés y pistas durante los meses de creación. He sido muy pesada con el libro, lo sé.

A Sonia López, por sus buenos consejos. A Laia Arcones, por su amable sonrisa y su compromiso con el liderazgo femenino. A Mavi y Ángeles. A Victor Mena, por sus recomendaciones, entusiasmo, generosidad y cariño.

También a los amigos de Edu: Gemma, Esther, Jordi, Carles por entusiasmarse con la idea y el contenido del libro. A Dani y a Marisa y a Olga y a José Luis. A mis compis de PNL que me acompañaron durante el proceso de gestación. Gracias a Anna Flores, a Marina, a Leti, y a Rebeca por creer en mí. Mención especial a Erea Azurmendi, tú ya sabes.

Y volviendo la vista atrás y empezando desde el principio. A mis compis del colegio, empezando por los de EGB: a toda la clase, en especial a Cristina Díaz, a Carme Martínez, a Xavier Valverde, y a Rubén Martínez. A mis amiguis de Vacarisses, Clara Munill, Marta Sánchez y Vanesa Saura, con la que he tenido el placer de reencontrarme hace poco. B.U.P también fue una época especial, con Meritxell Hernández, Xavier Buixa, Marta Melé, Cristina y Néstor Pindado, Jordi Mendoza y Edi Tubau entre muchos, marcaron la mayoría de momentos importantes.

Sigo con Ignasi Masnou y su familia, Ricki, Roldán, Hèctor, Irene, Chaler y alguno que otro más. En la uni también tuve la ocasión de encontrar personas maravillosas como Marta Vives, Gemma Albert, Queralt Bastida, Miquel Rosselló, Cristina Sorribas, Joan Pera, Quim Torrent, Marta Manyé, Ibor Grima, Sacha Soliman, Lluís Marquina, Emma Castells, Ricard Tomás, Albert

Garduño, Roger Espona. Época que culminó por la puerta grande con un Erasmus en Milán, donde tuve la suerte de conocer a Borja Sanfeliu, Marta Arquero, Oscar Ferreon, Núria Ferran y Elisabet Vall y compartir maravillosos momentos. De mi primer trabajo y piso en Barcelona, recuerdo con cariño a Hafida Cheriha, Albert Domingo, Àfrica Roigé, Marta Núñez, Gemma Batlle, Elisabet Bachs, Judith Ruiz, Martí Huertas, Laura Febrero, Jana Gonzalo, Carme Carabí, Carles Adamuz, Núria Cairó, Carla Caferino, Mercè Artigas, Susana Durán, Mar Avilés, Tania Plaza, Xavier Genís, Carles Adamuz y Jordi Soler.

Durante mi trayectoria profesional, la familia siguió creciendo con Cristina Roldán, Mar Barrufet, Alicia Olcina, Betsaida Fernández, Barbara Segura, Teresa López, Carla Roigé, Guillermo Corominas, Diana Puig y Andrea Zambrano. De mi época en París destaco a Pati Rodríguez, a Tomás, a María y a Cristina Garriga. Mención especial también a Luis Conde, Olga Cucurella, Miriam Adserà y todo el clan: Blanca, Miriam Alonso, Miriam Olivares, Amparo, Laura, Gi, Diana, Vero. A Joan Carles, Sandra, Gi, Salut, Sonia, Judit, Oscar, Alicia y Ari, Muriel y Laia. Dani Roig y Calle, Anna Espina, Xavier Olivé, Elia, Paula, Mònica y Sofía, Carlos Morales, Uri, Bet, Alexis y Marc Clusa. A Noe Freixes por creer y confiar y a mis terapeutas, Bàrbara Fernàndez y Alba del Cid. Cada una de vosotras ha tejido esta historia.

Al padre de mi hija, Ignasi Prieto, a su familia y a todos los amigos que compartimos en su momento, en especial a Neus Sin, a Enric Casimiro, a Hugo Laborda, a Andrea, a Berni y a Eva. Fue una época realmente divertida. Y a las mamis del cole, Carla, Marina, Isabel, Laura, Elvira, Mònica, Antònia, Laia, Tània, que tanto me han ayudado, por estar siempre disponibles y ponerlo más que fácil.

A ti también, a quien tal vez no he nombrado específicamente, y a las muchas personas con las que me he cruzado a lo largo del camino, cuyos nombres puede que no recuerde en este momento, pero cuya influencia permanece. A todos aquellos autores que han inspirado y enriquecido cada página, cuya sabiduría ha dejado una huella imborrable en mi trayectoria.

A todas las mujeres que sufren a diario y, en particular, a mis clientas, cuyas experiencias han sido fundamentales para la creación de este libro. Su resiliencia y voluntad de cambio han significado una constante fuente de aprendizaje. También a mis clientes masculinos, por permitirme ser parte de su camino.

Y, siguiendo la estela de Úrsula Corberó, me doy las gracias a mí misma, por ser tan trabajadora, tan valiente, tan maja y, (añado) tan luchadora.

Por último, pero definitivamente no menos importante, mi más profunda gratitud es para ti, querida lectora, porque este libro es tanto tuyo como mío, y espero que hayas encontrado en él aquello que necesitabas justo en este momento. Gracias por dejarme acompañarte en esta increíble aventura.

Gracias. Gracias. Gracias.

Anna